MANÖVER

Das Skatspiel

«Dorfschänke». Künstler: August Ludwig Most; Stecher: A. L. Richter. Kupferstich, Deutschland, 1833. Deutsches Spielkarten-Museum (DSM) Inv.-Nr. 1982-2

Das Skatspiel

Geschichte - Bilder - Regeln

Detlef Hoffmann (Text)
Margot Dietrich (Dokumentation)

Bucher

Der Verlag dankt dem Deutschen Spielkarten-Museum (DSM)
Leinfelden-Echterdingen für die freundliche und kenntnisreiche Unterstützung bei der Bild- und Textdokumentation dieses Bandes.

Lektorat: Ursula Kopp, Dieter Löbbert
Graphische Gestaltung: Bertram Schmidt

Umschlagbild: «Null ouvert verloren».
Holzstich nach Otto Andres, Leipzig 1894

Printed in Germany
ISBN 3 7658 0392 8

Inhalt

Vorgeschichte

Tarockkarte aus dem sogenannten «Charles VI»-Spiel. Norditalien, 3. Viertel 15. Jh. Abbildung aus Merlin: «Origine des Cartes à jouer», Paris 1869.

Gymnasialprofessor Johann Friedrich Ludwig Hempel (1773–15.5.1849), Verfasser des Artikels «Scat» in «Pierer's Encyclopädischem Wörterbuch» von 1833 und des ersten Regelbüchleins «Das Scatspiel» von 1848.

Die Erfinderlegende

Geschichte besteht auch aus Geschichten. Diese Geschichten, Anekdoten, sind – wenn sie besonders gut sind – Kurzformeln, die den historischen Prozeß im Leben eines Menschen aufscheinen lassen. Von den besten dieser Geschichten läßt sich mit einem Sprichwort sagen: Wenn sie nicht wahr sind, so sind sie doch gut erfunden.

Die Geschichte der Spielkarte ist reich an Geschichtchen. Da die Spielkarten Ende des Mittelalters in Europa auftauchen, spielen Adlige in den Geschichten über ihre Entstehung eine entscheidende Rolle. Es mag symptomatisch sein, daß von Karl VI. von Frankreich, für den die Spielkarten erfunden worden sein sollen, gesagt wird, er wäre im Kopf nicht ganz klar gewesen. Um ihn, wenn er melancholisch vor sich hinstarrte, zu erheitern, seien jene bunten Blätter zum erstenmal gezeichnet worden, die wir heute als Spielkarten kennen. Ihren Ursprung hat diese Geschichte in den Überlegungen, die ein Spielkartenforscher des 18. Jahrhunderts, der Abbé Menestrier, zu Karten angestellt hat, die heute in der Bibliothèque Nationale in Paris aufgehoben werden. Doch damit nicht genug – die Gedankengänge des Abbé Menestrier haben einen anderen Kartenforscher, den Jesuitenpater Daniel, nicht ruhen lassen. Er war der Ansicht, daß sich hinter den Namen, die den Königen, Damen und Buben auf den alten Spielkarten gegeben wurden, Persönlichkeiten am Hofe Karls VII. verbargen. Diese These akzeptiert man allgemein.[1]

Die Entstehungsgeschichten sind insofern gut erfunden, als die Figuren, die heute noch auf den Spielkarten zu sehen sind, aus dem höfischen Milieu stammen. König und Königin, Reiter und Bube, manchmal auch – wie bei den deutschen Karten – König, gefolgt von Ober- und Untermann.

Auch die Geschichte des Skatspiels beginnt mit einem «Geschichtchen». Ein Kutscher – so wird von jemandem, der es wissen muß, versichert – ist der entscheidende Mann. Seit Erfindung der Spielkarten haben sich die Zeiten also geändert, nun – nach der Französischen Revolution – ist ein Kutscher, ein Mann der herumkommt, der Held der Geschichte. Er hat Bauern in einem erzgebirgischen Dorf Schafkopf spielen sehen. Über den Herrn dieses Kutschers kam das Spiel in einen Spielkreis, die «Brommesche Gesellschaft». Diese Gesellschaft fand Gefallen am neuen Spiel.[2]

Im Gegensatz zur Erfindung der Spielkarten überhaupt gibt es für die Erfindung des Skatspiels einen Zeugen: Es ist der Gymnasialprofessor Johann Friedrich Ludwig Hempel, der Englisch und Französisch am Friedrichs-Gymnasium in Altenburg (Thüringen) unterrichtete. Von Hempel stammt die erste Geschichte des Skatspiels, 16 Seiten dünn, 1848 bei der Schnuphaseschen Buchhandlung in

Karl VII. und La Hire aus dem Cotta'schen Karten-Almanach auf das Jahr 1805. Auf den Figurenkarten sind Personen aus Schillers Jungfrau von Orléans dargestellt, ein Theaterstück, das ja am Hofe Karls VII. spielt. Erfinder der Spielkarten ist der Herz-Bube, La Hire – nach Meinung des Pater Daniel von 1704.

Altenburg erschienen[3]. Professor Hempel war als Mitglied der «Brommeschen Gesellschaft» beim ersten Skatspiel dabei. Er hat sich in seiner kleinen Broschüre nicht erstmals zum Skatspiel geäußert: Auch ein Artikel über dieses Spiel in «Pierers Encyclopädischem Wörterbuch», 1833,[4] stammt von ihm, mit immerhin knapp zwei Spalten. Hier werden ausschließlich die Spielregeln erläutert.

So gesehen könnte man meinen, daß es für das Skatspiel keine «Legende» gibt. Weit gefehlt; unser Gymnasialprofessor hatte einen im Altenburgischen viel bekannteren Namensvetter, den Herzoglich Sachsen-Altenburgischen Hofadvokaten und Notar Friedrich Ferdinand Hempel. Dieser war wohl so etwas wie ein Original. Im Altenburgischen war die Redensart: «Das hat gewiß der Hempel gemacht», sprichwörtlich[5]. Hempel, so wird im Sommer 1886 in mehreren Thüringer Zeitungen berichtet[6], habe sich die Sitten und Gebräuche der Altenburger Bauern angeeignet. «Nie durfte er bei den Volks- und Familienfesten seiner ländlichen Freunde fehlen. Sein gutmütiger Humor, der nicht selten in kleinen improvisierten Gedichten übersprudelte, verschaffte ihm eine außerordentliche Popularität, so daß man bei manchem Volksreim in Altenburger Mundart, dessen Verfasser unbekannt war, ohne weiteres konstatierte: ‹Das hat gewiß der Hempel gemacht›.»

Neben einem Dokument, das noch ausführlich zu besprechen sein wird, ist ein Büchlein voll launiger Texte aus Hempels Feder erhalten: «Aphorismen über den Kuß. Ein Weihnachtsgeschenk für die küßlustige und kußgerechte Welt». Als Autor zeichnet ein «Spiritus Asper», ein rauher Geist. Das Büchlein, das 1808 erschien, ist mit «10 herzlichen Kupfern» geschmückt[7]. Wie die Abbildung zeigt, hat «herzlich» mit der Spielkartenfarbe «Herz» zu tun: ein Herz des Herzas, zwei Herzen der Herzzwei usw. werden, in kleine Szenen einbezogen, verwandelt. Dies war zu Beginn des 19. Jahrhunderts eine beliebte Beschäftigung, die sich – wohl aus England kommend – aus einem Gesellschaftsspiel entwickelte. Hierbei zeichnete ein Teilnehmer fünf Punkte auf ein Blatt Papier, ein zweiter mußte diese fünf Punkte so in ein Bild einbeziehen, daß sie wie selbstverständlich plaziert wirkten. Die Rolle dieser fünf Punkte nahmen bald Spielkarten ein;

«Ein hiesiger Feldbau treibender Bürger gab bisweilen seine Pferde zu Lohnfuhren her. Sein Kutscher, welcher Reisende in eine Stadt des sächsischen Erzgebirges gefahren hatte, war auf dem Rückwege Abends in einem Dorfe des erzgebirgischen Kreises eingekehrt, hatte da die Bauern ein ihm unbekanntes Spiel unter dem Namen Schafkopf spielen sehen und sich zuletzt selbst darein gemischt. Kaum in Altenburg angekommen, berichtet er seinem Herrn, einem leidenschaftlichen Kartenspieler, das so eben Gesagte. Dieser läßt sogleich einen seiner Nachbarn rufen, um mit ihm und dem Kutscher das Spiel zu versuchen.

Am Abend desselben Tages tritt er in eine damals existirende, von dem Besitzer des Hauses, in welchem sie sich versammelte, die Bromme'sche genannte geschlossene Gesellschaft, und ruft schon beim Eintreten mit stolzer Miene: ein neues Spiel, meine Herrn! Sogleich umringen ihn alle Anwesende, höchst begierig, den neuen Ankömmling kennen zu lernen, es wird sogleich eine Karte gebracht und der Ueberlieferer des Spiels fängt nach vorläufiger Erklärung an, es mit zwei gegenwärtigen Mitgliedern, worunter der Verfasser dieser Schrift, zu spielen.

Die Neuheit, die, wie bekannt, immer etwas Anziehendes hat und der Geschmack, den man an dem Spiele selbst fand, machten, daß es bald zu den täglichen Unterhaltungen gehörte und von dieser Gesellschaft aus sich nicht nur in der Stadt, sondern auch in den Umgebungen derselben verbreitete.»

J.F.L.H. (Johann Friedrich Ludwig Hempel), Das Scatspiel, Altenburg 1848, S. 4

vom Pikas bis zur Karozehn mußte nun jedes Blatt in ein Bildchen verwandelt werden. Der Verlag Cotta brachte seit 1804 mehrere «Kartenalmanache» heraus, die aus diesem Scherz entwickelt wurden[8]. Freund Hempel konzentrierte sich dabei auf die seinem «Kußthema» entsprechende Herzfarbe.

Wer Spielkarten so mit Liebe umgibt, durfte sich nicht wundern, als Erfinder des Skatspiels zu gelten. Ein unbekannter Autor, der wohl seinen Vornamen Guenther zum Pseudonym «G. U. v. Enther» veränderte, brachte 1842 ein Buch unter dem Titel «Das Ganze der Kartenspiele» heraus, ein Spielregelbuch, in dem erstmals auch das Skatspiel vorkommt[9]. Hier heißt es auf Seite 137: «Dieses ungefähr vor 25 Jahren von dem altenburgischen Hofadvokaten und Notarius Friedr. Ferd. Hempel, der 1819 von Altenburg nach Odessa flüchtete und daselbst 1837 verstarb, erfundene Spiel ... .»

Der Pseudonymus Enther erklärt also unseren Spiritus Asper zum Erfinder des Skats. Was hier noch so trocken klingt – und von hier in unzählige Bücher wanderte –, erscheint 1886 als genaue Reportage in mehreren Zeitungen[10].

Stein zitiert diese so: «Dieser Mann des Volkes soll nun seine Landsleute nicht nur mit artigen Verslein, sondern auch mit dem – Skat beschenkt haben. Als Gymnasiast reiste er oftmals mit einigen Mitschülern von Altenburg nach Kitscher, einem Dorfe bei Borna. Muthmaßlich verkehrten sie dort im Pfarrhause, wo der berühmte Pastor Dintel (später Schulrath in Königsberg) von 1786–1797 wirkte, ein Mann, dessen Andenken noch heute in dem Herzen des Volkes und in der Geschichte der Erziehung fortlebt. Dintels Haus in Kitscher aber war das bewährte Asyl vieler junger Leute, die er in frischem, frohem Geiste erzog. Hier soll sich Hempel mit seinen jungen Genossen öfter durch ein unschuldiges Solospielchen vergnügt haben. Einstmals wurde jedoch dem Hempel die Geschichte zu langweilig und er rief, die Karten weglegend: ‹Das Spiel ist zu einfach; ich werde es verbessern, daß es 'was zu rathen giebt!› Bekanntlich wird das ‹Solo› von vier Personen gespielt, von denen jede acht Karten erhält. Nach einigem Nachdenken griff der meditirende Hempel wieder nach den Karten, legte zwei von dem Spiel auf den Tisch, vertheilte darauf die übriggebliebenen dreißig an die Mitglieder und – der Skat war erfunden.»

So hat es also der Hempel gemacht; die Geschichte entspricht zwar nicht der Wahrheit, ist aber gut erfunden, weil Hempel tatsächlich der erste war, der den Skat erwähnt. Außer seinem Kußbuch gab er die «Osterländischen Blätter» heraus. Sie erschienen im Eigenverlag in Altenburg. Hempel selbst benutzte sein Pseudonym Spiritus Asper. Neben ihm sind als Herausgeber «Simplicissimus und Comp.» genannt. Im 30. Heft vom 25. «Julius» 1818 wird – innerhalb einer Artikelserie über «Osterländische Spiele» – «Das Skadspiel» vorgestellt. Hempel lobt in dem Artikel besonders den «Spielverstand» der altenburgischen Bauern: «Sie sind wahre Spielstoiker und beschämen manchen Verstand der verständigen Stadtleute.»[11]

Noch einmal stoßen wir in den «Osterländischen Blättern» auf das Skatspiel, in dem Beitrag «Simplicissimus am 1. Mai 1819 auf dem Brocken». Hier wird dieser von einem Küster in eine Spelunke geführt, wo «manch artiger Maskenspectakel» zu sehen war. Unter anderem sieht er: «Vier deutsche Untermänner, die Gebrüder Wenzel trugen ein mit vier Nüancen in schwarz lackirtes, einer Monstranz ähnliches Kästchen in Prozession herum und riefen: Hierinnen liegt der heilige Skad! Wehe den Schneidern! Heil den Schwarzfärbern!»[12]

Skatspieler erkennen in diesem beinahe blasphemischen Umzug einige ihrer Fachausdrücke wieder, hier tauchen sie zum erstenmal auf. Wenn Hempel auch nicht der Erfinder des Skats ist, so war er doch der erste, der das neue Spiel zur

Das Scatspiel

von

J. F. L. H.

Nebst 2 Liedern.

Altenburg, 1848,
in der Schnuphase'schen Buchhandlung.

Das Skadspiel

«Dieses Spiel ist offenbar der König aller Spiele in deutscher Karte, so wie das königliche L'hombre in der französischen, denn beide haben den unbestrittenen Vorzug, daß Geschick und Glück in gleicher Wechselwirkung Gewinn und Verlust bereiten, nur mit dem Unterschiede, daß beim Skadspiele der Stamm (keine steigenden Bete giebt es darin nicht) wenig, und die Spieler [...] viel austragen, bei L'hombre aber gerade der umgekehrte Fall eintritt, woraus die nicht unebene Folge hervorgehet, daß dem kargen lauernden Spieler im Skade seine Tücken nichts helfen. Die allgemeinen Regeln des Spiels sind leicht, allein die besonderen und deren practische Anwendung schwer, und eine wahre Probe für den Spielverstand[1]. Es ist ein sogenanntes Augenspiel (wo es auf die Anzahl der gewonnenen Augen, hingegen bei Stichspielen wie L'hombre, Solo, Whist etc. auf die Anzahl der Stiche ankommt) und hat die Eigenheit, daß die Zehn sich unmittelbar nach dem Taus einrangirt und den König sticht, da sie in andern Spielen auf dem Unter zu folgen pfleget.

Die verschiednen Spielarten theilen sich hauptsächlich in zwei. Bei der Einen muß der Kartengeber spielen und kann die Farbe wählen, bei der Andern (sie ist neuerdings die gewöhnliche) können alle drei Spieler das Spiel nehmen, je nachdem einer das Angebot in der höchsten Farbe thut. Man spielt es mit den vier Farben nach gewöhnlichem Range, Eicheln, Grün, Roth und Schellen, oder auch mit zweien und dann mit wandelnden

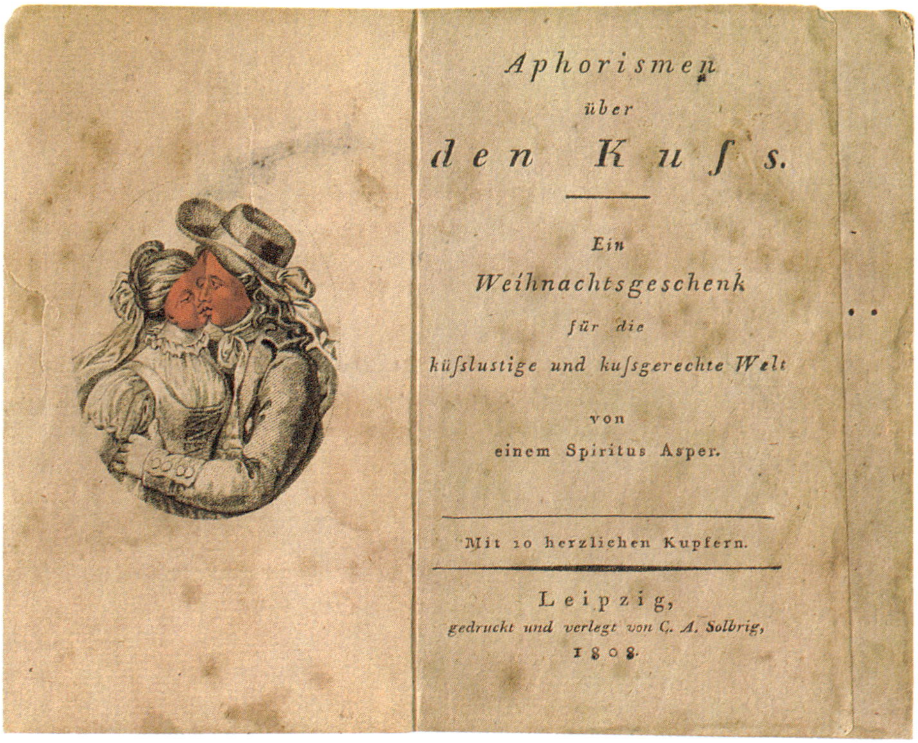
Aphorismen
über
den Kuſs.

Ein
Weihnachtsgeschenk
für die
küſslustige und kuſsgerechte Welt
von
einem Spiritus Asper.

Mit 10 herzlichen Kupfern.

Leipzig,
gedruckt und verlegt von C. A. Solbrig,
1808.

— 100 —

entkräftet, aus ihrem Paradiese verstoſsen werden; wenn selbst die barmherzigen Schwestern es verschmähen, die Königinnen solcher ausgeplünderten Herzen zu seyn — bleibt ihnen nichts mehr zu küssen übrig, als die Coeur-Damen — der Spielkarte. — Ihr unglücklichen Wüstlinge! Doch wenn ihr nun einmal und etwas anders als Fortuna's Buhldirnen herzen wollt; —

Wenn euch nach Vampyr- und Cynädenkusse
Und nach Tribaden-Tändeley'n
Gelüstet — o! so kehrt zum vollsten Lippenschlusse
Bey Harlems kluger Wirthin ein!

Die gastfreye Holländerin wird euch das Gevattermäulchen nicht abschlagen!

«Aphorismen über den Kuß. Ein Weihnachtsgeschenk für die küßlustige und kußgerechte Welt von einem Spiritus Asper». Leipzig 1808.

Kenntnis nahm. Wie es die Skatregel verlangt, gehören zu einem Spiel drei Spieler – und tatsächlich gibt es einen dritten Hempel: den Adjunktus und Pfarrer in Stünzhayn bei Altenburg, Carl Friedrich Hempel. Er ist der Bearbeiter der dritten Auflage der «Sitten, Gebräuche, Trachten, Mundart, häusliche und landwirtschaftliche Einrichtungen der Altenburgischen Bauern», erschienen 1839. Hier heißt es unter anderem: «Unter die gewöhnlichsten Ver-

oder festen Couleuren. Man läßt die Farben ein- und zweifach, aber auch ein-, zwei-, vier- und achtfach den Preis der Marken erhöhen, und im letzteren Falle ist die Stufenleiter vom niedrigsten Spiele, welches eine Marke kostet, bis zum sogenannten Solo-Schwarz (wenn der Spieler alle Stiche macht) im höchsten Falle, welcher 96 Marken kostet. Gewöhnlich spielen nur drei, aber es können so viel sogenannte Könige mitspielen als beliebt, und auch dies giebt dem Spiele einen sehr gefälligen Charakter, weil die Partie nicht an bestimmte Zahl gebunden ist.

Die Vorzüge des Spiels haben solches seit dem letzten Jahrzehend im osterländischen Gau über Stadt und Land weit verbreitet, und wenn es auch in seinen Grundregeln auf das alte Spiel – Schafkopf genannt – hinweiset, so kann man es doch einen veredelten Schafkopf – folglich Merino! – mit Recht nennen. Es hat solches Spiel eine Menge Andere aus vornehmen und niedrigen Kreisen verdränget, und wird allenthalben, doch selten gut[2] gespielt. Mit bewundernswerther Feinheit behandeln es die altenburgischen Bauern[3] wie alle Kartenspiele, und nehmen sonderlich den Vortheil der Vorhand in Acht, welchen sich so viele dusselige (S.v.v.) Skadspieler entgehen lassen. Inzwischen es heißt auch hier, wie in allen Händeln der Dame Fortuna: ‹Ein Dreier Glück ist besser wie ein Thaler Verstand›, und mancher kommt durch seine Dummheit fort und zu Gelde, wenn der Ein- und Umsichtige Spiel über Spiel verlieret, und einmal über das andere frische Münze anschaffen (nach dem Spielidiotismus: ‹an die lieben Eltern schreiben, ein Sackrennen anstellen, frisch aufschütten etc› muß.

1 So glaubt man am besten ‹Esprit de jeu› übersetzen zu können, wobei zu bemerken, daß solche eine eigene Art von Seelenkraft und oft von anderen Geistesgaben ganz getrennt ist. Man hat Dümmlinge, welche ihr Spiel vortrefflich spielen, und geistreiche Menschen, welche das einfachste Spiel nicht auslernen.

2 Der Skad hat hierin gleiches Schicksal mit Whist, welches höchst berechnete und geregelte Spiel in der Regel ohne alle Berechnung von der Menge gespielet wird.

3 Die altenburgischen Bauern überhaupt haben viel Spielverstand, oder vielmehr ist's unter ihnen Ton, daß derjenige, welcher ein Spiel nicht verstehet, es nicht wagen darf, viel zu spielen, ohne verspottet zu werden, so wie auch es unter ihnen durchaus wider den guten Ton ist, dem Unmuth über den unglücklichen Kartenfall durch Fluchen oder Klagen Luft zu machen. Sie sind wahre Spielstoiker und beschämen manchen Verstand der verständigen Stadtleute.»

Osterländische Blätter, Jg. 1818, Nr. 30, S. 238/39

gnügen in Gesellschaft gehört das Kartenspiel; auch manche Weiber beschäftigen sich damit zum Zeitvertreib, doch sind sie selten lange aufmerksam; sind auch ängstlich und spielen um geringen Preis. Viele unterhalten sich lieber mit Gesprächen [...] Seit 30 Jahren ist im Altenburgischen ein besonderes Spiel, ‹das Skatspiel›, fast allgemein beliebt, soll auch im Umkreis ausgedacht worden sein. Es hängt mit vom Glück, weit mehr aber noch von sorgfältiger Aufmerksamkeit und Geschicklichkeit ab. Sachkenner versichern uns, daß der altenburgische Landmann Meister darin sei, und eine ganz seltene Combinationsgabe dabei verrate.»[13]

Schreiben drei Hempels über das Skatspiel, dann mag es doch verständlich sein, wenn ein Hempel zum «meditierenden» Erfinder wird. Den Hofadvokaten Friedrich Ferdinand finden wir auch in einer Geschichte «Erinnerungen an das Kriegsjahr 1813», die der Altenburger Höckner berichtete. Er schreibt, daß der russische Oberst Prendel als Statthalter des Fürsten Repnin nach Altenburg beordert worden sei, «ein Herr von martialischem Aussehen, mit lang herabhängendem, schwarzem Vollbart und meist gekleidet in russischen Pelz und Pelzmütze. Er hatte sich mit einem Hofstaat umgeben und zu seinen Kammerherren junge, geistreiche, weinliebende Leute ausgewählt, die ihm in seinen Erholungsstunden, die wohl meist den ganzen Tag ausfüllten, mit Würfellust und Kartenspiel Unterhaltung verschaffen mußten. Der Sage nach soll in diesen Kreisen auch das Skatspiel erfunden worden sein.» Wen wundert es inzwischen, daß auch der Hofadvokat in diesem Kreis auftaucht. Da Oberst Prendel später nach Sibirien verbannt wurde, hat er möglicherweise die Samojeden das Skatspiel gelehrt[14].

Das Skatspiel entwickelt sich im ersten Jahrzehnt des 19. Jahrhunderts. Das volkstümliche Spiel «Schafkopf» scheint der direkte Vorläufer zu sein, gespielt von den einfachen Leuten, Bauern und Handwerkern. Gebildete Bürger in kleinen Städtchen, die den Bauern und seine Lebensart schätzen, die den adligen Dünkel nicht mehr kennen, führen das Spiel in ihr Milieu ein. Hier wird es systematisiert, und hier finden sich auch Schriftkundige, die bald Nachricht von dem neuen Spiel geben: in einer altenburgischen Wochenschrift, in einem thüringischen Universal-Lexikon und schließlich 1848 in einer kleinen Monographie. 1842 taucht das Skatspiel zum erstenmal in einem Spielregelbuch auf. Da unter den Autoren drei den Namen Hempel tragen, kann es nicht verwundern, wenn wir in der Erfinderlegende von einem Hempel erfahren, der nach kurzer Meditation – wie einst Archimedes in der Badewanne – die zündende Idee hatte. Dieser «Skat-Hempel» war – so scheint es zumindest – ein liberaler Bürger der Biedermeierzeit.

Zum 150sten Geburtstage

Friedr. Ferd. Hempel

Herzoglich Sachsen-Gotha-Altenburgischer Hofadvokat und Notar, geboren am 6. November 1778 in Treben bei Altenburg gestorben um 1837 als freier Schriftsteller in Odessa

Er gehörte zu den wenigen Glücklichen, deren Wort und Tat nach hundert Jahren noch dem Enkel wiederklingen. Wiewohl kein Bildnis des Urskatvaters uns überkommen ist, taucht es heute auf vor unserem geistigen Auge aus dem Meer des Vergessens und wir schmücken es mit dem unvergänglichen Kranze heiteren Ruhmes, gewunden aus Frohsinn und Lebensfreude

Des Skatmitschöpfers Friedr. Ferd. Hempel Unterschrift und Siegel

Aus einer humoristischen Urkunde v. J. 1819 in der v. d. Gabelentzschen Spielkartensammlung auf Schloß Poschwitz bei Altenburg

Ein Abdruck dieser Urkunde erfolgt in nächster Nummer

Urkunde zum 150. Geburtstag Friedr. Ferd. Hempels, erschienen in «Der Alte», Jg. 3, 1928, S. 256. Die hier genannten Lebensdaten wurden später anhand der «Familiengeschichtlichen Nachrichten» der Hempelsippe berichtigt.

Friedrich Ferdinand Hempel (pseud.: Spiritus Asper) Hofadvokat in Altenburg, geb. 6. 9. 1778 in Treben bei Altenburg, gest. 4. 3. 1836 in Pest. Herausgeber der «Osterländischen Blätter».

Allgemeine Systematik der Kartenspiele

So hübsch die Erfinderlegenden für den Skat sind, so wenig erfassen sie von dem Entstehungsprozeß eines neuen Spiels. In der Vergangenheit entwickelten sich Spiele über einen längeren Zeitraum hin; jede Spielrunde bevorzugte eigene Varianten, zuweilen entstand so aus dem einen Spiel ein anderes. Niemand, der sich mit Freunden zu einem Spielchen zusammentut, wird im Anschluß aufschreiben, was er gespielt hat – vielleicht berichtet er in einem Brief fröhlich von einem Gewinn oder lamentiert über einen Verlust. Spielregelbücher standen deshalb in der Vergangenheit immer am Ende einer Entwicklung, nie am Anfang.

Das mag uns heute unlogisch erscheinen, zumal das, was für unsere Vergangenheit galt, kaum für die Gegenwart zutrifft. Spiele werden von einer umsatzabhängigen Industrie hergestellt. Während die Hersteller früher zu den vorhandenen Spielen die Spielmittel lieferten, versuchen die Produzenten heute, neue Spiele einzuführen, die ausschließlich die herstellende Firma vertreiben darf. Die Hersteller überbieten sich gegenseitig im Konkurrenzkampf, jeder versucht neuere, erfolgreichere Spiele einzuführen, für die er vorher die ausschließlichen Rechte erworben hat. Neue Spiele werden heute wie neue Autos entwickelt, und was beim Auto der Ingenieur ist, das nennt man in der Spielewelt den Spieleerfinder. Üblicherweise sind diese Erfinder nur Fachleuten bekannt; nur wenige haben es geschafft, in einer größeren Öffentlichkeit namhaft zu werden. Traum einer jeden Firma ist es, einen Spieleerfinder unter Vertrag zu bekommen, dessen Name allein schon einen guten Absatz garantiert – wie etwa der eines Bestsellerautors. Die Entwicklung hin zu diesem Stand setzt nach dem Ersten Weltkrieg ein, Monopoly – erfunden in der Weltwirtschaftskrise – mag als Beispiel genannt sein.[15]

Den heutigen Spielealltag dürfen wir nicht auf die Zeit um 1800 übertragen, in welcher der Skat entstand. Damals waren es noch die Spieler selbst, die Spielregeln entwickelten, und der Skat ist das schönste Beispiel dafür. Aber bevor wir uns genauer mit den Ahnen des Skatspiels vertraut machen, muß das Spielinstrument, die Karte, genauer betrachtet werden.

Im Jahre 1377 unserer Zeitrechnung werden die Spielkarten zum erstenmal in Florenz erwähnt. Woher sie kommen, ist ungeklärt. Sicher sind sie genausowenig wie die Spielregeln von einer Person zu einem bestimmten Zeitpunkt erfunden worden. Auch das, wovon wir 1377[16] erstmals hören, ist das Produkt einer langen Entwicklung, von der wir wenig wissen, die wir nur erahnen können.

Einer Theorie zufolge, für die in den letzten Jahren manch wichtiges Argument beigebracht werden konnte, stammen die Karten aus dem Orient. So spielt Persien bei der Entstehung der europäischen Spielkarten eine wichtige Rolle.[17] Michael Dummett hat in seinem 1980 vorgelegten Buch «The Game of Tarot» darauf hingewiesen, daß mit den Karten auch Spielregeln aus dem Orient nach Italien gekommen sein müßten. Dummetts Buch behandelt die Geschichte des Tarockspiels, ist jedoch gleichzeitig die für Jahrzehnte grundlegende Arbeit über die Geschichte der europäischen Kartenspiele. Ihr verdankt unser Essay wesentliche Anregungen.

Das Spielinstrument, welches in Florenz erstmals beschrieben wird, trägt neben dem mameluckischen Namen «Naibi» die lateinische Bezeichnung «charta». Dies ist eine Materialbezeichnung und bedeutet soviel wie «Papier». Das lateinische Wort «charta» findet sich in vielen europäischen Sprachen als Lehnwort: «Karte», «card», «carte».

Wir kommen damit zum Aussehen jenes Spielinstruments, das Skatspieler in der Hand halten. Schauen wir uns ein beliebiges Spiel Karten an, so werden wir als erstes feststellen, daß es vier gleiche Reihen gibt, die voneinander durch verschiedene Symbole unterschieden werden. Jede einzelne Reihe besteht aus Zahlenkarten, also Karten, die sich in der Anzahl ihrer Symbole unterscheiden. Eine vollständige Reihe besteht aus den Werten 1 bis 10. Für viele Kartenspiele braucht man nicht alle zehn, sondern weniger Karten. Zu den vier Reihen 1 bis 10 gehören jedoch noch Bildkarten, auf denen immer jeweils ein König, manchmal eine Königin, ein Reiter, ein Fußsoldat oder ein militärischer Ober- und Untermann abgebildet ist.

Die Symbole können den Nationen zugeordnet werden, die zuerst oder meist

Aus der Kinderstube des Skats

«Als Statthalter des Fürsten Repnin war nach Altenburg der russische Oberst Prendel beordert worden. Ein Herr von martialischem Aussehen, mit lang herabhängendem, schwarzem Vollbart und meist gekleidet in russischen Pelz und Pelzmütze. Er hatte sich mit einem Hofstaat umgeben und zu seinen Kammerherren junge, geistreiche, weinliebende Leute ausgewählt, die ihm in seinen Erholungsstunden, die wohl meist den ganzen Tag ausfüllten, mit Würfellust und Kartenspiel Unterhaltung verschaffen mußten. Der Sage nach soll in diesen Kreisen auch das Skatspiel erfunden worden sein. Unter besagten Männern befand sich auch der geniale, durch mehrere satyrisch-humoristische Schriften bekannte Hofadvokat Friedrich Ferdinand Hempel (auch unter dem Pseudonym Spiritus Asper bekannt), geboren am 6. September 1778 zu Treben bei Altenburg, wo sein Vater Pfarrer und Adjunkt war. Um die Unterhaltung im Prendelschen Salon interessanter zu gestalten, brachte in diesen Kreis Spiritus Asper auch das Skatspiel, entstanden aus dem alten Deutschsolo unter Anlehnungen an andere damalige Kartenspiele. Er unterrichtete den Oberst Prendel gründlich darin, und nun wurde es von den hellen Köpfen, welche jenen Kreis bildeten, leidenschaftlich gespielt. – Da Oberst Prendel später nach Sibirien verbannt worden ist, hat er möglicherweise auch den Samojeden das Skatspiel gelehrt. – Bald war der Skat sowohl in Altenburg als auch in seiner Umgebung allgemein bekannt; da hieß es: ‹Gevotter Hons, Ehr hut's verschpeelt! Mar hunner eenunsachzg gezeehlt!› – Mit der Altenburger Jugend, die die Hochschulen in Jena, Leipzig und Halle bezog, verbreitete sich der Skat in weitere Kreise, wobei er sich immer mehr vervollkommnete, denn der junge Skat war anfangs sehr einfach. Im Jahre 1818 habe ich selbst das Skatspiel auf das Rittergut Mosen bei Weida verpflanzt, wo in der Familie früher nur L'hombre gespielt wurde. Bald darauf wurde es in Weida leidenschaftlich gespielt.»

Der Alte, Jg. 18, 1943, S. 9

Der nicht namentlich erwähnte Verfasser dieses Artikels hat diese Geschichte der Zeitschrift «Am häuslichen Herd», dem Sonntagsblatt der «Altenburger Zeitung für Stadt und Land», entnommen (erschienen im Jahre 1886 zur Zeit des ersten deutschen Skatkongresses).

Zeichen und Figuren der unterschiedlichen Farbsysteme. Links oben: italienisch-spanische, Mitte: deutsch, unten: französisch. Rechts: Figuren der entsprechenden Bildkarten.

Karoas aus dem Cotta'schen Almanach für das Jahr 1807. «Der Mann mit der weisen Kappe und dem Nordscheingesicht auf Carreau-As will sein Hochroth, nicht dem Künstler, sondern dem klüglich gewählten mit Reifen umzingelten Spielbrete verdanken. Laßt Fortunen hämisch, und die Noth am größten seyn; Tröster Bacchus ist am nächsten.» DSM Inv.-Nr. B 257, Zug. Nr. 1955/2

damit spielten. Die schwarzen «Treff» und «Pik», die roten «Herz» und «Karo» nennen wir französische Farben; italienisch-spanische Symbole sind Schwerter, Stäbe beziehungsweise Keulen, Becher und Münzen; die deutschen Farben heißen Eichel, Blatt, Herz und Schelle. Die Formen der Symbole können regional unterschiedlich sein, je nach Hersteller. Die Bildkarten, die zu jedem Farbsystem gehören, sind festgelegt: In Frankreich regieren König, Dame und Bube; in Deutschland König, Ober- und Untermann; in Italien und Spanien König, Reiter und Bube. Wenn es auch in der Vergangenheit Ausnahmen gab, so kann man doch sagen, daß ein vollständiges Spiel Karten aus 4 × 10 Zahlenkarten und je drei Bildkarten besteht. Da man heute für manche Spiele nicht mehr die vollständige Anzahl braucht, werden sie nur noch in der verkürzten Reihe hergestellt. Das älteste verkürzte Spiel ist das deutsche: Hier gibt es seit Ende des 16. Jahrhunderts kein As, keine Eins mehr, die oberste (oder unterste) Karte ist das «Daus», die Zwei. Jedoch wird eine deutsche Karte mit 48 Blatt heute nicht mehr gedruckt, sondern nur noch Spiele mit 36 oder 32 Blatt. Die französische Karte wird heute noch vollständig hergestellt; zu den 52 Blatt kommen seit dem 19. Jahrhundert zuweilen noch zwei oder drei «Joker». Für viele Spiele (z.B. Canasta) braucht man sogar zwei Pack, also 2 × 52 Blatt und Joker. Von der Art des Spiels hängt es also ab, welche Anzahl Karten notwendig ist[18].

Nachdem wir uns nun das sehr komplexe Spielinstrument Karte angeschaut haben, muß kurz verdeutlicht werden, welche prinzipiellen Unterschiede zwischen Spielen mit Karten und Spielen mit anderen Spielinstrumenten bestehen. Wie auch immer, die Karten werden in der Regel verdeckt an alle Spieler ausgegeben, oft bleibt ein Teil des Packs als Stamm oder Talon verdeckt auf dem Tisch liegen. Kein Spieler weiß, welche Karten seine Mitspieler erhalten haben. Im Spielverlauf stellt sich nun Phase um Phase heraus, wer welche Karten hatte – aber auch, wer welche Karten noch haben könnte. Bei allen Kartenspielen spielt auch der Zufall eine Rolle, und ein guter Kartenspieler muß mit dem Zufall umgehen können.

Anders beim Schach: Hier gibt es – von menschlichen Fehlern einmal abgesehen – keinen Zufall. Beiden Spielern ist der Stand des Spiels, die Anordnung und Verteilung der Figuren jederzeit vor Augen. Jeder Schachspieler konzentriert

Marktszene (oben) und Altenburger Bauern beim Skatspiel. Kolorierte Lithographien aus C.F. Hempel: «Sitten, Gebräuche ... der Altenburgischen Bauern», 1839 (Taf. VIII u. X).

Beispiel für eine Daus-Karte zu Beginn des 16. Jahrhunderts, hergestellt wurde das Spiel von Jörg Schwemer, München, um 1520.
DSM Inv.-Nr. B646

sich ausschließlich auf die Taktik des Gegners. Das gleiche gilt auch für andere Brettspiele wie Dame, Mühle oder Go.

Natürlich kennen wir auch Brettspiele, bei denen der Zufall mitspielt: vor allem die, bei denen der Würfel die Bewegung des Spielsteins entscheidet. Doch auch hier – etwa beim alten Puff-Spiel oder seiner Modernisierung, dem Backgammon – ist der Spieler zu jeder Zeit über den gesamten Spielstand informiert; er weiß, wie er und seine Mitspieler dran sind. Das ist beim Kartenspiel anders: Zuweilen weiß ein Spieler aufgrund seiner Karten mehr als seine Mitspieler. Jede Phase des Spiels dient nicht nur der Ermittlung der Taktik der Mitspieler, in jeder Spielphase erfahren die Spieler auch genauer, wie ihre Chancen nach der Ausgangssituation überhaupt stehen. Bei den großen Spielen der Kartengeschichte standen Glück, also Zufall, und Können immer in einem solchen Verhältnis, daß die besseren Spieler über eine lange Zeitspanne hin siegreich blieben. Aber auch Spitzenspieler haben – glücklicherweise – Pechsträhnen.

Schauen wir uns nun die unterschiedlichen Arten der Kartenspiele an.

Zwei Typen von Kartenspielen gilt es vor allem zu unterscheiden: die Stich- und die Anlegespiele.[19] Bei den Anlegespielen[20] ist Sieger, wer die beste Folge von Karten hat oder erreicht. Das bekannteste Spiel dieser Art ist Rommé. Bei diesem Spiel kommt es darauf an, möglichst viele bestimmte Kartenkombinationen zu bilden. Hierbei gibt es – in Konsequenz des Systems, nach dem ein Kartenspiel aufgebaut ist – zwei Möglichkeiten: den Satz und die Folge. Der Satz, welcher zuweilen auch analog zum Würfelspiel «Pasch» genannt wird, besteht aus (möglichst) vier wertgleichen Karten (etwa 4 Damen oder Königen

Ausschnitt der Auferstehungstafel des Herrenberger Altars (1517–1519) von Jörg Ratgeb. – Der Talon und die aufgedeckten Karten sind deutlich in der Mitte des Bildes zu erkennen.
Staatsgalerie Stuttgart

Titelkupfer mit Kartenspielern, Billardspielern und Schachspielern aus: «Neuester Spiel-Almanach für das Jahr 1800 oder gründliche Anweisung zur leichten Erlernung aller bekannten Karten-Brett-Kegel- und Ballspiele, herausgegeben von Julius Cäsar», Berlin, beim Verfasser.

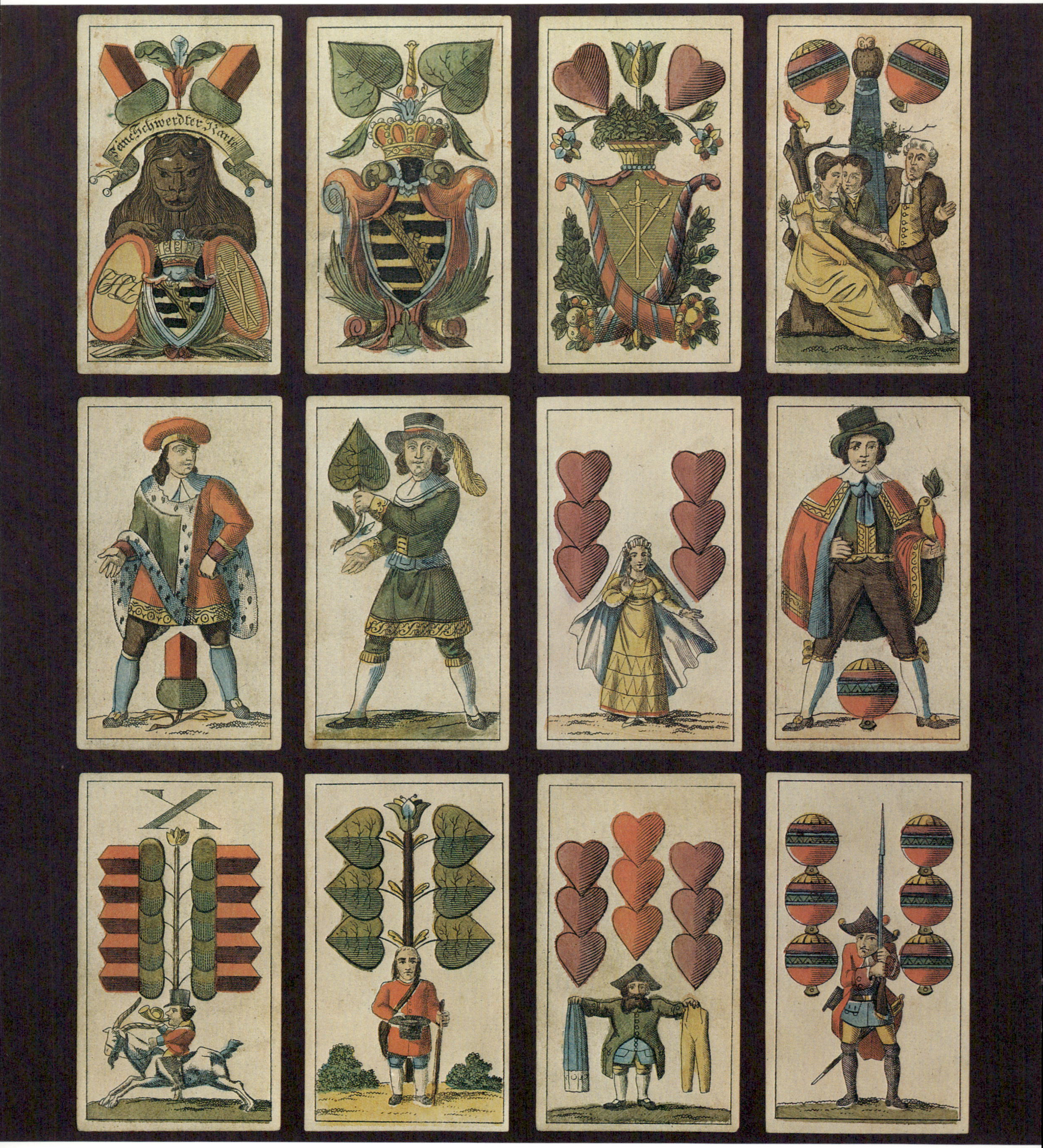
Feine Schwerdter Karte
X

Seiten 16 und 17:
Spielkarten mit der Bezeichnung «Schwerdter (oder Schwerter) Karte» kennen wir seit etwa 1800 im sächsisch-thüringischen Gebiet. Der erste Skat wurde mit solchen Karten gespielt.
«Feine Schwerdter Karte» von Carl Heinrich Zölcke, Leipzig, 2. Viertel 19. Jh.
DSM Inv.-Nr. A 672

oder Zehnern). Die Folge oder Sequenz (z. B. Bube, Dame, König) setzt sich aus aufeinanderfolgenden Karten einer Farbe zusammen. Zu Beginn erhalten die drei bis fünf Spieler dreizehn Karten. Der Rest wird als Talon verdeckt auf den Tisch gelegt. Jeder Spieler nimmt eine Karte vom Stapel und wirft dafür eine andere offen ab. Wer eine bestimmte Anzahl von Sätzen oder Folgen in der Hand hat, kann sie aufgedeckt auf den Tisch legen; wer alle seine Karten als erster auslegen kann, macht Schluß.

Rommé kam zu Beginn unseres Jahrhunderts in Mode; sein Spielsystem ist jedoch viel älter. Das chinesische Mah-Jongg, welches sowohl mit Steinen als auch mit Karten gespielt wird, ist das wohl bekannteste Anlegespiel. Vielleicht ist China überhaupt die Heimat von Spielen dieses Typs.[21] Das berühmteste westliche Anlegespiel ist Poker, auch hier entscheiden die Kartenkombinationen über Gewinn und Verlust. Doch nicht ausschließlich. In einem festgelegten Ritual wird geboten; das heißt, in der Hoffnung, selbst die besten Karten oder besten Nerven zu haben, wettet jeder auf sein Blatt als das vermeintlich beste. Allerdings, und das ist das spezifisch US-Amerikanische am Poker: der Spieler, der so hoch bietet, daß keiner mehr mithält, bekommt den gesamten Einsatz, ohne die Karten zeigen zu müssen. Wer keine guten Karten hat, muß in der Lage sein, gut zu bluffen und zu täuschen. Vollständige Kontrolle der Emotionen führt im Business zum Erfolg, das ist die Legende des Pokers.[22]

Was konventionelle Anlegespiele wie etwa Mah-Jongg so schwierig macht, ist die Bewertung der unterschiedlichen Sätze und Folgen. Die Spieler müssen alle möglichen Kombinationen mit ihrer Bewertung präsent haben, um sich aus den gegebenen Karten für die beste Möglichkeit zu entscheiden. Die erreichten Punkte werden aufgeschrieben oder in Form von Spielmarken dem Sieger ausgehändigt.

Die Stichspiele finden sich in der westlichen Welt – aber auch in Indien – weit häufiger als die Anlegespiele. Da auch Skat ein Stichspiel ist, muß es hier etwas genauer erklärt werden. Wir folgen dabei Michael Dummett, der in seinem Buch[23] eine Ordnung und Benennung der unterschiedlichen Stichspiele darstellt.

In jedem Stichspiel ist es wichtig, daß die Spieler die gleiche Anzahl von Karten haben. Jeder Stich besteht aus so vielen Karten, wie Spieler teilnehmen. Ein Spieler «spielt aus», das heißt, er muß als erster eine Karte mit der Bildseite nach oben auf den Tisch legen. Er ist – wie man dies nennt – die «Vorhand». Wird im Uhrzeigersinn gespielt, dann ist die Vorhand üblicherweise derjenige, der links vom Kartengeber sitzt. Der oder die auf die Vorhand folgen-

«Der Poker im Freien»: ‹10 Gulden besser – Kellner, noch'n Tuch, ich kriege kalte Füße.›
Karikatur aus Karlsbad von Edm. Edel, um 1920.
DSM Inv.-Nr. 1977–98

den Spieler nennen wir Mittelhand, den letzten Hinterhand; er kann identisch mit dem Kartengeber sein. Die Spielregeln legen fest, welche die siegreiche unter den auf dem Tisch liegenden Karten ist. Der Spieler (oder die Partei), welcher diese Karte ausgespielt hat, gewinnt damit alle Karten, also den ganzen Stich.

Bei jedem Stichspiel müssen drei Fragen geklärt sein: Erstens, wer spielt aus; zweitens, mit welcher Karte gewinnt man den Stich; drittens, durch welche Regeln wird ein Spieler bei seiner Wahl, welche Karte er spielt, eingeengt. Bei fast allen Stichspielen spielt der Gewinner des vorigen Stichs zum nächsten Stich aus.

In Stichspielen, die keinen Trumpf kennen, gehört der Stich dem Spieler, der die Karten mit dem höchsten Wert in der von der Vorderhand ausgespielten Farbe gespielt hat. Dabei ist durch die Spielregel zu klären, ob die gleiche wie die angespielte Farbe von allen Spielern gespielt werden muß (Farbe bedienen), oder ob der Spieler hier frei ist. Michael Dummet weist darauf hin, daß die Spieler auch gezwungen sein können – wenn möglich – eine höherwertige Karte als die angespielte zu spielen. Die Vorderhand ist jedoch frei, die Farbe anzuspielen, die ihr paßt.

Wandteller, bemalt mit den beiden höchsten Trümpfen im Schafkopf, dem Eichl- und Blatt-Ober, darüber ein Schafkopf, dem das Spiel seinen Namen verdankt. Bemaltes Porzellan, 20. Jh. Privatsammlung.

Während bei Spielen wie dem geschilderten alle vier Farben gleich sind, wird mit der Einführung von Trümpfen oder Trumpffarben die Gleichheit aufgehoben. Die Trumpfkarte beziehungsweise -farbe triumphiert über alle anderen; nur bei wenigen Spielen ist die Stichkraft mancher Trümpfe eingeschränkt. Zu Trümpfen können ständige Farben oder von Spiel zu Spiel unterschiedliche Farben, aber auch bestimmte Werte erklärt werden. Beim Skat etwa sind alle Buben immer (mit wenigen Ausnahmen) Trumpf; ob und welche Farbe außerdem Trumpf ist, wird jeweils neu ermittelt. Manche Formen des Schafkopfs kennen nur eine immerwährende Trumpffarbe, nämlich Schellen.[24] Die Art und Weise, in der beim Skat durch Bieten oder Reizen derjenige Spieler ermittelt wird, der den Trumpf benennen darf, ist noch relativ neu in der Geschichte der Kartenspiele. Sehr viele alte Varianten ermitteln den Trumpf durch Zufall, etwa durch Aufdecken der ersten oder letzten verteilten Karte.

An dieser Stelle muß noch ein Spiel erwähnt werden, das als erstes Trumpfspiel gilt: das um 1400 entstandene Tarockspiel. Neben die vier Spielfarben, welche jeweils vier Figurenkarten haben (König, Königin, Reiter, Bube), tritt eine eigene Trumpfreihe, versehen mit Bildern aus dem Vorrat der spätmittelalterlichen Ikonographie. Die Trumpfreihe besteht aus 21 später durchnumerierten Karten.

Ob und wann Trumpf angespielt werden muß, schreiben die Regeln vor. Hier gibt es große Unterschiede. Bei einigen Spielen ist man gezwungen, Trumpf zu spielen, wenn man eine Farbe nicht bedienen kann.

Bei Stichspielen kann man auf zwei sehr unterschiedliche Arten gewinnen. Michael Dummett[25] unterscheidet deswegen zwischen einfachen (simple trick-taking games) und komplexen Stichspielen (complex trick-taking games). Bei den einfachen Stichspielen – zu denen allerdings das besonders schwierige L'Hombre und das nicht minder schwierige Bridge gehören – wird derjenige Sieger, der die meisten Stiche gewonnen hat. Skat zählt zu den komplexen Stichspielen.[26] Hier wird nicht die Anzahl der Stiche, sondern die Summe der Punkte («Augen») gezählt, mit denen jede Karte bewertet ist.[27] Man kennt im Skat, aber auch im Schweizer Nationalspiel Jass, einige Karten, die keine «Augen» haben, sogenannte «Luschen».

Neben den Stichspielen, in denen derjenige gewinnt, der die meisten Stiche gemacht hat, gibt es auch solche, in denen der Sieger ist, der wenige oder keine Stiche hatte; letztere nennt Dummett negative Stichspiele, erstere positive. Wie lange schon Stichspiele bekannt sind, ist unklar. Michael Dummett[28] hält es für möglich, daß sowohl die einfachen wie die komplexen Stichspiele so alt wie die Spielkarten in Europa sind. Sicher ist, daß die positiven Stichspiele älter sind als die negativen. In der Geschichte der Kartenspiele gibt es Dummett zufolge[29] nur wenige Erfindungen völlig neuer Systeme. Die Geschichte der Kartenspiele entwickelte sich vielmehr aus Übernahme, Abänderungen und Angleichungen schon vorhandener Regeln; neue Kartenspiele sind meist «eine neue Kombination schon vorhandener Ideen»[30].

Lediglich auf drei wirklich große und einschneidende Erfindungen kann man in der Kartenspielgeschichte zurückblicken: Am Anfang steht vermutlich der Gedanke des Stichspiels (nach Dummetts Meinung mit den Spielkarten aus dem Orient gekommen), etwas später – wohl um 1440 mit dem Tarockspiel entstanden – die Idee der Trümpfe. Die dritte große Entdeckung ist das Bieten oder Reizen. Dummett hat festgestellt, daß sie zum erstenmal in einem Spiel nachzuweisen ist, das in Spanien Tresillo, überall sonst L'Hombre oder Ombre heißt und als direkter Vorgänger unseres Skatspiels gilt. L'Hombre war im 17. und 18. Jahrhundert das beliebteste Spiel, für das allerdings auch das meiste Geschick notwendig war. Die große Popularität dieses Spiels führt Dummett[31] auf das völlig neue «Bieten» zurück. L'Hombre spielt man zu dritt. Durch das Bieten werden die Bedingungen festgelegt, unter denen der Alleinspieler gegen seine gemeinsam spielenden Gegner antritt; auf diese Weise entscheidet der Alleinspieler, ob er Karten ablegen kann und neue vom Talon nimmt. Auch die Trumpffarbe wird durch das Bieten ermittelt.

An diesem Punkt unserer allgemeinen Überlegungen werden Skatspieler feststellen, daß die entscheidenden Elemente unseres Spiels um 1800 schon in der Kartengeschichte nachweisbar sind. Skat ist ein Stichspiel mit festen und veränderlichen Trümpfen. Durch das Bieten wird derjenige ermittelt, der allein gegen seine zwei Mitspieler spielt.

Betrachten wir uns nun genauer die Spiele, welche direkte Vorläufer des Skatspiels sind. Die Erfinderlegenden erwähnen hier immer den Schafkopf.

Die Spielregeln der Vorläufer des Skatspiels

Schafkopf

«Die Vorzüge des Spiels», schreibt der Spiritus Asper in den «Osterländischen Blättern» am 25. Juli, «haben solches seit dem letzten Jahrzehnt im Osterländischen Gau über Stadt und Land weit verbreitet, und wenn es auch in seinen Grundregeln auf das alte Spiel – Schafkopf genannt – hinweist, so kann man es doch einen veredelten Schafkopf – folglich Merino! – mit Recht nennen.» Diese deutliche Klarstellung des Rechtsanwalts Friedrich Ferdinand Hempel stützt auch der Gymnasialprofessor Hempel mit seiner Auskunft vor 1848, daß jener legendäre Kutscher die Bauern im Erzgebirge «ein ihm unbekanntes Spiel unter dem Namen Schafkopf» habe spielen sehen.

Schafkopf wird heute noch gespielt; es gibt Orte im Bayerischen, wo man es dem Skat eindeutig vorzieht. Doch vom Schafkopf gibt es nicht nur eine Regel, sondern viele Varianten, und wir wissen nicht, aus welcher der Skat entstand.

In der Zeitschrift der Spielkartenfreunde aus aller Welt, dem «Journal of the

Schaafkopf

«Dieses Spiel hat mehrere Benennungen, die aber größtentheils nur provinzial sind, überall aber kennet man es unter dem Namen Schaafkopf.

An manchen Orten heißt es Societäts- oder Konversationsspiel, anderwärts wird es das Denunciationsspiel genannt, weil ursprünglich bei jedem Spiele die Farbe sowohl als die Anzahl der Trümpfe angegeben werden mußte.

Schaafkopf wird es allen Vermuthen nach darum genannt, weil man an verschiedenen Orten anstatt der Striche oder Zahlen die gewonnenen Spiele durch Zusammensetzung einer Figur, welcher man Augen, Ohren, Nase, Zunge und Hörner gab, bezeichnete.

Zu einem vollständigen Kopf gehören nämlich 9 Striche oder soviel gewonnene Spiele, bis man 9 Striche machen kann. Will man nun statt der Striche eine Figur bilden, so macht die Peripherie der Figur den ersten, die beiden Ohren den zweiten und dritten; die beiden Augen, den vierten und fünften; die beiden Hörner, den sechsten und siebenten; die Nase, den achten und die Zunge den neunten Strich aus.

Wie wenig indessen der Name Schaafkopf diesem Spiele angemessen ist, mögen die Leser entscheiden. Im gemeinen Leben pflegt man mit dem Worte Schaafkopf die Einfalt und Dummheit eines Menschen zu bezeichnen. Dieses nun auf gegenwärtiges Spiel angewendet, so müßte es ein Inbegriff aller Einfalt und Dummheit sein, und gleichwohl giebt es gewiß nur sehr wenig gesellschaftliche Spiele, die mehr Vergnügen gewähren, und das Herz mehr zur Fröhlichkeit stimmen, als eben dieses Spiel.

Da indessen der Name nichts zur Sache beiträgt, und die Benennung Schaafkopf allgemein angenommen worden ist, so müssen auch wir solche beibehalten, und wollen nur gegen alle Mißdeutungen feierlichst protestiren.»

Paul Hammer, Die deutschen Kartenspiele oder Anleitung die üblichsten gesellschaftlichen Spiele mit der deutschen Karte, Leipzig 1813

Playing Card Society», hat John McLeod Ordnung in die Familie der Schafkopfspiele gebracht.[32]

Obwohl die Anzahl der Spieler schwanken kann, ist in der Regel von vier Teilnehmern an einer Runde auszugehen. Gespielt wird mit 32 Blatt. Schafkopf ist ein komplexes Stichspiel; um es zu gewinnen, ist es notwendig, eine bestimmte Anzahl von Punkten zu erhalten. Bei allen Schafkopfspielen werden die Karten mit folgenden Punkten (Augen) bewertet: Daus (= As): 11, König: 4, Ober: 3, Unter: 2, Zehn: 10, Neun, Acht, Sieben: 0 Augen.

Damit verfügt das vollständige Spiel über 120 Punkte, der Sieger muß davon mindestens 61 erreichen. Das Besondere am Schafkopf ist, daß es konstante Trümpfe hat. Sie werden Wenzel genannt. Je nach Regel können dies vier, sechs oder acht feststehende Trümpfe sein, beispielsweise die vier Unter und/oder vier Ober beziehungsweise vier plus zwei Unter beziehungsweise Ober. Neben den immerwährenden Trümpfen gibt es noch eine zu benennende Trumpffarbe. So gilt bei einer Variante beispielsweise Schellen generell als Trumpf.

Sind die Karten verteilt, wird im Uhrzeigersinn gespielt; der links vom ausgebenden Spieler Sitzende ist die Vorderhand. Die Spieler müssen – soweit es ihnen möglich ist – die ausgespielte Farbe bedienen. Einen Stich hat der gewonnen, welcher den höchsten Trumpf oder die höchste Karte in der angespielten Farbe auf den Tisch gelegt hat.

Die Spieler bilden zwei Parteien, die gemeinsam spielen. Wer mit wem spielt, wird vorher ausgelost.

So selbstverständlich die Hempels den Schafkopf als Vorfahren des Skats nennen, so wenig findet man ihn in alten Spielregelbüchern. Erst 1811 ist Schafkopf zum erstenmal nachweisbar, und zwar in acht Varianten. Das Buch, für das Paul Hammer als Autor zeichnet, erschien 1813 in zweiter und 1815 in dritter Auflage[33]. Trotzdem wurde Schafkopf nicht in den Kanon anderer Spielregelbücher aufgenommen. Erst 1842 bei G. U. v. Enther und 1853 in Alvenslebens «Encyclopädie der Spiele» finden wir ihn wieder, gefolgt vom Skat[34]. Wenn wir den Sachverhalt bewerten wollen, so muß man auf die gesellschaftliche Umschichtung, die durch die Französische Revolution gekennzeichnet ist, hinweisen. Hammers Regelbuch will ausdrücklich jene Spiele vorstellen, die «mit der deutschen Karte» gespielt werden. Das neue Nationalgefühl, das sich in den Freiheitskriegen sowie einer breiten demokratischen Bewegung ausdrückte, ist auch in der Spielkartengeschichte vielfach nachzuweisen. Ein Beispiel dafür sind nicht nur die Karten mit deutschen Farben, die anläßlich der Freiheitskriege erschienen[35], sondern auch die «Teutschen Spielkarten für das bayrische Volk», die 1819 von Johann Christoph Freiherr von Aretin herausgegeben wurden. In seinem Begleitheft weist er nicht nur darauf hin, daß die «teutschen Eichelkarten» jetzt in den Händen des Landvolkes zu finden seien; er erinnert auch daran, daß «seit kurzer Zeit so viele alte Sitten und Gewohnheiten wieder aufgefrischt werden»[36]. Die Karten mit französischen Farben wurden jedoch nicht nur aus nationalen Gründen abgelehnt, es waren auch die Karten des Hofes, die man zum Hasardspiel verwendet hatte. Der biedere Bürger hielt es lieber mit dem Landmann, wie wir an den Hempels sahen, und das ist ein demokratisches Element. So erscheint es nicht als Zufall, daß die Schafkopfregeln aus dem Hammerschen Werk nach der bürgerlichen Revolution von 1848 in der «Encyclopädie» von Alvensleben aus dem Jahre 1853 wieder gedruckt werden.

Welche Quellen Paul Hammer benutzte, war nicht zu ermitteln, möglicherweise liegen Recherchen vor Ort dem Buch zugrunde. Dafür sprechen die vielen, sehr heterogenen Varianten, die hier zusammengetragen wurden.

Teutsche Spielkarten für das bayrische Volk

«Es ist eine löbliche alte Sitte des Volks sich durch Bilder an die Thaten der Vorfahren zu erinnern. Wir finden diese Gewohnheit unter andern auch in den ältesten Spielkarten, denn man gebrauchte sie anfänglich, um das Andenken an würdige Männer und Begebenheiten zu erhalten, wie denn überhaupt in den Spielen der Alten manche Lehre der Weisheit verborgen war. Solche Beziehungen aber sind in den neueren Zeiten gänzlich verloren gegangen, und die Bilder auf den teutschen Eichelkarten, die man jetzt in den Händen des Landvolks findet, sind durchaus ohne Sinn und Bedeutung.

Da seit kurzer Zeit so viele alte Sitten und Gewohnheiten wieder aufgefrischt werden, so laßt euch, liebe Landsleute auch jene alte Gewohnheit wieder empfohlen seyn, solche Kartenblätter zur Hand zu nehmen, die euch Erinnerungen wecken oder Kunde geben von euren guten Fürsten und von den sowohl glücklichen als unglücklichen Begebenheiten des bayrischen Volks.»

Aus: «Vaterländische Erinnerungen bey Gelegenheit der neu herausgegebenen teutschen Spielkarten für das bayrische Volk. Von Christoph Freyh. von Aretin», Augsburg 1819.

Fangen wir mit den allen Schafkopfspielen gemeinsamen Spielregeln an: Hammer berichtet von einer Spielart, die als einfaches Stichspiel zu bezeichnen ist. Hier spielen vier Personen mit 32 Karten mit vier Wenzeln (den Untern). Neben den Wenzeln sind die Schellen «immerwährend Trumpf». Jeder Spieler spielt allein. Ziel der vier Spieler ist es, jeweils zwei Stiche zu machen; jeder weitere Stich bringt einen Punkt oder eine Spielmarke; wer nur einen oder keinen Stich hat, muß eine oder zwei Marken bezahlen. Bei diesem Spiel entscheidet «bloß die Anzahl der Stiche den Gewinn und Verlust»[37]. Gemeinsam mit den anderen Spielen hat diese Variante lediglich die immerwährenden Trümpfe, die vier Wenzel. Nur wenige Schafkopfspiele kennen eine immerwährende Trumpffarbe, meist die Schellen.

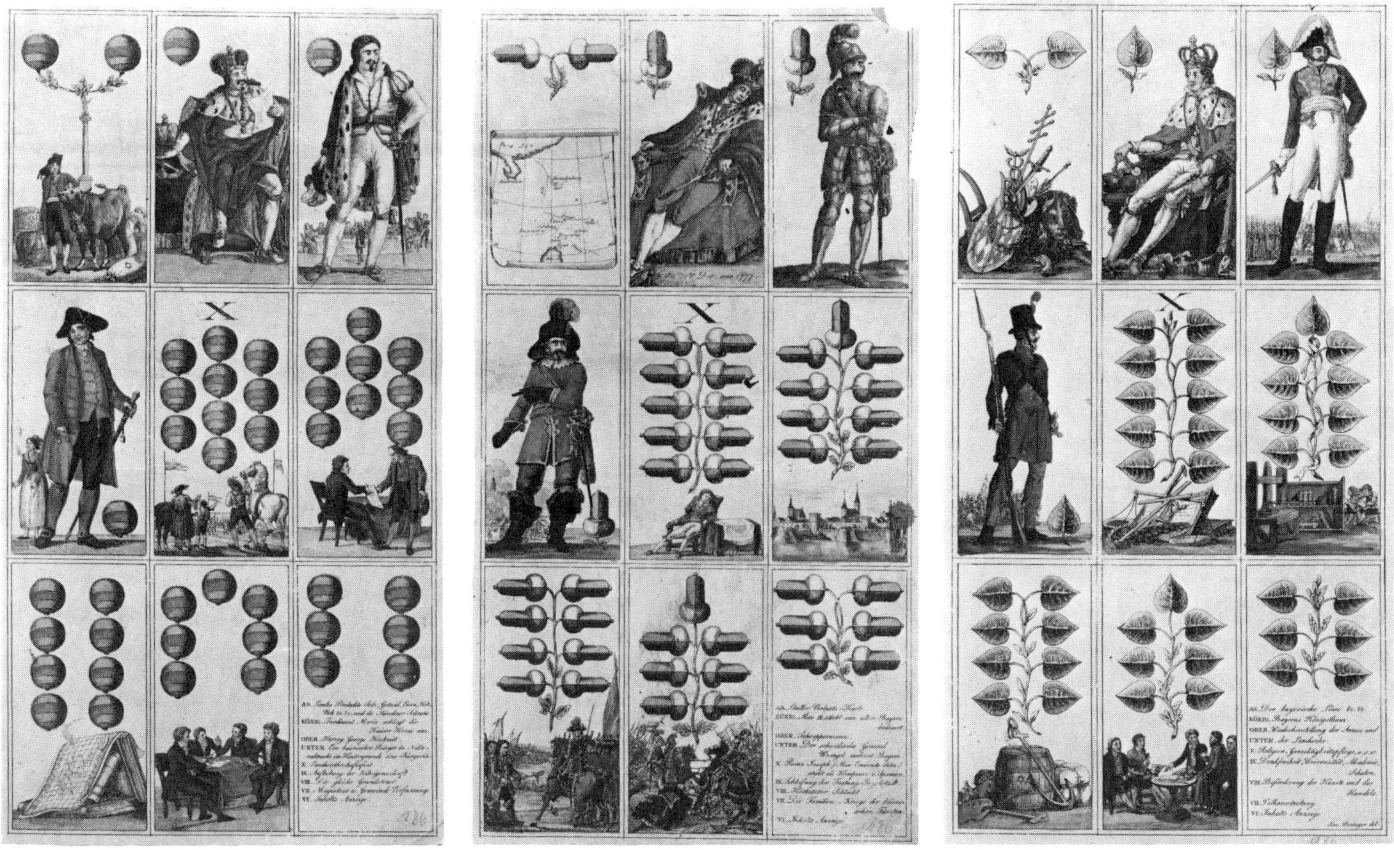

Unzerschnittener Bogen aus dem Spiel «... teutsche Spielkarten für das bayrische Volk von Christoph Freyh. von Aretin, verlegt von Victoria Arnold, priv. Kartenfabrikantin zu Neuburg und in Commission bey J. L. Rugendas in Augsburg», 1819. DSM Inv.-Nr. A 1

Mit der ersten, wohl auch üblichsten Version des Spiels in Hammers Zusammenstellung kommen wir dem Skat schon näher. Auch diese Variante wird von vier Personen, die sich allerdings auf zwei Parteien verteilen, mit 32 Blatt gespielt. Jeder Spieler bekommt also acht Karten. Zu den vier Untern, den feststehenden Trümpfen, kommt noch eine Trumpffarbe. Sie wird von dem Spieler bestimmt, der fünf oder mehr mögliche Trümpfe hat. Um diesen Spieler zu ermitteln, muß «gemeldet» werden. Dies geht der Reihe nach, Vorhand macht den Anfang. Hat keiner fünf Trümpfe, so muß derjenige spielen, der den obersten Wenzel hat, den Eichelunter (gefolgt von Grün-, Herz- und Schellenunter). Haben mehrere Spieler die gleiche Anzahl von fünf oder mehr Trümpfen, so entscheidet die Augenzahl der möglichen Trumpffarbe. Beim Anmelden werden das Daus mit 8, König, Ober und Unter mit 10 und die Zahlenkarten mit ihrem Zahlenwert gezählt. Um den Gewinner festzustellen, werden die Augen wie

«Wir die zu St. Taberna wohleingeheimten Societätsglieder und nahmentlich ich N. N. der Zeit wohlverordneter Ladenmeister thun hiermit kund und zu wißen Jedermänniglich, insonderheit aber allen und jeden löblichen Schafkopfsocietäten daß Vorzeiger dieses Herr Bottrob Wittig zur Erlernung der löblichen Stichkunst des Schafkopf-Spiels vor offener Lade und unter den bei dieser Handlung gewöhnlichen Feierlichkeiten von uns auf und angenommen und nachdem er die Lehrzeit rühmlich überstanden auch sonst alle Kniffe und Pfiffe gehörig weg und inne zu haben versichert, anheute unter dem Vorsitz des Ladenmeisters feyerlich lobgesprochen worden ist.

Urkundlich haben wir demselben hieruber diesen Lehrbrief unter Vordrükung des Innungs Siegels wohlbedächtig und wißentlich ausgestellt, und ersuchen alle Schafkopfsocietäten insonderheit aber alle Vorsteher und Ladenmeister dem genannten Bottrob Wittig bey seiner Omkunft allen geneigten Willen und Aufnahme angedeihen zu laßen, was wir vorkommenden Falls zu erwiedern stets bereit und willig sind.

Gegeben zu St. Taberna im Jahre 1826

Ferdinand Hozspitz (Oberältester)
Heinrich Zahhockel (Beiältester)
Gregorius Patzentoffel (Handwerksschreiber)»

schon angegeben bewertet. Einfach gewonnen ist das Spiel mit 61 Augen, doppelt mit 91.

Früheste Voraussetzungen für das Skatspiel haben wir in dieser Schafkopfregel: erstens die vier Unter, genannt Wenzel, als immerwährende Trümpfe; zweitens die Abfolge der Wenzel beziehungsweise der Spielfarben von oben nach unten – Eichel, Grün, Herz, Schellen; drittens das «Reizen», das «Anmelden», eine Form von «Bieten», um das Recht zu erlangen, die Trumpffarbe so zu bestimmen, so daß man möglichst gewinnt; viertens den einfachen und doppelten Gewinn (mit 91 Augen).

Doch Schafkopf wird von vier Personen gespielt. An dem besonderen Schafkopfspiel hingegen, das – nach Hempels Bericht – der Kutscher mitbrachte, nahmen jedoch nur drei Spieler teil: «Der Herr ließ sogleich einen Nachbarn rufen, um mit ihm und dem Kutscher das Spiel zu versuchen.» Und in der Spielgesellschaft sind es wieder drei Personen.

Seite 22 oben:
Urkunde zur Erlernung des Schafkopf-Spiels. Für die Mitglieder eines «Schafkopf-Vereins». Lithographie. Deutschland, um 1826.
DSM Inv.-Nr. B 717

Stein hat diese Frage sehr genau untersucht; er meint, Hempel habe, als er 1848 seine Broschüre schrieb, sich der allerersten Spielweise nicht mehr genau erinnert. Das mag sein, doch die Zahl drei muß richtig überliefert sein. Deshalb müssen wir annehmen, daß es noch mehr als die neun Hammer bekannten Varianten des Schafkopfs gegeben hat. Wie schon gesagt: Zu Schafkopf werden ja so heterogene Spielregeln gerechnet wie ein reines Stichspiel, wo jeder der vier für sich spielt, als auch ein komplexes, recht differenziertes Stichspiel. Da mag es auch einen Schafkopf mit drei Spielern gegeben haben[38]. Das Skatspiel hat aber nicht nur einen, es hat viele Ahnen, unter anderem auch einen echten Aristokraten, der viele hundert Jahre alt ist:

Seite 22 unten:
«Die Spieler», Ölgemälde von Jan van Steen (1636–1689). Stockholm, Nationalmuseum.

Das königliche L'Hombre

1738 heißt es in Zedler's Universallexikon: «Da dieses Spiel für eines der lustigsten und sinnreichsten Kartenspiele gehalten, und darum auch an allen Höfen unter Standes-Personen eingeführet und mit Wohlgefallen getrieben wird, so hat man ganze Büchlein von den Regeln ...»[39]. Aus einem solchen Regelbuch, das 1708 in Hamburg erschien, erfahren wir, daß «das L'Hombre-Spiel in Teutschland seit wenigen Jahren so üblich und bekannt worden, daß fast niemand mehr für galant passiert, der selbiges nicht wisse»[40].

Das L'Hombre, dessen Geschichte noch einer eingehenden Erforschung bedarf, ist erst nach dem «Ehebündnis, das Ludwig XIV. mit Maria Theresia, Tochter Philipps IV., im Jahre 1660 schloß [...] zugleich mit jener Infantin nach Frankreich gekommen»[41]. Die Informationen über das L'Hombre vor dieser Zeit in Spanien sind nur spärlich. Es heißt hier, wie schon erwähnt, Tresillo. Am 10. November 1697 schreibt die Herzogin von Orléans, Liselotte von der Pfalz, in einem ihrer Briefe: «Lombre ist sehr à la mode hir. Man spilt nichts als landsknecht und Lombre hir Im landt, daß dantzen ist was rares.»[42] Da der Hof Ludwigs XIV. tonangebend für die Adelsgesellschaft Europas war, verbreitete sich mit der französischen Etikette auch das L'Hombre in ganz Europa. Ende des 17. Jahrhunderts ist es auch in Deutschland gut bekannt. Während über Schafkopf keine Veröffentlichung nachgewiesen werden konnte, ist das L'Hombre mit sieben Titeln in Eduard Maria Oettingers Bibliographie von 1852 über «Literatur der Spielkarten und Kartenspiele» vertreten[43].

Sich mit den Regeln des L'Hombre zu beschäftigen, ist – selbst in der hier

«L'Hombre Spiel im Freien». Kupferstich von Jeremias Wolff, Augsburg, 1. Viertel 18. Jh. DSM Inv.-Nr. B 1118, Zug Nr. 1959/223

dargestellten sehr verkürzten Form – ein mühseliges Geschäft. Vielleicht hilft dabei, eine Charakterisierung des L'Hombre kennenzulernen, die 1769 niedergeschrieben wurde: «Es erfordert dieses Spiel, Ernst, Stille, Nachdencken und einen sich gegenwärtigen Geist. Unter Leuthen vornehmen Standes, ist es eines der beliebtesten mit den Charten. Es ist eines der schönsten nach seinen Regeln; der ergötzlichsten, nach seinen Veränderungen; der anständigsten für Personen, die sich nach Geschäfften wieder erholen, nach der Beschaffenheit eines Geistes, der sich in alle Fälle zu schicken weiß; und eines der geselligsten Spiele, da es ohne Geräusch unter 2, 3, 4 und 5 Personen zum Zeit-Vertreibe dienet. Es ist aber auch eines der schwersten, nach seinen vielen abwechselnden Fällen, welche bisweilen die Kunst, oder der Hazard veranlasset.»[44]

Das L'Hombre ist ein reines Stichspiel. Aus dem vollständigen Pack von 52 Blatt werden Zehnen, Neunen und Achten herausgenommen, so daß noch 40 Karten übrigbleiben. An jeden der drei Teilnehmer (und wir beschränken uns auf diese übliche Form) werden je neun Karten verteilt; die letzten 13 Blätter legt der Geber verdeckt als Talon auf den Tisch. Gespielt wird gegen den Uhrzeigersinn, also rechtsherum. Die Abfolge der Karten ist in den schwarzen (Pik, Treff) und roten (Herz, Karo) Farben unterschiedlich: die schwarzen – König, Dame, Bube, Sieben, Sechs, Fünf, Vier, Drei und Zwei; die roten – König, Dame, Bube, Zwei, Drei, Vier, Fünf, Sechs, Sieben.

Das L'Hombrespiel kennt drei immerwährende Trümpfe, die man als Matadore bezeichnet: Spadille (Pikas), Manille (stets die niedrigste Karte, die Zwei also, wenn die schwarze Farbe zum Trumpf ernannt wird; die Sieben, wenn die rote Trumpf ist) und Basta (Treffas). Die Matadore stellen also die höchsten

Erklärung des Kupfer-Blats

«Es wird auf demselben eine Gesellschafft, die etwas enger als eine Assemblée ist, und etwas weitläuftiger als eine so genannte geschlossene

Die Kunst
die Welt erlaubt mitzunehmen
in den verschiedenen
Arten der Spiele,
so in Gesellschaften höhern Standes, besonders
in der Kais. Kön. Residenzstadt Wien üblich sind.
Nebst einem Anhang
von dem neuen Spiel *Lotto di Genoua.*

Erster Theil.

Mit Röm. Kaiserl. Majest. Allergnädigstem Privilegio.

Nürnberg,
Bey Johann Eberhard Zeh, Buchhändler, 1769.

Compagnie guter Freunde ist, vorgestellet. An dem einen Tisch kan der geneigte Leser sich die Bildung von dem l'Hombre, wie an dem andern Tisch von dem Dambret machen. Beyde sind die vorzüglichsten Spiele bey dergleichen Versammlungen. Der Künstler hat sich ziemlich wohl bemühet, bey beyden die Aufmerksamkeit der Spielenden, und zumal an dem l'Hombre-Tisch die Begierde des Frauenzimmers, was der ihr zur Linken sitzende Mitspieler für ein Blat anspielen werde, auszudrücken. Er hat nicht weniger die Action der beyden bey dem Dam-Spiel sitzenden Personen, und zwar, wie das Frauenzimmer so eben einen Stein zu ziehen sich anlässet, die Mannsperson aber mit einer anständigen Gelassenheit den Zug von derselben erwartet, sehr ähnlich vorgestellet.

Beyde Spiele erfordern, wie bekannt, viele Urtheils-Krafft, und der Wiz hat bey dem l'Hombre das Meiste zu thun.

Man pfleget die Fertigkeit, nach Regeln des Spiels zu verfahren und aller Fälle sich zu bedienen, l' esprit du Jeu zu nennen. Dies ist der Grund zu dem Motto welches der Künstler auf dem durch Festons gehaltenen offenen Zettel aufsezzen wollen. Er hat dahero über den l' Hombre-Tisch, die Werte: L' Esprit, qui brille überschrieben. D. i. Eine solche Application bey dem Spiel, wodurch man den Regeln ein Genügen leistet, wo man sich im Gemüthe allemahl gegenwärtig bleibet, und eine Fündigkeit in den kützlichsten Fällen des Spiels zu zeigen weiß, so, daß man bey der Gesellschafft etwas Edles und Geistiges an sich zeigt.

Wie nun diese beschriebene Fertigkeit vornehmlich bey dem l'Hombre sich äussert, jedoch auch bey dem Damm-Spiel eben so erforderlich ist: so fährt der Künstler mit der Rede, was ein solcher Esprit, qui brille für eine Würkung habe, zu dem andern Tisch fort, um das Motto zu ergänzen. Er siehet hierbey auf die Aehnlichkeit zwischen dem Damm- und Schachspiel, wo die Attaque und Defense ist, und setzt das hierzu schickliche Wort: Vainqueur an, womit er den Gewinner andeuten will. Er schmeichelt zugleich, da dieses Wort einen weit sich ausdehnenden Begriff leidet, dem schönen Geschlecht, dem er in der Kunst zu spielen, viel Wiz in den Regeln, und das Reizende ihrer Kunst, Herzen zu gewinnen, zuschreibet.

Es wird also, was überhaupts von der Spiel-Kunst gesagt werden kan, durch das Motto kurz ausgedrückt:

L' esprit, qui brille, est toujours le Vainqueur.

Vielleicht mögte die Uebersetzung den Innhalt dieses Motto also erklären.

Ein Geist, der überall durchdringt und Regeln
findet,
Durch die er in dem Wiz und Wohlstand überwindet,
Reizt, rührt, bewegt, und läst sein aufgeklärtes
Wesen
So, wie bey andern Thun, auch aus dem Spielen
lesen.»

Das l'Hombre Spiel.

«Die Spiele mit Charten sind, wie die oben beschriebene, in ihrem Rang unterschieden. Der Witz hat eben so daran gearbeitet, daß er eines vor dem andern auf den höchsten Grad bringen könnte. Das Whist-Spiel ist davon eine Probe. Wir wissen nicht zu bestimmen, warum die Mode auch in den Spielen sich öfters verändere, daß eine Periode einer Arth davon, mehr, als der andern günstig ist. Das l'Hombre war noch vor einigen Jahren unter den Charten-Spielen das vornehmste. Seine innerliche und wesentliche Schönheit setzt sich auf Gründe, die ein Spanier mit vielem Nachdenken, mit Bedacht, und einer ernsthafften Reverie ausgesonnen. Der Franzose hat nur, wie er allemahl glücklich ist, etwas neuerfundenes durch Zusätze und Veränderungen den Geschmack seiner Landsleuthe beliebter einzurichten, an diesem Spiel gekünstelt, und ihm ein wenig die Spanische Härte und Strenge der Regeln abgenommen, daß es nicht bloß bey Manns-Persohnen seine Liebhaber finde, sondern das Frauenzimmer, deme der Franzose alles, was nur in der Welt Witz bedeutet, gerne begreiflich machet, sich damit beschäftigen könne. Es gelung ihm, daß die jetzige Königin von Frankreich, eine Prinzeßin, deren strenge und vollkommene Tugend sich auch in gleichem Grad durch ihre Ergötzlichkeiten ausbreitet, einige Aufmerksamkeit auf dieses Spiel wandte. Da die Königin spielte: so wurde das l'Hombre das Haupt-Spiel bey Hof.»

«Die Kunst die Welt erlaubt mitzunehmen in den verschiedenen Arten der Spiele ...», Nürnberg 1769, S. 241 ff.

«Es ist dieses Spielen eines der künstlichsten und schwersten. Wer 5 Matadors in der Hand hat, die nacheinander gehen, wird nicht begehren, daß man, wenn er darauf Solo spielt, ihm das Lob eines scharfsinnigen Spielers beylege. Denn dieser Fall ist ein blindes Glück, so eigentlich nicht von der Geschicklichkeit des Spielers abhänget.»
«Wenn auch sonst in der Welt keiner besonders gestrafft wird, der an seinem Nächsten zu viel fordert: so gehet es bey diesem Spiel doch nicht an.»

«Die Kunst die Welt erlaubt mitzunehmen in den verschiedenen Arten der Spiele ...», Nürnberg 1769, S. 263

ständigen Trümpfe dar, an sie schließt sich die zu bestimmende Trumpffarbe an.

Derjenige, der das Spiel macht, ist der «Hombre». Er hat das Recht, die Trumpffarbe zu benennen. Festgestellt wird er durch eine Versteigerung (licitation), was wir beim Skat «reizen» nennen. Wenn der Spieler, der rechts vom Kartengeber sitzt, seine Karten für so gut hält, daß er fünf, wenigstens aber vier Stiche machen kann, fragt er, ob es gestattet sei, zu spielen. Haben die anderen schlechte Karten, dann antworten sie: Es ist erlaubt! Damit wird der Frager zum Spieler (L'Hombre) und kann die Trumpffarbe festsetzen (etwa: «Ich spiele en pique»). Nach der Festsetzung der Trumpffarbe kann der Hombre so viele Karten, wie er will, abwerfen und aus dem Talon ersetzen. Dann folgt der Mitspieler, der dem Hombre zur Rechten sitzt, anschließend der dritte (wenn noch Karten im Talon sind!). Nach dem Ablegen oder Kaufen spielt die Vorhand aus. Man muß – wie beim Skat – Farbe bedienen, ist aber nicht gezwungen, zu trumpfen oder zu übernehmen. Falls jedoch einer der Mitspieler beim Bieten meint, er habe bessere Karten, muß er dem Frager mit «nein», «Solo» oder «sans prendre» antworten. Damit bekommt er das Spiel, darf aber den Talon nicht in Anspruch nehmen. Falls nun der, an dem die Reihe ist, ebenfalls ein Solo spielen kann, so wird er der Hombre. Das einfache Spiel – unter Verwendung der Karten des Talons – nennt man, da gefragt werden muß, die «Frage». Das Spiel ohne Benutzung des Talons heißt Solo[45]. Frage und Solo sind auch die beiden entscheidenden Spielvarianten im frühen Skat.

Von drei Spielarten («Schikanen»), die Ende des 18. Jahrhunderts im L'Hombre auftauchen, muß noch berichtet werden, da sie den Skat beeinflußt haben: erstens die Tourné, zweitens Grand (Grandissimo), drittens Null (Nullissimo).

Die Tourné spielte noch lange im Skat eine Rolle: Um den Trumpf zu ermitteln, wird eine Karte (jeweils nach den Regeln unterschiedlich) umgedreht – die Farbe der Karte wird Trumpffarbe. 1743 wird die Tourné – noch unter dem alten Namen Obscurité (Dunkelheit, Unklarheit) – im Hamburger L'Hombrebuch erstmals erwähnt[46].

Grand und Null sind in Longin's Regeln des L'Hombrespiels, erschienen 1798 in Berlin, zum erstenmal nachzuweisen[47], doch dauerte es ziemlich lange, bis sich diese Schikanen, bei denen entweder nur die beiden schwarzen Asse Trumpf sind oder bei denen man keinen Stich machen darf, allgemein durchsetzen. In der 15. «verbesserten» Auflage des Regelbuchs «Das neue Königliche L'Hombre» von 1808 etwa sind sie noch nicht genannt.[48]

In diesem Regelbuch wird allerdings die Tourné bereits erschwert, da sie zum Hasardieren verleitet. So heißt es: «Diese Spielart macht das l'Hombre ziemlich irregulir, weil dabei einige, die verwegen spielen, den anderen, welche mit mehrerem Rechte ein Spiel antreten könnten, daran hinderlich sind ...»[49]

In diesem Zusammenhang ist kurz auf das Solospiel einzugehen: «Das Solo ist ohne Zweifel eine Nachahmung des l'Hombre, mit welchem es die größte Ähnlichkeit hat und unter allen Spielen, welche mit der deutschen Karte gespielt werden, das vortrefflichste, indem es durch seine mannigfaltigen Veränderungen die Aufmerksamkeit auf das angenehmste fesselt. [...] Man spielt Solo unter Vier, Drei und Fünf Personen; unter Vieren ist es am Gebräuchlichsten, unter Dreien hat es nicht die Mannigfaltigkeit [...]», schreibt Paul Hammer 1811[50]. Das Solospiel hat weniger Gemeinsamkeiten mit dem Skat als das L'Hombre, da es im Solo keinen Talon gibt. Wichtig ist, daß man sich in Sachsen, Preußen usw. der deutschen Karte mit 32 Blatt bedient[51]. Die immerwährenden

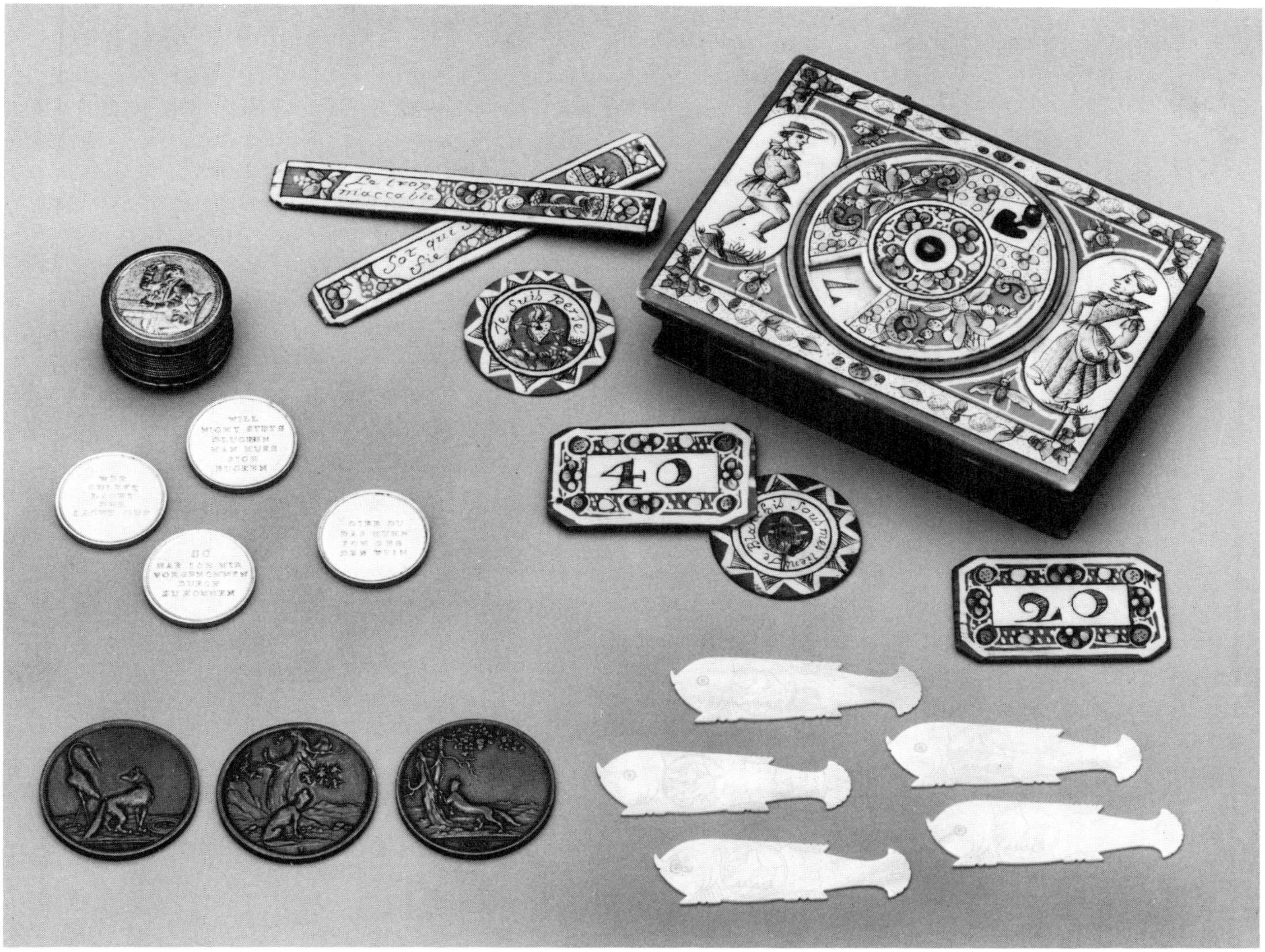

Spielmarken aus unterschiedlichen Materialien und Zeiten. DSM

Trümpfe, die Matadore, sind nun Eichelober (Spadille) sowie Blattober (Basta). Die Sieben der jeweiligen Trumpffarbe ist der mittlere Matador (die Manille), der auch den Namen «Spitze» führt. Die Anpassung des L'Hombre an die Schafkopfspiele ist nicht einheitlich. Während das neue allgemeine Spielbuch von 1829 von einem Spiel gegen den Uhrzeigersinn spricht[52], gibt schon Hammer 1811 an, das Spiel werde im Uhrzeigersinn gespielt[53]. In einer «Licitation» wird das höchste Spiel ermittelt. Dabei ist es möglich, daß der Spieler ein beliebiges Daus zu seinem Partner bestimmt.

Fassen wir zusammen: Erstens, am L'Hombre nehmen drei Spieler teil. Zweitens, in einer Lizitation wird das höchstwertige Spiel ermittelt. Wer den Zuschlag erhält, spielt allein gegen seine zwei Mitspieler. Dafür darf er den Trumpf ansagen und erhält danach das Recht, die Karten, die ihm nicht passen, abzulegen und aus dem Talon zu ersetzen. Nach ihm dürfen dies auch die Mitspieler. Drittens, neben Frage und Solospielen gibt es auch die Tourné (die Wende). Viertens, Grand und Null sind Ende des 18. Jahrhunderts im L'Hombre nachzuweisen, setzen sich jedoch nur langsam und nicht allgemein durch.

Gemeinsam haben Schafkopf und L'Hombre (bzw. Solo) mit dem Skat: Es gelten immerwährende Trümpfe; Trumpf und Farbe müssen bedient werden, jedoch ohne Zwang zum Trumpfen und Übernehmen; es gibt mehrere Gewinnstufen.

«Es ist denen Liebhabern bereits das mehrste hievon bekannt, wie man statt des baaren Geldes, wegen der Unbequemlichkeit mit grossen Münz-Sorten, der Jettons, oder Rechen-Pfenninge, oder Fiches, oder Marquen, sich bediene. Man setzt ihnen einen gewissen Werth, und zehlt jedem eine so genannte Prise vor, für welche der, so sie nimmt, so viel eine jede Marque gelten soll, dem Cassier bezahlet.»

«Die Kunst die Welt erlaubt mitzunehmen in den verschiedenen Arten der Spiele ...», Nürnberg 1769, S. 254

Als weiteren Vorläufer des Skatspiels bezeichnet Hempel in seiner Broschüre von 1848 das Tarock. Tatsächlich hat die Brommesche Gesellschaft wohl vor dem Skat in erster Linie Tarock gespielt, weshalb sie auch manchmal unter dem Namen Brommesche Tarock-Gesellschaft zitiert wird.[54] Der Skat hat das Tarock aus Sachsen und Thüringen verdrängt. Stein berichtet 1887, es sei «in Süddeutschland und Österreich sehr beliebt»[55]; heute wird es nur noch in Tirol gespielt[56]. Die älteste Form, die Michael Dummett nachweisen kann, datiert er in die Zeit zwischen 1780 und 1800[57]. Man wird diese Variante auch für die Brommesche Gesellschaft zugrunde legen dürfen, obwohl es in unserem Zusammenhang nicht nötig ist, detailliert auf dieses Spiel einzugehen. Mit seinen 78 Blatt, bestehend aus einem vollständigen Vierfarbspiel, vermehrt um die Figurenkarte «Reiter» und einer eigenen Trumpfreihe von 22 Karten, ist das Tarock nur sehr bedingt für den Skat von Einfluß.

Gespielt wird mit drei Spielern; die Karten werden gegen den Uhrzeigersinn, also rechtsherum, verteilt. Das ist auch die Abfolge im Spielverlauf. Jeder Spieler erhält 25 Karten, der Geber jedoch 28.

«Der Geber legt die drei Karten, die er mehr als die andern in beiden Händen hat, vor sich hin, so daß nun jeder Spieler 25 Karten hat. Dies heißt Scat legen ...»[58]

«Treulos». Holzschnitt von Hans Leonhard Schäuffelein um 1535. DSM Inv.-Nr. B 1094
Würfel- und Kartenspiel sind immer schon als Laster verpönt gewesen. Trotzdem hinderten die Verbote niemanden daran, weiterhin sein Geld mit Würfeln und Karten zu vertun.

Kartenspiele um 1800 – Sozialgeschichtliches

Bevor wir uns der besonderen Entwicklungsgeschichte des jungen Skatspiels zuwenden und noch einmal kriminalistisch durch das Gestrüpp der Spielregeln pirschen, wollen wir uns der Situation der Kartenspiele um 1800 zuwenden, jener Zeit des gesellschaftlichen Umbruchs, in der auch Kartenspiele ihren sozialen Ort haben.

Seit es Spielkarten gibt, wurden sie auch immer wieder verboten. Ihre erste Erwähnung in Florenz 1377 ist zugleich ein Verbot. Gemeinsam mit Würfeln, Spielbrettern und anderem Putz und Tand wurden auch die Spielkarten auf den Scheiterhaufen der Eitelkeit geworfen. Als Bernhardin von Siena 1423 von den Stufen der Kirche San Petronio in Bologna predigte, wandte er sich gegen Spiele und eitlen Tand im allgemeinen und gegen Spielkarten im besonderen. Unter die bereits bestehenden Spielverbote fallen nun auch die Spielkarten. Allerdings gab es damals noch kein Rechtswesen in unserem heutigen Sinn; so belegten oft die gleichen Behörden, welche einige Jahre zuvor Karten oder auch Würfel verboten hatten, später dieselben Gegenstände mit Steuern.

Unbestechlich sind allerdings die moralisierenden Darstellungen. «Treulos» (auf unserer Abbildung) bringt in der Fremde sein Geld nicht nur mit Frauen, sondern auch mit Karten durch, hierin dem biblischen verlorenen Sohn durchaus vergleichbar. Allerdings kommt so einer, der in Saus und Braus lebt, nicht nur mit den kirchlichen Geboten in Konflikt, er verstößt auch gegen die Tugenden des aufkommenden Bürgertums: Sparsamkeit, Tüchtigkeit, Nüchternheit. Geld gehört in den Wirtschaftskreislauf, es muß durch Arbeit vermehrt und darf nicht mit Kartenspiel verludert werden.

Auf der anderen Seite gibt es sowohl im 14. als auch im 15. Jahrhundert viele Spielordnungen, also gesetzliche Verordnungen zum Spiel, welche die Karten generell erlauben; andere gestatten einige Kartenspiele, wieder andere verbieten

Seite 29:
Tarockkarten mit Figurinen aus «Wilhelm Tell». Hersteller: Industrie Comptoir, Leipzig, 1. Viertel 19. Jahrhundert. Kupferstich, teilweise mit der Schablone koloriert. DSM Inv.-Nr. B 39.
Ein Tarockspiel besteht aus einem Vierfarbspiel, vermehrt um die Figurenkarte «Reiter» und 22 Trumpfkarten. Auf den 22 Trumpfkarten sind unterschiedliche Themen dargestellt.

I
II
III
IV
V
XVII
XVIII
XIX
XX
XXI
Leipzig im Industrie-Comptoir

Johann Heinrich Tischbein (1722–1789): «Eine Maskenszene mit Pharospiel», Kassel, Staatl. Gemäldegalerie. Die Ecken der Karten, auf die die Spieler gesetzt haben, sind hochgeknickt (Foto: Bildarchiv Foto Marburg).

Kartenspiele an bestimmten Orten und zu besonderen Zeiten, etwa an Fest- oder Bußtagen. Es existierten eben schon damals sehr unterschiedliche Spielregeln, die auch in der Gesetzgebung Differenzierungen erforderten. Während der weltliche Gesetzgeber auch Ruhe und Ordnung zu seinem Maßstab gemacht hatte und Spiele tolerierte, die nicht allzu übel beleumundet waren, vertrat die Geistlichkeit oft einen strengeren Standpunkt. Es ging ihr nicht nur um den Kampf gegen die sozial schädlichen Glücksspiele, sie sah Spiele überhaupt als einen Abweg auf dem Weg zur Buße an[59].

Diese Differenzierung prägt auch die literarische und bildliche Darstellung des Kartenspiels zunehmend. Das gesittete Kartenspiel wie das schon beschriebene L'Hombre wird sowohl in der Adelsschicht des 18. Jahrhunderts als auch beim Bürgertum des 19. Jahrhunderts geschätzt, zumindest aber toleriert. Streng ist die Sanktionierung des Glücksspiels durch das Bürgertum. Der Adel – vor allem am Hof Ludwigs XIV. und seiner Nachfolger – ist hier großzügig – um nicht zu sagen leichtfertig: Mit dem Geld, das man nicht erarbeitet hat, kann man ohne Verantwortung umgehen. Dies gab dem Bürgertum durchaus Anlaß, seine moralische Überlegenheit auch sinnlich zu erfahren.

«Das Pharo-Spiel». Schabkunstblatt nach einer Zeichnung v. J. E. Nilson (1721–1788). DSM Inv.-Nr. B 947 b

Hier mag als Beispiel für das 18. Jahrhundert das Glücksspiel par excellence, das Pharo, dienen.[60]

Zunächst die Spielregel: Pharo ist ein einfaches Bankspiel, beliebig viele Spieler wetten gegen den Bankhalter. Aus einem Spiel mit 52 Blatt wird eine Farbe heraussortiert, beispielsweise Herz. Die Karten dieser Farbe werden auf dem Tisch ausgelegt, und die Spieler geben auf die Karten ihre Wetten ab, wobei auf Gewinn oder Verlust gewettet wird. Der Bankhalter mischt ein vollständiges Spiel mit 52 Blatt und zeigt die unterste Karte den Spielern. Die verdeckten Karten werden dann auf den Tisch gelegt, der Bankhalter zieht die beiden ersten ab und legt die oberste nach links, die nächste nach rechts offen auf den Tisch. Die linke Karte bedeutet Verlust für die Spieler, die rechte Gewinn. Der Bankhalter zahlt die Einsätze aus und kassiert den Rest. Dann kann wieder gesetzt werden; und so geht das Spiel weiter, bis nur noch vier Karten auf dem Stapel liegen. Da die Spieler mitschreiben können, welche Karten schon gefallen sind, ist kalkulierbar, welche Karten noch im Stapel liegen, zumal die unterste bekannt ist. Jetzt kann man Extrawetten abschließen, in welcher Reihenfolge die drei Karten kommen. Tippt ein Spieler auf die richtige Reihenfolge, so erhält er

SKAT:

MARIAGE:

POKER:

TARTL:

SCHWARZER PETER

PIQUET:

von der Bank das Vierfache seines Einsatzes; tippt er falsch, so zahlt er das Fünffache. Befindet sich unter den letzten drei Karten (die allerletzte zählt ja nicht mit) ein Paar, zahlt die Bank 2 zu 1.

Pharo ist ein so einfaches Spiel, daß man dafür kaum Karten braucht; man könnte es auch mit Würfeln spielen. Trotzdem wurde es zwei Jahrhunderte lang leidenschaftlich gespielt, bis es in Europa durch Spielbankspiele wie Trent-et-quarante ersetzt wurde. Casanova könnte ebenso berühmt wegen seiner Leidenschaft für das Pharospiel sein wie aufgrund seiner anderen Spiele; im folgenden schildert er eine Pharopartie, die er in Neapel gespielt hat:

«‹Jetzt müssen wir uns trennen› sagte der Herzog zu mir, ‹es sei denn, daß du ein Freund des Hazardspieles bist.› – ‹Ich verschmähe es nicht, wenn ich mit feinen Spielern zu tun habe.› – ‹Dann komm, bitte, mit. Du wirst zehn oder zwölf Herren meines Standes bei einer Pharaobank finden; nach dem Spiel werden wir ein gutes Souper einnehmen, nur muß ich dich darauf aufmerksam machen, daß es geheim bleiben muß, denn das Spiel ist verboten. Ich muß für dich bürgen.›

‹Das kannst du tun.›

Er führte mich zum Herzog von Monte Leone, bei dem wir im dritten Stockwerk eine ganze Flucht von Zimmern durchschritten, bis wir in den Spielsaal gelangten. Ein Bankhalter von freundlichem Aussehen, der etwa vierhundert Zechinen vor sich liegen hatte, gab Karten. Der Herzog stellte mich als seinen Freund vor und ließ mich an seiner Seite Platz nehmen. Ich zog meine Börse, aber man machte mich darauf aufmerksam, daß man nur auf Wort spiele und innerhalb vierundzwanzig Stunden bezahle. Der Bankier gab mir ein Buch Karten nebst einem Körbchen mit tausend Spielmarken. Ich erklärte, daß jede Marke einen neapolitanischen Dukaten gelten solle. In noch nicht zwei Stunden war mein Körbchen leer. Ich hörte nun auf zu spielen und speiste heiter zu Abend. Das Essen bestand nach neapolitanischer Art aus einer riesigen Schüssel Makkaroni und zehn oder zwölf Schüsseln verschiedener Muscheln, an denen die neapolitanische Küste so reich ist. Als wir aufbrachen, ließ ich dem Herzog keine Zeit, mir auf die übliche Weise sein Beileid wegen meines Verlustes auszusprechen, sondern unterhielt ihn heiter von seiner köstlichen Leonilda.»

Das «Buch Karten», das Casanova bei dem geschilderten Spiel erhielt, ist ein vollständiges Kartenspiel. Er zieht daraus eine Karte und macht darauf seinen Einsatz. Auf vielen Bildern – so auch auf unserer Abbildung – sieht man, daß die Spieler die Karten, auf die sie setzen, markiert haben, indem sie etwa eine Ecke hochknickten. Deutlich wird auch in der Schilderung Casanovas, daß Spielverbote überhaupt keinen Erfolg hatten, denn diejenigen, welche die Verbote erlassen hatten, spielten oft selbst.

Vorgänger des Pharo war das Bassette, ein Bankspiel, das sich kaum von seinem Nachfolger unterscheidet. Auch hier hält ein Spieler die Bank, die anderen (Pointeure) wetten. Über die Quoten muß man sich verständigen. Nachdem auf die Karten gesetzt wurde, zieht der Bankhalter von einem verdeckt liegenden Stapel die Karten ab; die oberste Karte gewinnt für die Bank 2 zu 3 des darauf stehenden Einsatzes; die zweite Karte (la Ponte) gewinnt ganz für den Pointeur, die dritte für den Bankier – an ihn gehen also die ungeraden, an die Spieler die geraden Abzüge. Auch hier gibt es Sonderwette und differenzierende Regelungen.

Erfunden haben soll das Bassettespiel 1593 ein Venezianer, Pietro Cellini. In Italien, Frankreich und Spanien wurde dieses Spiel begeistert gespielt. Das Bassette richtete einen derartigen Kahlschlag in manchen Vermögen an, daß

Seite 32:
Aus einer Postkartenserie «Kartenspieler». Künstler: Leo Kober (1876–1931); Hg.: Gebrüder Kohn, Wien, um 1910.

«Es gab indeß früherhin Dörfer und Wirthshäuser, die durch Spielsucht in Verruf waren. Allein die traurigen Erfahrungen von dummen Gimpeln, die auf den glänzenden Leimruthen schlauer Vogelfänger kleben blieben und fast nackt gerupft, ausgelacht und verachtet wurden; oder daß in dem glücklichern Falle es dennoch meist hieß: wie gewonnen, so zerronnen; unrecht Gut gedeihet nicht; die Beispiele von nicht wenig Spielern, die guten Namen und ruhiges Gewissen, Vermögen und häusliches Glück, auch wohl durch die unaufhörlichen fieberhaften Aufregungen von Furcht und Hoffnung, erhöheter Begierde oder von Gram und Aerger, von nächtlichen Schwelgereien und Entbehrungen des gesunden Schlafes, Gesundheit und Leben vergeudeten, den nichtigen Gewinn für diesen Verlust zu spät verwünschten, oder schrecklich endigten, hat Manchen zur Warnung und zur Rückkehr zur Vernunft gedient; doch gibt es noch immer leidenschaftliche Wagehälse. Spielt nun auch die Mehrheit der wohlhabenden Bauern gern etwas hoch, so daß er mehrere Thaler verlieren oder gewinnen kann, sieht er dies wohl gar als einen Ehrenpunkt an, so muß man doch seine Ruhe, es mag glücklich oder unglücklich gehen, bewundern; die leidenschaftlichen Spieler, die über jeden wirklichen oder eingebildeten Fehler heftig zanken und Alles tadeln, was nicht nach ihrem Eigensinne geschieht und erfolgt, bei Gewinn in hämischlächelnde Schadenfreude, bei Verlust in Verwünschungen und Verfluchungen des Geschicks ausbrechen, sind sehr selten. Die Bauern spielen um Geld, weil wie sie glauben, ein hoher Preis ihre Aufmerksamkeit verdoppele; meinen aber, wenn nur ehrlich und geschickt gespielt werde, so gleiche die Zukunft Alles wieder aus, und so werden sie nicht leicht schadenfroh und übermüthig, aber auch nicht kleinmüthig; ist ihnen Gewinn und Verlust auch nicht ganz gleichgültig, so vernimmt man doch nicht leicht sündliche Reden, wohl aber allerhand oft recht treffende Witze, woran der altenburgische Bauernstand reich ist; man lacht mit und über einander und trennt sich mit Liebe und Freundschaft, als sei nichts vorgefallen. Findet sich Gelegenheit, so unterhalten sich die Landleute auch gern über interessante Gegenstände und schieben oder geben das Kartenspielen auf.»

Carl Friedrich Hempel (geb. 22.5.1769 in Großlötzichau bei Jena, gest. 2.8.1857 in Altenburg), Sitten, Gebräuche, Trachten, Mundart, häusliche und landwirtschaftliche Einrichtungen der Altenburgischen Bauern, Altenburg 1839, S. 79 u. 80

Cellini nach Korsika verbannt wurde. Die Edikte gegen das Spiel, die sowohl Heinrich von Navarra als auch Papst Paul V. erließen, mußten allerdings schon deswegen unwirksam bleiben, weil sie nur dann Bassette untersagten, wenn der Bankier nicht adliger Herkunft war.

Liselotte von der Pfalz, die sich auch zum L'Hombre äußerte, schrieb am 22. Mai 1675 an eine Freundin über ihren Tageslauf: «Dabei stehet man hier ernstlich um halb elf auf, gegen zwölf geht man in die Meß, nach der Meß schwätzt man mit denen, so sich bei der Meß eingefunden, gegen zwei geht man zur Tafel. Nach der Tafel kommen Damens; dieses währet bis um halb sechs, hernach kommen alle Mannsleute von Qualität, so hier sein; dann spielet Monsieur (ihr Mann, Herzog Philipp I. von Orléans) Bassette, und ich muß an einer anderen Tafel spielen, oder ich muß die übrigen in die Opera führen, welche bis neuen währt. Wann ich von der Opera kommen, dann muß ich wieder spielen bis um zehn oder halb elf, dann zu Bett.»

Ab Mitte des 17. Jahrhunderts ist dann das Pharospiel nachzuweisen, es existiert lange neben dem Bassette, das erst im Laufe des 18. Jahrhunderts langsam aus der Mode kommt. Wenn auch die Spiele grundsätzlich keine Unterschiede aufweisen, so kann sich doch eine Pharopartie etwas spannender gestalten.

Pharo wurde Ende des 18. und Anfang des 19. Jahrhunderts zu einem Spielbank-Spiel. E. T. A. Hoffmann berichtet in seiner Geschichte «Spielerglück» von einer Pharobank, die in Bad Pyrmont betrieben wurde. Im Sommer mehrte sich dort der Zustrom vornehmer reicher Fremder und fachte den Wetteifer der Spekulanten jeder Art an. So kam es denn auch, daß die Unternehmer der Pharobank dafür sorgten, «ihr gleißendes Gold in größeren Massen aufzuhäufeln als sonst, damit die Lockspeise sich bewähre auch bei dem edelsten Wilde, das sie, gut geübte Jäger, anzuködern gedachten». In der folgenden Schilderung ist vielleicht etwas davon zu erahnen, was die Faszination dieses Spiels ausmachte: «Siegfried fand sich bei der Bank ein mit dem festen Vorsatz, die bedeutende Summe, die er eingesteckt hatte, zu verlieren; aber auch im Spiel wurde ihm das Glück, das ihm in allem was er unternahm, zur Seite stand, nicht untreu. Jede Karte, die er wählte, gewann. Die kabbalistischen Berechnungen alter, geübter Spieler scheiterten an dem Spiel des Barons. Er mochte die Karten wechseln, er mochte dieselbe fortsetzen, gleichviel, immer war sein der Gewinn. Der Baron gab das seltene Schauspiel eines Pointeurs, der darüber außer sich geraten will, weil die Karten ihm zuschlagen ...»

Das Glücksspiel wurde um 1800 nicht nur an den Höfen betrieben, auch der kleine Mann hatte dazu auf Jahrmärkten Gelegenheit. So wissen wir beispielsweise, daß sich Anfang des 19. Jahrhunderts zwei Wiesbadener, Carl Joseph Seyfried und Carl Zollmann, um das Privileg bewarben, «zu Hochheim und im Rheingau auf Märkten, Kirchweihen, sowie im Herbste ein Pharao- und Roulettespiel auflegen zu dürfen». Dieses Privileg wurde im Jahre 1814 um weitere sechs Jahre verlängert. Danach durften die Bankhalter «ausschließlich zu Hochheim, während des Herbstes, sodann auf dem dortigen Allerheiligenmarkt und zu Eltville, Rüdesheim und in den übrigen Flecken des Rheingaus während des Herbstes, desgleichen auch auf Märkten, Kirchweihen und Bällen Pharao- und Roulettespiel geben. Das Spiel war nur in den öffentlichen Wirtshäusern und sonstigen Plätzen, nicht aber in Privathäusern erlaubt.»[61]

Auch den altenburgischen Bauern standen solche Glücksspiele auf den Märkten zur Verfügung: «Von dem männlichen Geschlecht spielt die Mehrzahl teils um geringen, teils um Mittel-, aber auch um sehr hohe Preise, wobei

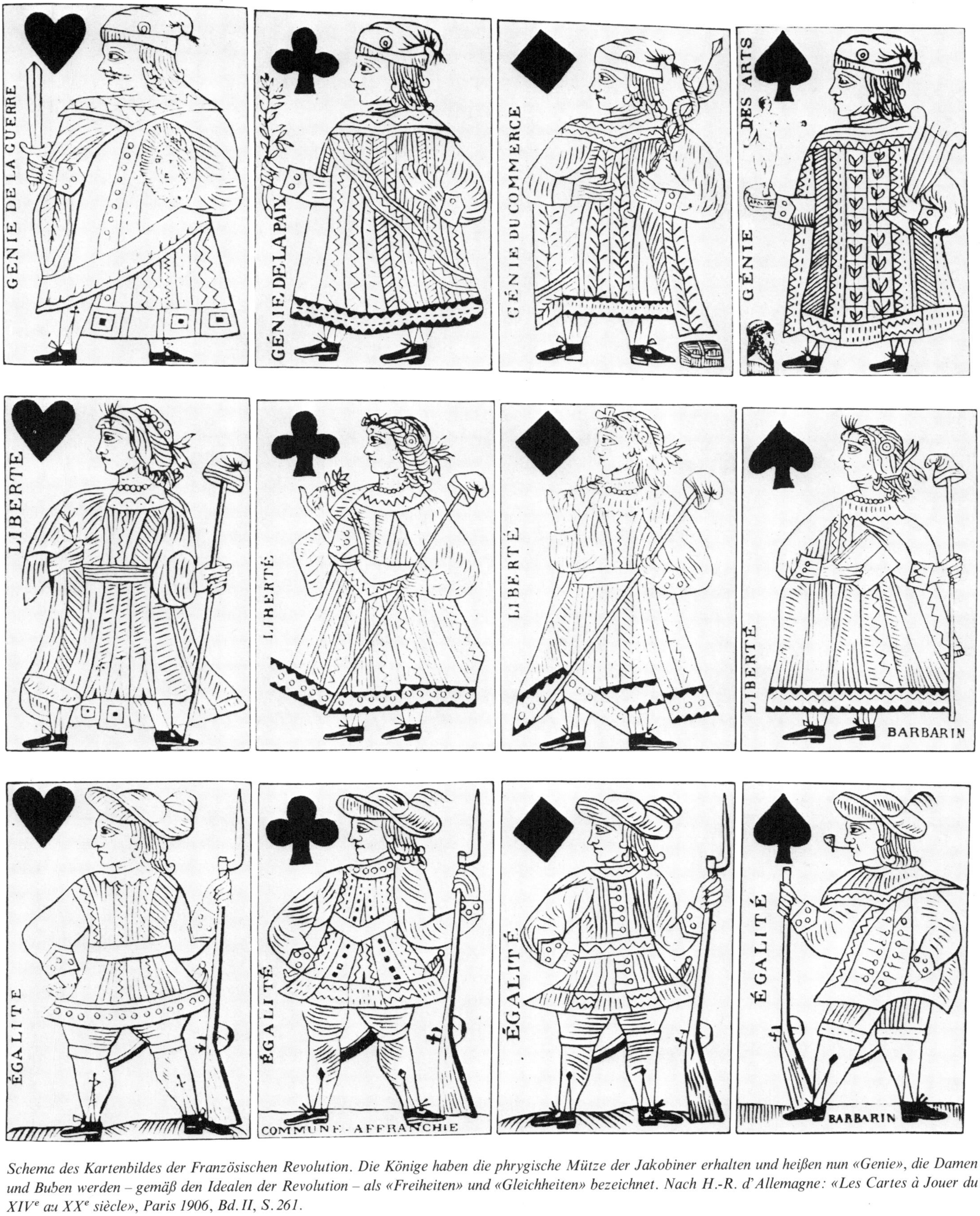

Schema des Kartenbildes der Französischen Revolution. Die Könige haben die phrygische Mütze der Jakobiner erhalten und heißen nun «Genie», die Damen und Buben werden – gemäß den Idealen der Revolution – als «Freiheiten» und «Gleichheiten» bezeichnet. Nach H.-R. d'Allemagne: «Les Cartes à Jouer du XIVe au XXe siècle», Paris 1906, Bd. II, S. 261.

Mancher, der es nicht verschmerzen kann, selbst seinen Wochenlohn daran wagt und dann mit den Seinen darbt. So sollen sich jetzt immer Mehrere zu den Hazardspielen der Pharaobänke drängen, die man zu den Roßmärkten und Vogelschießen nach dem Prinzip gestattet, daß dadurch mehr Geldverthuer herbeigeführt und den Städten Nutzen gebracht würde.» In Pfarrer Carl Friedrich Hempels Text[62] ist die Ablehnung unmißverständlich zu spüren.

Es gehört zum Charakteristikum der bürgerlichen Revolutionen, daß sie das Glücksspiel verbieten. Mit den feudalen Herrschaftszeichen in den Spielkarten beseitigt die Französische Revolution von 1789 auch die Glücksspielhäuser, vor allem im Palais Royal von Paris. Mit der Restauration Anfang des 19. Jahrhunderts entstanden auch dort die Spielhäuser wieder. Empört berichtet der Tribunalrichter Theodor von Haupt von seinem Besuch 1815 in diesem Sündenbabel. Mit der ganzen Entrüstung des soliden, biederen Bürgers schreckt er nicht vor kühnen Gemeinplätzen zurück: «Die Engländer sind rasende Spieler; die Chinesen verspielen Weib und Kind, und die Indianer sogar ihre Finger, die sich der Verlierende mit der größten Gewissenhaftigkeit selbst ablöst.»[63]

«L'enfant prodigue» (Der verlorene Sohn). Frankreich, 1. Viertel 19. Jh. Kolorierter Kupferstich. DSM Inv.-Nr. 1977–65

Von Haupt hat alle diese Spielhöllen abgeklappert: «Wir widmeten unserer sentimentalen Reise durch die Spielhäuser im Palais Royal einen ganzen Abend; man könnte sie füglich den nun außer Mode gekommenen Reisen durch die Höllen des Unglücks und die Gemächer des Jammers an die Seite stellen ...»[64] Für uns ist die soziale Staffelung wichtig, die von Haupt beobachtet. Am tiefsten steht die Spielhölle im Haus Nummer 113. Sie «bietet ein successives Gemählde der verschiedenen Perioden und Abstufungen menschlicher Verirrungen dar. Der zweite Stock enthält ein Serail feiler Schönen; der erste die Spielsäle; der Entre-sol ein Leih-Institut; den dritten nimmt ein Restaurateur ein; im vierten wohnt ein Priester und im Erdgeschosse ist die Bude eines Waffenschmieds.»[65] Gespielt wird hier mit Würfeln (Passe-Dix) und Roulette.

In den Spielsälen der Oberschicht hingegen benutzte man die Karten: «Die Nummer 148 und 154, wo man nur Trente et un spielt, sind die eigentlichen Salons der eleganten Spielwelt.»[66] Und wie sieht das Publikum aus? «Von Gold und Silber blitzende Uniformen und Galakleider; alte Finanziers im Hofschnitt des vorigen Jahrhunderts; hoch betagte Comtessen und Marquisen in Stelzschuhen und verblichenen Roben, denen ein Kammerdiener den ledernen Geldsack nachträgt: Elegants und Petits-Maitresses [...] im neuesten Modeschnitte ...»[67]

In diesem Spielhaus spiegelt sich für unseren wackeren Tribunalrichter das ganze Milieu des Ancien Régime wider. Es mißfällt ihm genauso wie die Lumpen der «Nummer 113».

Die Spielhöllen des Palais Royal werden in der Revolution von 1830 ein zweites Mal beseitigt. Die Unternehmer dieser Etablissements flüchten über den Rhein und stellen ihre Fähigkeiten den deutschen Fürsten zur Verfügung: Baden-Baden, Wiesbaden, Bad Homburg erfahren einen geradezu kometenhaften Aufstieg. Doch das Bürgertum läßt nicht locker; der Kampf gegen das Glücksspiel geht weiter. Auch die bürgerliche Revolution in Deutschland zieht gegen die Spielbanken zu Felde. In der 96. öffentlichen Sitzung vom 13. Oktober 1848 beschließt die in Frankfurt am Main tagende Nationalversammlung die Abschaffung des öffentlichen Glücksspiels. Doch mit dem Scheitern der Revolution wittern auch die Spielbanken wieder Morgenluft.

Der Widerstand des Bürgertums hält jedoch an. Liberale Zeitschriften wie «Die Gartenlaube»[68] veröffentlichen Artikel, in denen das Unwesen der Spielbanken sich wie ein roter Faden durch die Schilderungen zieht.

Wenn auch der Direktor der Spielbank von Bad Homburg 1848 mit seinem Ausspruch, «meine Bank wird länger dauern als Euer Parlament» recht behielt, so hat er sich doch langfristig geirrt. Das preußische Bürgertum, das im Verein mit den Junkern in Deutschland zur Vormacht drängte, hatte kein Verständnis für das Glücksspiel. Mit dem Norddeutschen Bund naht 1866 das Ende für Bad Homburg, Ems und Wiesbaden als Zentren des Glücksspiels[69]. Die Spielsäle werden am 31. Dezember 1872 geschlossen.

Mit der Reichsgründung 1871 ereilt dieses Schicksal alle deutschen Etablissements. Auch im Ausland setzt sich die bürgerliche Moral durch, so daß sich Ende des Jahrhunderts nur noch auf dem Felsen von Monaco die Spielbank hält.

Der Kampf bürgerlicher Moral gegen das sozial schädliche Glücksspiel, das als ein sinnfälliges Beispiel von unvernünftigem Handeln verstanden wurde, zeitigte auf der anderen Seite eine intensive Bemühung um hohe Spielkultur, die man in der bürgerlichen Klasse für angemessen hielt. So heißt es etwa in einem Spielbuch von 1823: «Piquet, L'Hombre und Whist, verdienen ihrer, – wenn man so sagen darf – classischen – wenigstens bey den ersten beyden stets ganz rein und unverändert gebliebenen – Abkunft, der mancherlei Nüancen und Combinationen und überhaupt ihrer, jeden gebildeten und denkenden Geist weit mehr entsprechenden Haltung wegen, in Wahrheit *edle Spiele* genannt zu werden, die sich in ihrem Ansehen behaupten *müssen*, wenn auch noch so viele neue Spiele erfunden würden; denn gewöhnlich bewähren sich diese ihrer ermüdenden *Seichtheit* wegen, gar bald nur als *ephemere* Erscheinungen, deren jede frühe von der spätern wieder verbannt wird, bis auch diese durch Abweichungen, Zusätze und Umgestaltung, die ohnehin unbedeutende Originalität verloren hat und zuletzt kaum noch in den Domestikenstuben anständiger Häuser gespielt wird.»[70]

Dieses Zitat spiegelt ganz deutlich die rationalen Bewertungskriterien des Bürgertums wider. Da ist einmal das moralische Argument: Selbst die Bediensteten *anständiger* Häuser spielen die seichten Spiele nicht. Damit wird alles Modische, Ephemere abgelehnt. Was Bestand hat, besitzt Tiefgang, aber auch eine zeitlose Qualität. Ihren Wert als Spiele erreichen Piquet (Anlegespiel für zwei Personen), L'Hombre (reines Stichspiel für drei Personen) und Whist (reines Stichspiel für vier Personen) durch ihre Vielfalt. Damit entsprechen sie der Bildung und der Rationalität des gehobenen Bürgertums.

Diese Einstellung finden wir schon bei unseren drei Hempels. Die Brommesche Gesellschaft scheint eine Vereinigung von Bürgersmännern gewesen zu sein, die auch, wenn sie nicht ihrer beruflichen Arbeit nachgingen, Beschäftigungen suchten, die ihre Bildung und ihre Ratio förderten. Daß dabei immer um Einsätze, meist Geld, gespielt wurde, gibt nur einer sehr beschränkten Betrachtungsweise die Möglichkeit, Parallelen zu Glücksspielen zu ziehen. Ein wesentliches Argument gegen bestimmte Spielgewohnheiten beim Skat ist die Befürchtung, daß sich Skat bisweilen zu sehr dem Hasard annähere. Bis heute ist die offizielle Ablehnung des Ramschens so begründet.

Folgende Seite:
Sächsische Schwerterkarte. Gebr. Bechstein, Altenburg, 2. Viertel 19. Jahrhundert. DSM Inv.-Nr. A 1007

Neue Schwerdter Karte

Entwicklung und Verbreitung des Skats bis zur Mitte des 19. Jahrhunderts

Spielkarten für das Skatspiel

Bevor wir zur Entwicklung der Spielregeln des frühen Skats kommen, wollen wir einen kurzen Blick auf die Karten werfen, mit denen die Hempels und ihre Mitspieler gespielt haben.

Es wurde schon darauf hingewiesen, daß es bei den Spielkarten unterschiedliche Farbzeichen gibt, die man nach Nationen unterscheidet. Die Karten mit deutschen Farben sind – spätestens im 19. Jahrhundert – regional zu unterscheiden. Die längste Ahnenreihe hat das bayerische Kartenbild. Einige Figuren, die man noch heute in Bayern zum Tarocken und Schafkopfen verwendet, sind zum erstenmal 1595 auf einem unzerschnittenen Spielkartenbogen des Frankfurter Kartenmachers Heinrich Hauk nachweisbar.[71] Auch die Anfänge des fränkischen, vor allem des Ansbacher Bildes, lassen sich bis vor den Dreißigjährigen Krieg zurückverfolgen.

Von besonderem Interesse sind in unserem Zusammenhang die Karten aus Sachsen und Thüringen. Hier gab es aufgrund der vielen Kleinstaaten vor und nach dem Wiener Kongreß (1814) – in denen die Landesfürsten das Monopol auf die Kartenherstellung hatten – sehr viele Kartenmacher, die ihre Karten beim Souverän versteuern mußten. Wenn die Steuer entrichtet war, wurden die Karten gestempelt[72]. Die Probleme, die es ganz besonders im Kleinstaatgebilde Thüringen gab, werden in einer Anekdote deutlich, die – um es zu wiederholen – wenn nicht wahr, so doch gut erfunden ist:

«Ein merkwürdiger Antrag wurde i. J. 1858 bei der Herzogl. Finanzkanzlei gestellt. Dort erschien der Schenkwirt Gottfried Erdmann Donath aus Waldsachsen bei Meerane und brachte an: ‹Auf meinen Wohngebäuden, durch die die Landesgrenze zwischen dem Herzogthum Altenburg und dem Königreiche Sachsen hindurch führt, übe ich zweierlei Schankgerechtsame aus, und zwar auf altenburgischem Territorium den Reiheschank und auf sächsischem Gebiete eine conzessionirte Schank- und Gastgerechtigkeit. In den altenburgischen Gastlocalen führe ich Spielkarten mit dem altenburgischen Stempel und in den sächsischen solche mit dem sächsischen. Da jedoch hierbei eine Verwechslung der Karten im Drange der Geschäfte leicht vorkommen kann und die Entdeckung einer solchen Seiten der Polizei zu Unannehmlichkeiten führt, so richte ich an das Finanzkollegium das Gesuch, mir zu gestatten, daß ich für die altenburgischen Gastlocale nicht besondere Karten mit dem altenburgischen Stempel zu führen nötig habe, sondern, daß ich solche Karten in Gebrauch nehmen darf, die neben dem Königl. Sächsischen Stempel auch den Herzogl. Altenburgischen Stempel tragen und sodann für jede meiner beiden Wirtschaften geeignet sind. Für den Fall der Genehmigung würde ich dann die für den Gebrauch meiner

Das sogenannte Bayerische Bild, mit dem heute in Bayern Tarock oder Schafkopf gespielt wird, hat eine lange Ahnenreihe, die bis ins Jahr 1595 nachweisbar ist. Ein unzerschnittener Bogen mit Landsknechtsdarstellungen des Heinrich Hauk, Frankfurt/M., 1595 (Historisches Museum Frankfurt, Inv.-Nr. C 428 und C 429) und ein Beispiel der «Bayerischen» Karten heute belegen diesen Zusammenhang.

Gäste bestimmten Karten erst in Sachsen und dann in Altenburg stempeln lassen. Gleichzeitig bitte ich noch mir baldigst Bescheid zu geben, da ich in 14 Tagen ein Fest ausrichte und vor demselben noch meine Spielkarten abstempeln lassen möchte.›

Das Gesuch wurde genehmigt, Donath mußte aber den vollen Satz von 2 gr. 5 Pf für jedes deutsche Spiel bezahlen.»[73]

Für das junge Skatspiel wurden natürlich noch keine besonderen Spielkarten hergestellt; man benutzte in den meisten Fällen die ortsüblichen. Mit der weiteren raschen Verbreitung des Spiels wurden die sogenannten «Sächsischen Schwerdter-Karten» gängig: Blätter, mit denen man in erster Linie einmal Skat spielte. Dieses sächsische Bild kennen wir bisher in seiner kanonischen Form

Sogenanntes Ansbacher Bild, dessen Ursprünge bis um 1560 nachweisbar sind. Das Ansbacher Bild wurde noch bis in die Mitte unseres Jahrhunderts in fast unveränderter Form hergestellt. Die abgebildeten Karten stammen aus einem Spiel, welches Conrad Jegel, Nürnberg, um 1850 hergestellt hat. DSM Inv.-Nr. A 717

eigentlich erst seit Ende des 18. Jahrhunderts. Vereinzelt finden sich allerdings schon Vorläufer. So zieren beispielsweise Tiere die Zahlenkarten schon seit dem 16. Jahrhundert, und die Kartenmacher konnten hier vielfach kleine Illustrationen unterbringen. Entwickelt wurde die Gestaltung der deutschen Spielkarten in der alten Reichsstadt Nürnberg – während der dreißiger Jahre des 16. Jahrhunderts von Erhard Schoen.

Kartenmachergesellen aus Süddeutschland brachten die Vorlagen nach Mittel- und Norddeutschland. Um 1800 erscheint der Name «Schwerdter (auch Schwerter) Karte» in gedruckter Form auf dem Eichel-Daus. So bezeichnete man Spielkarten, die in Sachsen und Thüringen hergestellt oder dorthin exportiert wurden. Die gekreuzten Schwerter sind dem kurfürstlichen sächsischen Wappen entnommen.[74]

Solange Skat in Gebieten gespielt wurde, in denen man den deutschen Karten den Vorzug gab, entstanden keine Schwierigkeiten. Der Wechsel vom sächsischen zum bayerischen oder zum Ansbacher Bild erforderte nicht annähernd die gleichen Umstellungsschwierigkeiten wie der zum französischen Bild, das man in Nord- und Nordwestdeutschland bevorzugte. Hier ergaben sich gewisse Probleme, die man mit eigenen Spielkartenentwürfen zu beseitigen versuchte. Seit der Mitte des 19. Jahrhunderts wird das 32-Blatt-Pack schon häufig bereits beim Herstellungsprozeß als «Skat-Karte» bezeichnet, so wie dies heute in Deutschland üblich ist.

Das frühe Skatspiel

Über die Bezeichnung «Skat» gab es die unterschiedlichsten Vermutungen. Stein berichtet in seinem grundlegenden Buch von 1887, daß er von dem Major von Pfister, Dozent in Darmstadt, einen Brief erhalten habe, in dem dieser darauf hinweist, daß das Wort aus dem Wendischen stamme. Er geht davon aus, «daß die Altenburger ganz unverfälschte, erst seit 150 Jahren sprachlich vollkommen germanisierte Wenden sind». Er schreibt weiter: «Das russisch-polnische skat, mit ursprünglicher Kürze skatt – Sanscritwurzel vielleicht skad – theilen, spalten, – bedeutet ‹Schatz› und ‹Vieh›, wie ja auch pecunia von pecus kommt.»[75] Wir wollen es dabei bewenden lassen und nicht auch noch die Her-

leitungen aus dem Altgotischen, Altsächsischen und Althochdeutschen referieren, da schon Professor Hempel, selbst Philologe, die anstehende Frage so eindeutig beantwortet hat, daß jede weitere Diskussion überflüssig wäre:

«Vor der Einführung des Scates spielte man in der obengenannten Gesellschaft gewöhnlich Tarok. In diesem Spiele bekommt der Geber drei Blätter mehr als die zwei anderen Mitspieler und legt sie vor dem Anfange des Spiels weg. Diese weggelegten Blätter werden in der Kunstsprache des Tarokspieles Scat genannt. Es war ganz natürlich, daß man der Ähnlichkeit wegen die in dem neuen Spiele weggelegten Blätter ebenfalls Scat und endlich, da man seinen eigentlichen Namen zu trivial fand, das ganze Spiel so nannte.»[76]

So wie Tarock kommt die Bezeichnung Skat aus dem Italienischen. «Scat stammt von scartare (franz. écarter), aussondern, scarto das Beiseitegelegte, oder von scattare abspringen, fortschnellen, scatto Absprung, das Weggeschnellte, doch ist das Letztere wegen des langen Vokals in Skat weniger wahrscheinlich. Unser Skat bedeutet sonach nur ‹das Weggelegte›, beziehungsweise in der Anwendung auf das Spiel im Ganzen ‹das Spiel mit Weglegen›.»[77]

«Einfach und langweilig in seiner Wiege»[78] nennt Hempel 1848 das Skatspiel. Was man anfänglich spielte, müssen wir aus seinen kurzen Angaben rekonstruieren. Gespielt wurde – das haben wir schon erfahren – zu dritt mit der deutschen Karte von 32 Blatt. Jeder erhielt zehn Blatt, der Kartengeber zwölf. Zwei davon legte er weg. Er mußte in der Farbe, «die beim Abheben unten lag», Solo spielen. «Die Farben waren alle gleich.» Da jedoch auf diese Weise der Geber meist

X
X
X
EIN DRITTEL THALER

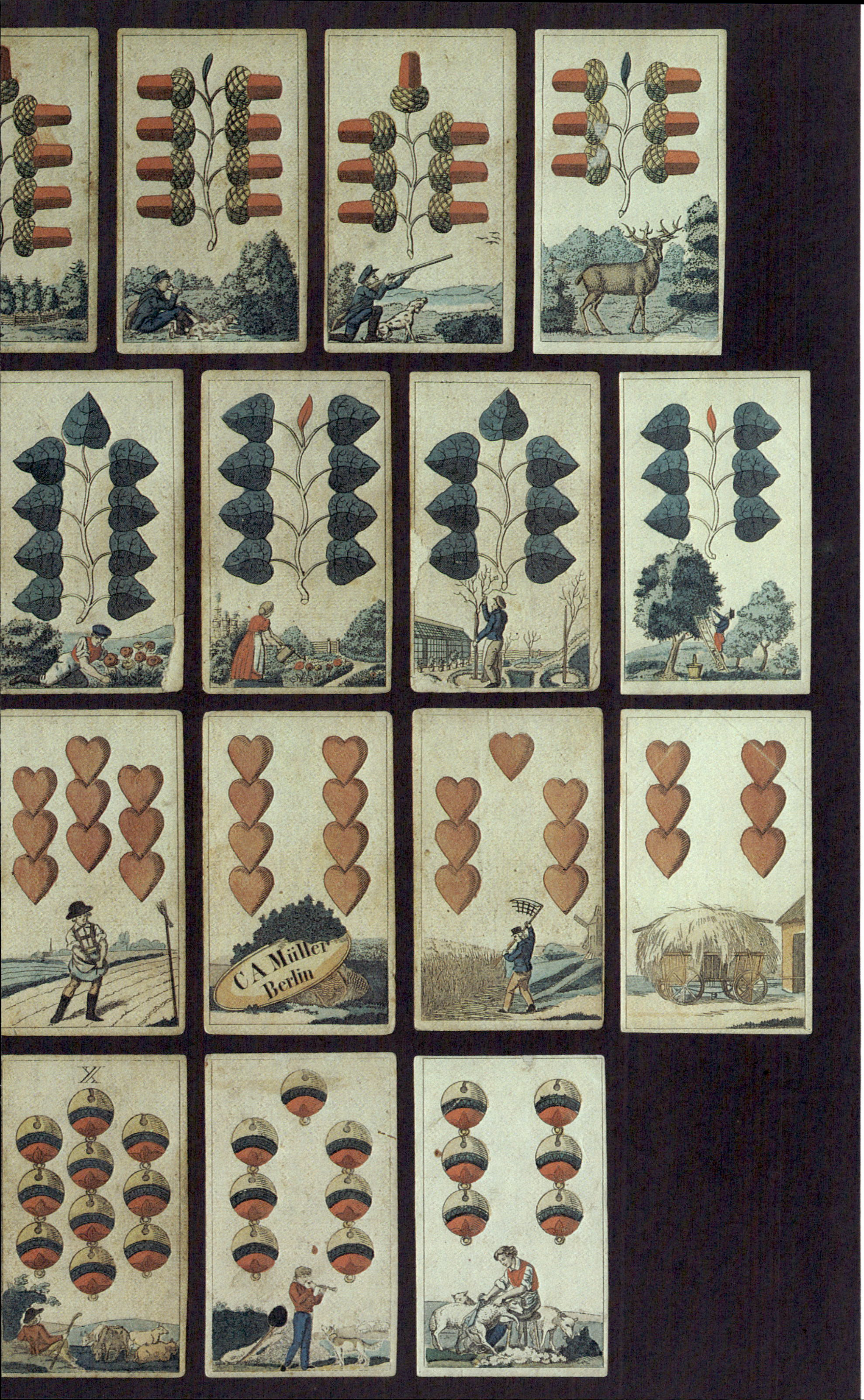

Szenen aus dem bäuerlichen Bereich finden sich auf den Spielkarten seit dem 18. Jahrhundert. Abgebildet einige Karten aus dem Landleben-Spiel von C. A. Müller, Berlin, zwischen 1822 und 1838. DSM Inv.-Nr. A 753

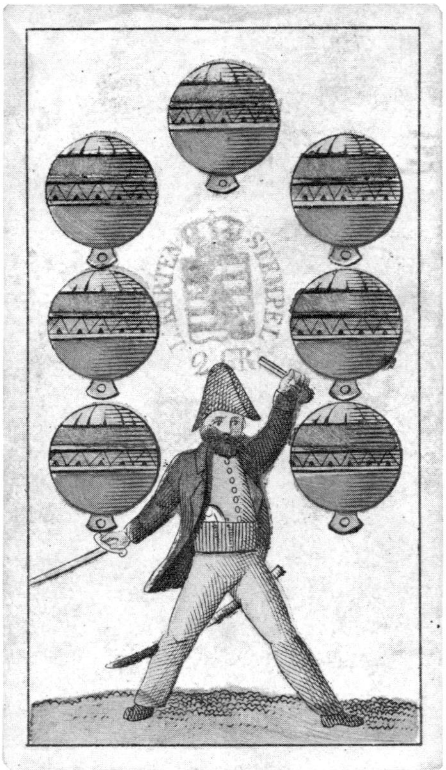

Schellensieben mit sächsischem Steuerstempel aus einem Spiel der Firma Carl Heinrich Zölcke, Leipzig. 2. Viertel 19. Jahrhundert. Vgl. dazu auch S. 16.

«In der Leipziger Zeitung vom 25.4.1810 ist zu lesen:

‹Neue feine Spielkarten. In unserer Fabrik sind so eben zwei neue deutsche Spielkarten von geschickten Künstlern gezeichnet und gestochen, fertig geworden, die alle bisher erschienenen deutschen Karten an Schönheit übertreffen, als: Eine neue Schwerderkarte, und eine neue Militär- und Wappenkarte ...› ‹... Auch sind die gewöhnlichen Schwerdter- und Brüßler Whistkarten von vorzüglicher Güte, um die üblichen Preise bey uns zu haben. Leipzig, den 18. April, 1810 Industrie-Comptoir, Petersstraße 112.›»

DETLEF HOFFMANN, Inventarkatalog der Spielkartensammlung des Historischen Museums Frankfurt am Main, 1972. Weitere Hinweise zur «Schwerdter-Karte» vgl. Anm. 74

verlor, überlegte man sich die erste Änderung des bis dahin üblichen Spielablaufs. Der Geber konnte passen, die Vorderhand spielen, und wenn diese paßte, kam der ihr folgende Spieler zum Zuge. Die Farbe, in der zu spielen war, wurde nun nicht mehr durch Zufall ermittelt, vielmehr konnte sie der Alleinspieler bestimmen. Wenn jedoch Vorderhand und Mittelhand paßten, konnte der Geber in einer ihm genehmen Farbe spielen.

Soweit Hempels karge Angaben für die erste Phase, die wohl ausschließlich in der Spielgesellschaft stattfand. Der gedankliche Austausch mit den Bauern muß sehr gut gewesen sein, denn von der nächsten Phase berichtet Hempel 1848: «Später hatten unsre Landleute, ebenso gewandte Spieler als ausgezeichnete Oekonomen, Schellen als überstechende Farbe und zuletzt die 4 Farben nach der jetzt bestehenden Reihenfolge eingeführt.»[79]

Am Anfang des Skats stand die Notwendigkeit, zwei Karten abzulegen. Hier stammen Anregung sowohl aus dem Tarock (alle Karten werden verteilt, der Geber behält die überzähligen und legt sie weg – «in den Skat») als auch aus dem L'Hombre (ein Alleinspieler, «Solo» gegen die anderen). Die Landleute übernehmen nun aus dem Schafkopf erst die feste Trumpffarbe Schellen, dann die Reihenfolge, die bis heute im Skat Gültigkeit hat: Eichel, Blatt, Herz, Schelle. Auf diese Art spielte man, wie Hempel sagt, «mehrere Jahre»; «in einer von Scatspielern fleißig besuchten Abendgesellschaft schlug der verstorbene Rathskopist N... die jetzige Art zu spielen vor.» Diese Art bewertet Hempel 1848 so: «Man versuchte, fand sie sehr zweckmäßig und so hatte denn das Spiel seine vollkommene Ausbildung erreicht.»[80]

Stein ist diesem Hinweis nachgegangen. Er stellte fest, daß der Reformator, von dem Hempel berichtet, der Ratskopist Carl Adam Neefe sein müsse, der am 27. Mai 1821 starb. Anhand des Todesdatums von Neefe hatte er einen Zeitpunkt ermittelt, zu dem die neue Art zu spielen eingeführt wurde.[81]

Stein kannte noch nicht den Artikel des Spiritus Asper über «Das Skadspiel» von 1818; doch dieser Artikel gibt dem wohl bedeutendsten Skathistoriker recht. Der Advokat Hempel beschreibt die neuerdings gewöhnliche Art zu spielen: «Wer von den drei Spielern das Angebot in der höchsten Frage tut, kann das Spiel nehmen.» Die Abfolge der Farben von Eicheln über Grün und Rot zu den Schellen bezeichnet er als die «gewöhnliche».[82] Und tatsächlich – wir erinnern uns – hatte schon Hammer 1811 über eine Schafkopfvariante A[83] berichtet, in der die Farben die gleiche Reihenfolge hatten. Das Reizen müssen wir uns nach Neefes Reform so vorstellen:

Der Geber verteilt die Karten, die wohl letzten zwei legt er ungesehen in den Skat. Nun muß er klären, ob und in welcher Farbe er das Spiel machen will. Er fragt – wie beim L'Hombre – seine Mitspieler, zuerst die Vorhand, ob jemand ein höheres Spiel als er machen wolle. Das Spiel geht dann an das höchste Gebot. Über dem Fragespiel rangiert das Solo, ebenfalls wie beim L'Hombre, das «sans prendre» – oder wie wir heute sagen – das Handspiel: der Skat bleibt verdeckt. Sowohl in der Frage als auch im Solo haben wir vier Staffelungen der Bewertung einer jeweiligen Farbe. Erlangt der Alleinspieler 61 Augen, dann hat er gewonnen. Erlangt er 91 (oder 90), hat er die anderen «Schneider gemacht»; bekommen die Gegenspieler keinen Stich, hat er sie «schwarz gemacht». Auch die Neefesche Reform kann man noch als Schafkopf zu dreien mit Skat bezeichnen. Wie im Schafkopf der Hammerschen Variante A sind die vier Unter Matadore oder Wenzel und immerwährende höchste Trümpfe. Beim Reizen jedoch spielen sie direkt noch keine Rolle.

Eine recht gründliche Information über den Stand der Entwicklung erhalten wir aus Professor Hempels Skatartikel für das Piererschc Lexikon von 1833[84].

1. Jeder der drei Spieler erhält 10 Karten in vier Würfen (3, 2, 3, 2). In den Skat kommen die beiden obersten Karten des Talons.

2. Die zwei Spielarten sind Frage und Solo.

3. Beim Reizen erklärt sich die Vorhand zum Spielen bereit oder paßt. Der Fragende kann vom folgenden Spieler «durch eine Frage in einer höheren Farbe überboten werden. Solo in der niedrigsten Farbe überbietet Frage in der höchsten ...»

4. «Die vorzüglichsten Trümpfe sind in allen Farben die 4 Unter (Wenzel).»

5. Erstmals findet sich der Nachweis, daß die Zehn nach dem Daus die zweithöchste beziehungsweise in der Trumpffarbe die sechsthöchste Karte ist. Hierin unterscheidet sich Skat von allen Spielen der Schafkopffamilie, aber auch vom Tarock. Beim L'Hombre – wir erinnern uns – fehlt die Zehn.

6. Geklärt wird auch, daß beim Schafkopf und L'Hombre Farbe bekannt werden muß, jedoch besteht weder Zwang zum Stechen noch zum Übernehmen.

7. Die Augen der einzelnen Karten zählen wie beim Schafkopf.

8. Aktiv sind immer drei Spieler, die übrigen pausieren («sitzen»), haben jedoch Anteil an Gewinn und Verlust.

In der Skatliteratur wird nun, aufgrund der Arbeit von Stein, Carl Adam Neefe als derjenige betrachtet, der aus dem modifizierten Schafkopf den Skat gemacht hat. Wie wir jedoch erfahren haben, gibt es keinen der vorab angeführten Punkte 1 bis 8, der nicht schon 1811 beim Schafkopf nachzuweisen wäre – mit Ausnahme von Punkt 5, der Einreihung der Zehn nach dem Daus und vor allem (dies hat schon der Kutscher aus dem Erzgebirge so berichtet) statt der vier beim Schafkopf spielen hier nur drei Personen mit 32 Blatt.

So gesehen ist es wohl Neefes Verdienst gewesen, auf das Dreipersonenspiel Skat um 1820 einige weitere Schafkopfregeln angewandt zu haben. Er hat damit nichts anderes als die von Hempel zitierten «Landleute» getan, die ebenfalls mit dem neuen Spiel experimentierten. Aber mit der Systematisierung des Spiels um 1820 scheint ein erster Abschluß in der Entwicklung erreicht worden zu sein, so daß Hempel 1848 feststellen kann, seit damals sei das Spiel nicht mehr verändert worden.

Und tatsächlich unterscheidet sich Hempels Darstellung von 1848 in der Substanz kaum von seinem Artikel für das Piererschc Lexikon. Das bedeutet, daß die Entwicklung des Skatspiels ihren Ausgang von Altenburg und seinem Umland nahm. Jeder Spieler steuerte diesem Entwicklungsprozeß seine Erfahrungen bei. Auffällig ist die Faszination, die das Spielgeschick der Landleute auf die Berichterstatter, den Advokaten Hempel ebenso wie den Professor Hempel, ausübte. Diese Faszination für das Landleben finden wir auch im 18. Jahrhundert, als etwa Goethes Freund, der Darmstädter Kriegsrat Johann Heinrich Merck, sich spätestens seit dem Frühjahr 1776 einen Acker, anderthalb Stunden von der Stadt entfernt, mietete.

Hier grub er seinen Garten selbst um, brachte Mist und Wurzelwerk unter die Erde und wartete auf Regen. Die Gründe für sein Tun erfahren wir aus einem Brief, den er an Wieland schrieb: «... Das wird doch wohl ein Mittel zu einem gesunden Alltagsleben u. zu einem seeligen Ende. Denn, wenn wir's nicht treiben wie der Gemeine Mann, wie sollen wir sein Gesicht kriegen und seine Sinnen, u. das Ding, was wir Glückseligkeit nennen ...»[86] – «Glückseligkeit», das ist also das Leben auf dem Lande, das Leben mit den Landleuten, das Lernen von ihnen.

Carl Christian Adam Neefe (Ratskopist), geb. 29.5.1774 in Göllnitz, gest. 26.5.1821 in Altenburg. Neefe hat, nach den Aufzeichnungen vom Prof. Hempel, das «Reizen» im Skatspiel eingeführt. Abb. aus: Der Alte, 1937, S. 20.

«Ein Wandspruch in der alten Bauernskatstube des spielkartengeschichtlichen Museums der Skatstadt:
‹Im Altenborger Kortenschtoote
Fuhrwarkte Neefe mit am Schkode.
Ha hot dos Reizen uffgebrocht,
Dos ierscht'n Schkod z'n Schkode mocht›
nennt uns das Verdienst Neefes um den deutschen Skat. Daher erscheint es wert, an seinem 160. Geburtstage – wenn auch nachträglich – seiner Förderung des deutschen Lieblingsspiels zu gedenken.»

Der Alte, 1934, S. 95

An der Wiege des Skatspiels

Ein alter Herrensitz unweit Altenburgs birgt kostbaren Schatz: eine wertvolle Sammlung alter Spielkarten. Ihr entstammt auch nachfolgende Urkunde, die Namenszug und Amtssiegel des Skatschöpfers veranschaulicht. Das Geist und Witz atmende Schriftstück galt dem Wiedergenesen des erkrankten 3. Partners beim Kartenspiel; wir sehen die 4 Wenzel Zeugenschaft bei wichtigem Vertrage ausüben. Zwar wird der Skat als solcher nicht genannt, aber daß er um jene Zeit gepflegt wurde, beweisen Urkunden, die im vorjährigen Kalender erstmals gesammelt erschienen.

Zu wissen wem es zu wissen nöthig und gelegen, daß dato

vor mir Endesunterschriebenem Notar, welcher zu dem Ende in die heutige Schweitzer Tagsatzung requiriret worden, nachstehende Personen, nämlich

Herr Hans Mors, auch Freund Hayn, item der Sensemann genannt, / welcher zwar männiglich bekannt, jedoch, seiner vielfachen Geschäfte halber, überall zu Hause ist / und

Herr Cammerherr und Regierungsrath, auch Johanniter-Ritter, Herr Hans Carl Leopold von der Gabelenz und zwar Letzterer unter Assistenz des Herrn Carl Ludwig Schuderoff Doctors der Rechten und Linken,

erschienen sind und mich ersuchet haben, nachstehenden

Contract,

welchen sie heute ernst und wohlbedächtig verabredet, / welcher jedoch, seiner absonderlichen Beschaffenheit wegen, durchaus zu den Contractibus innominatis zu zählen / zu Papier zu bringen.

I.

Es erkennt Herr von der Gabelenz cum domino assistente, nolens volens, an,

„daß er dem Herrn Hans Mors sowohl ein Capital von 41 Jahren schuldig sey, als auch mit seinem Wohnhause und Zubehör unter dessen Lehnsherrschaft und Gerichtsbarkeit stehe:"

welches Anerkenntnis

II.

Herr Hans Mors bestens acceptiret und dagegen sich rechtsgültig dahin verpflichtet,

Erstens „daß er Herrn von der Gabelenz das vor 41 Jahren verliehene Capital annoch ferner und nach Befinden, auf 40 bis 50 Jahr gestunde, und ihn denn so lange in ruhigem Besitz seines Hauses lassen, auch"

Zweytens „alle ungebührliche Mahnungen unterlassen und hiermit ausdrücklich erkläret haben wolle,
„daß alles, was diesfalls etwa von seinen, des Herrn Hans Mors, Dienstboten geschehen, durchaus nicht für eine Loskündigung des Capitals gelten, sondern nur für eine Eincassirung der Zinsen anzunehmen seyn solle:"
wie er denn auch

Drittens „auf der fernern Verzinsung zu beliebigen Prozenten bestehen und es ihm freybleiben müsse,
„die verfallenden Interessen von Zeit zu Zeit in leidlichen Zipperleins-Terminen oder leidlichen Gicht- und Flußzinsen zu erheben:"
wogegen er

Viertens „Herrn von der Gabelenz es zur genauen Pflicht machen müsse, die in folgendem §pho vorgeschriebenen Bedingungen zu erfüllen, ausserdem er sonst an sein Versprechen nicht gebunden bleiben werde: anerwogen Herr von der Gabelenz, als ein verständiger Lebens-Practicus, bedenken möge,
„daß er das vorgestreckte Capital seit seiner Mündigkeit als ein guter Geschäftsmann genutzet und namentlich an Herrn Bachus und Frau Venus zum öftern wucherliche Vorschüsse davon gemacht, nicht weniger denselben in seinem Hause mehrmals Einkehr und Niederlage eingeräumt habe und billiger maaßen nicht verlangen könne, fernerhin dergleichen gute Geschäfte und Verkehr zu machen."

III.

Herr von der Gabelenz, mit seinem Herrn Rechtsbeystand, acceptiret diese Versprechungen dankbarlich und verpflichtet sich dagegen, wie folget:

Erstens „Aller gewagten Engros-Geschäfte mit Herrn Bachus und Frau Venus sich gänzlich zu enthalten und diesen gefährlichen Häusern niemals zu bedeutenden Summen zu creditiren, wenn sie ihm auch zu den vortheilhaftesten Engagements Anleitung geben sollten: indem es namentlich von Herrn Bachus bekannt ist, daß dieser unreelle Handelsmann, ob man ihm gleich die Ehre erzeige, ihn in die obere Etage zu logiren, oft sich die Freyheit nehme, das ganze Haus umzuwerfen und am Ende seinen treuesten Kunden Remessen in Kupfergeld zu machen."

Jedoch

Zweitens „was die Détail-Geschäfte mit denselben anlanget, so soll ihm vergönnt seyn,

a) dem Herrn Bachus alltäglich eine ganze Bouteille Lebenswasser zu eignem Verbrauch abzukaufen, zuweilen aber, guter Freundschaft halber, dies Consumo zu verdoppeln und zu verdreyfachen, wie es ihm denn auch unbenommen bleiben soll, von sothanem Aquavit sich Vorräthe anzulegen und davon dann und wann Parthieen an gute Freunde auf ewigen Credit abzulassen.

b) Hingegen aber mit der Frau Venus sein Geschäft nach Doctor Luthers Tarif fortzusetzen und, wenn er in der Folge dieser zudringlichen Galanteriehändlerin sich nicht erwehren könnte, durch Wechsel von langer Sicht oder Anweisung auf seine jüngeren Brüder seine allenfallsige Verbindlichkeiten zu decken:

Drittens „soll Herr von der Gabelenz alle Geschäfte mit dem Hause Zorn, Aerger und Comp. abbrechen und wenn er es auch nicht umgehen könnte, daß diese hitzigen Commerzianten auf ihn je zuweilen ohne Avis trassirten, in aller Geduld dagegen protestirten und sich nur bey ganz soliden Geschäften bewegen lassen, in honorem eines guten Giranten zu acceptiren, jedoch auch dann zu mäßigen Terminszahlungen sich Luft machen."

Viertens „soll Herr von der Gabelenz seiner bisherigen löblichen Handlungsweise treu bleiben, zu rechter Tageszeit sein Comtoir und vor Mitternacht Fenster und Thüre seines Hauses schliessen und sich durch keine Lockung, namentlich nicht durch seinen Schwager, Herrn Geheimen-Finanz-Rath Nachtlampadius, verleiten lassen, von dieser seiner Ordnung abzugehen".

Allen diesen Bedingungen nachzukommen, verspricht Herr von der Gabelenz um so ernstlicher, als sein Herr Rechtsbeistand solche durchgehends selbst geprüfet hat und aus alter Bekanntschaft mit seinem Freund Hayn weiß, wie sehr derselbe bey seinen Schuldangelegenheiten darauf Rücksicht nehme.

IV.

Wird Herr von der Gabelenz alles dieses getreu halten, so macht sich

α) Herr Hans Mors noch besonders verbindlich
„nicht nur wegen der dann und wann zu erhebenden Zinsen den billigsten und glimpflichsten Fuß anzunehmen, sondern auch das möglichst lang zu stundende Capital nicht mit Ungestüm loszukündigen, noch zur Verfallzeit mit Poltern und Schelten zu erheben, wie er es manchmal zu thun und sich durch den geschicktesten Advokaten nicht abhalten zu lassen pfleget, sondern ihm, wenn er sich einmal zur sanften Ruhe niedergeleget hat, solches in aller Stille aus dem Schatzkästlein des guten Gewissens wegzunehmen."

Desgleichen

β) erkläret Herrn von der Gabelenzes rechtlicher Beystand, Herr Doctor Schuderoff, daß er, wenn Herr von der Gabelenz obige Bedingungen genau erfüllen wolle, sich für seine Person anheischig machen wolle, dessen Wohnhaus benebst den darinnen befindlichen Maschinen und Fabriken, worauf ihm (Edm. Dr. Schuderoff) höheren Orts die besondere Inspection übertragen worden, in guten baulichen Wesen zu erhalten. Namentlich solle er

1. im oberen Stock helle und reine Fenster haben, desgleichen die dort befindliche Mahlmühle in ihren Stein-, Trichter- und Klapperwerken, wie auch das Orgelwerk und die Dampfmaschine in gutem Stande bleiben:
2. wolle er im mittleren Stock das Gebläse zusamt dem Amalgamationswerke in allen seinen Röhren und Behältern dauerhaft conserviren, nicht weniger die daran stossenden Seitengebäude, mit den darinnen befindlichen Schlag- und Hammerwerken in gutem Gange erhalten, endlich auch
3. für das untere Stock mit Küche und Keller möglichst Sorge tragen und überhaupt bedacht seyn, daß alle Stuben und Kammern, Wohn- und Schlafzimmer, Erker und heimlichen Gemächer, nichts davon ausgenommen, in guten Wesen erhalten würden:

wonächst jedoch Herr Doctor Schuderoff bemerket,
„daß er, soviel das Dach betreffe, ausser Stand sey, zu verhüten, wenn die Schindeln täglich dünner und für Alter grau würden,"

und er seinem Herrn Clienten desfalls rathen müsse,
„hinkünftig bey kalter Witterung eine warme Decke auf das Frontispitz zu legen, damit das Oberstübchen in der gehörigen Temperatur bliebe und es nicht zum Schaden des ganzen Gebäudes hinein wittere."

Beyderseits Contrahenten haben bey vorstehendem Vertrage, auf Wiedervorlesen durchgängig und unter Entsagung aller Einreden beharret und darauf an Notariatshand angelobet, zugleich auch angebracht, daß sie diesen Vertrag höchsten Orts mittelst gebührlicher Supplikation zu Confirmation anbringen würden.

So geschehen in Beyseyn vieler ehrenwerthen Herren und ihrer Testikuln.

Altenburg in der Schweitz, am 18ten Januar, 1819.

Post scriptum!

Schlüßlich haben die vier vorstehenden Zeugen anerkläret,

„wie sie nicht umhin könnten, zu Vervollständigung vorstehenden Vertrages und um Wohlseyn und gute Laune ihres hohen Gönners, des Herrn Cammerherrn von der Gabelenz zu befördern und dahero demselben von Stunde an bis zum 18ten Jenner, 1820 treu, hold und gewärtig und je zuweilen zur Kunst- und Schwarz-Färbung behülflich zu seyn versprechen wollten,"

und auf dieses Versprechen an Notariatshand angelobet, welches alles Herr von der Gabelenz bestens acceptiret hat.

Nachrichtlich, wie oben.

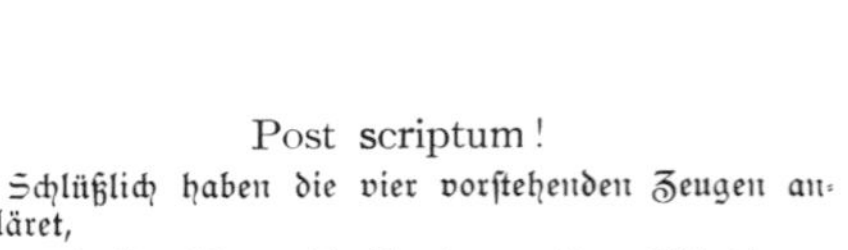

Was wir hier beobachten können, ist die kollektive Hervorbringung eines Kulturgutes, des Skatspiels, das aus unserem Alltagsleben überhaupt nicht mehr wegzudenken ist. Spielerische Kreativität, die Lust am gewitzten Spiel, beflügelt eine Entwicklung, die wir selten so minutiös nachvollziehen können. Die Entwicklungsarbeit ungezählter Spieltische halten die schriftkundigen Teilnehmer dieser Runden fest, sie kodifizieren und systematisieren – wie Adam Neefe –, aber in erster Linie spielen sie. Was wir hier kennenlernen, ist der vorurteilslose Umgang der Menschen des frühen Biedermeier miteinander, in einer durch Landwirtschaft und Handel bestimmten vorindustriellen Gesellschaft. Die ersten Skatbrüder treffen sich nicht nur zum Kartenspiel, dieses ist vielmehr unter anderem eine Form der Kommunikation, von deren Witz wir aus einem eigenartigen, sehr langen Dokument (siehe Seite 46) erfahren. Der Leser von heute, der oft Texte nur noch überfliegt, sollte sich die Muße nehmen, wenn er etwas von den herumalbernden Bocksprüngen erfahren will, die dieses sonderliche Dokument enthält.

Kurz die Geschichte:

Friedrich Ferdinand Hempel, unser Spiritus Asper, traf sich wohl von Zeit zu Zeit mit zwei Freunden, dem Anwalt Dr. Carl Ludwig Schuderoff und dem Kanzler Hans Carl Leopold von der Gabelentz, im Schloß Poschwitz, das der Familie von Gabelentz gehörte. Hier spielte man miteinander Skat. Ende 1818 scheint Herr von der Gabelentz schwer erkrankt zu sein. Zu seiner Gesundung schicken ihm die Freunde einen Scherz-Vertrag, aufgesetzt von dem Notar Hempel. Geschlossen wird der Vertrag zwischen dem Gesundeten und dem Tod («Freund Heyn, genannt Hans Mors»). Mäßig soll er in Zukunft sein, sowohl was den Trunk als auch den Eros angeht – im Vertrag durch den Herrn Bacchus und die Frau Venus vertreten. Als Zeugen fungieren vier Herren, die den sächsischen Spielkarten entstammen, die vier Wenzel natürlich.[87]

Bevor wir noch einmal auf das gesellige Leben der Skatbrüder bis zur Jahrhundertmitte zurückkommen, ist noch einiges zur Entwicklung der Spielregeln des Skats nachzutragen.

Hans Carl Leopold von der Gabelentz, der Mitpate an der Wiege des jungen Skats.

Seite 46: Gabelentz-Vertrag. Aus: Altenburger Skatkalender 1925, Seiten 49–56.

Das Schloß in Poschwitz.

In der heutigen Form spielen beim Reizen nach Zahlenwerten («18 ... 20 ... 2... 3... passe») die Buben, wie wir die Unter in der gegenwärtig meist verwendeten französischen Spielkarte nennen, die entscheidende Rolle. Die von oben gezählt fehlenden oder vorhandenen Matadore sind der Multiplikator bei der Feststellung des Zahlenwertes eines Spiels. Blicken wir auf die Geschichte des Skatspiels, dann interessiert es natürlich besonders, wann diese besondere Form des Reizens beginnt. Deswegen verdient ein Passus in Hempels Artikel für das Piererschen Lexikon von 1833 unsere besondere Aufmerksamkeit. Es heißt da: «Man spielt dieses Spiel auch zuweilen mit Matadors, wodurch es im Preise erhöht wird, ohne daß es übrigens die geringste Veränderung erleidet.»

In der Praxis bedeutet das: Der Alleinspieler erhält – wenn er gewinnt – den Preis der Matadore, sowohl wenn er selbst als auch die Gegner sie haben. Verliert er das Spiel, muß er den Preis der Matadore den Gegnern bezahlen. Gezählt werden jedoch nur die Matadore in ununterbrochener Reihenfolge von oben[88]. Hier liegen die Wurzeln unserer heutigen Spielpraxis.

Die Matadore spielen noch in einer zweiten Berechnung eine Rolle, die Hempel nur 1848[89] erwähnt: die Schäfchen. Die Matadore werden als Schäfchen immer dem bezahlt, der sie hat – sei er Alleinspieler oder nicht. Verliert er etwa, dann wurden die Schäfchen vom Verlust abgerechnet. Unnötig darauf hinzuweisen, daß dabei dem Zufall größere Bedeutung als dem Geschick zukommt. Deswegen hat sich die Schäfchen-Berechnung nicht durchgesetzt.

Der kleine «l'Hombretisch» von Daniel Chodowiecki, 1758. Kupferstich in Sepiadruck. DSM Inv.-Nr. B655

Durchgesetzt haben sich zwei andere Spielarten, Schikanen wie man im L'Hombre sagt: Null und Grand. 1833 erwähnt Hempel sie noch nicht, dafür jedoch 1848[90].

Beim Grand sind nur die Wenzel Trumpf. Wir können dies unterstellen, obwohl Hempel nicht ausdrücklich darauf hinweist. Der Grand ist eine Übernahme aus dem L'Hombre. Auch hier sind nur die Matadore Trumpf. Wäre dies beim Skat anders, so hätte Hempel sicher darauf verwiesen.

Das Nullspiel – das ebenfalls schon um 1800 im L'Hombre nachweisbar ist – wirkt, systematisch betrachtet, wie ein Fremdkörper im Skat: es ist ein negatives Stichspiel. Während bei allen Spielarten im Skat die Anzahl der gewonnenen oder verlorenen Augen spielentscheidend ist, zählen beim Nullspiel nur die Stiche. Ein Nullspiel ist auch verloren, wenn der Spieler einen Stich macht, der keine Augen bringt. Historisch gesehen ist das Nullspiel allerdings kein Fremdkörper. Die Entwicklung zeigt, daß immer wieder die Spielmöglichkeiten beim Skat verbleiben, mit denen die Spieler ihr Blatt voll nutzen können. So ist es nur konsequent, daß der Spieler auch die Chance erhält, aus einem wertlosen Blatt etwas zu «machen»[91].

Um die Mitte des 19. Jahrhunderts war das Skatspiel auf jeden Fall in ganz Thüringen und Sachsen bekannt. Etwa ab 1826[92] bringen die Studenten den Skat an die Universität Leipzig und die thüringischen Universitäten. Da man, wenn man Skat lernte, sich nichts völlig Neues einzuprägen brauchte, sondern auf Regeln aus dem L'Hombre beziehungsweise Solo sowie Schafkopf zurückgreifen konnte, lag es auch nahe, aus diesen Quellen das Skatspiel ständig anzureichern. Einleuchtend ist Steins Annahme, daß man für Grand, Null und andere Schikanen nicht immer nur einen Erfinder an einem Ort zu einem bestimmten Zeitpunkt vermuten muß. Vielmehr lagen manche Spielweisen auf der Hand, die hier und da versucht wurden und sich schließlich bewährten.

Hempel beendet 1848 seine Schrift mit einer Mitteilung, die Aufschluß über den sozialen Aspekt des Skats gibt: «Seit einigen Jahren wird hier alljährlich in einem der angesehensten Gasthäuser ein Scatfest gefeiert, zu welchem sich zahl-

«L'Hombre-Spielerinnen». Ölgemälde von Daniel Chodowiecki, 1757. Foto: Bildarchiv Foto Marburg.

reiche Verehrer des Scates aus der Stadt und der umliegenden Gegend einfinden. Schon Nachmittags fangen die Kämpfe an und werden durch ein frugales Abendessen unterbrochen, wo neue Kräfte gesammelt und zahlreiche auf den Scat bezug habende Toaste ausgebracht und Lieder zu Ehren desselben gesungen werden.»

Hempel fügt in seiner Broschüre zwei dieser Lieder an, die er, der Gymnasialprofessor, selbst verfaßt hat. Das erste ist wie der Schlußchor der 9. Sinfonie von Beethoven zu singen, in Anlehnung an Schillers Text «An die Freude» verfaßt. Allerdings hat dies der Gymnasialprofessor Hempel nicht als einen Bierjux gedacht, ihm war es ernst damit. Im Jahr der Revolution, 1848, galt Schiller, der Kämpfer gegen Tyrannenwillkür, der Dichter des «Wilhelm Tell», genauso als Vorkämpfer bürgerlicher Freiheiten wie Ludwig van Beethoven, der Anhänger der Französischen Revolution. Die Freundschaft aller Menschen – die Brüderlichkeit der Französischen Revolution –, die Schillers Gedicht zum Thema hat, wird hier durch das Band eines gemeinsamen Spiels thematisiert. Wie das Spiel von den unterschiedlichen Ständen der vorindustriellen Gesellschaft gemeinsam entwickelt wurde, widmet auch Hempel dem geliebten «Scat» die Zeilen:

«Deinem Zauber weicht die Mauer,
Die der Castengeist ersann,
Scat spielt Pastor mit dem Bauer,
Bürger mit dem Edelmann.»

«Melodie: Freude schöner Götterfunken
Laßt uns, die zu einem Ziele
Sich vereint in dichten Reih'n,
Jetzt dem edelsten der Spiele
Freudig eine Hymne weih'n.
Seid, Scatisten, schön willkommen,
Die ihr allesammt so gern,
Als ihr habt den Ruf vernommen,
Hergeeilt von nah und fern.
B ......, K .....*), schaun vom hohen
Sternenzelt auf unser Mahl.
Diesen ersten Festpokal
Den verklärten Scatheroen.
Scat, du bist die große Kette,
Die die Spielerwelt umfängt,
Sieh, wie Alles um die Wette
Sich zu deinen Freuden drängt.
Deinem Zauber weicht die Mauer,
Die der Castengeist ersann,
Scat spielt Pastor mit dem Bauer,
Bürger mit dem Edelmann.
Wo nur immer sich entfalten
Mag der Karten bunte Flur,
Folgen treulich deiner Spur
Alle Jungen, alle Alten.

Und was ist wohl, das dir gleiche?
Whist? Für Frauen ist's erdacht.
Schnorps? Wer langt wohl nach der Neige,
Wenn die volle Flasche lacht?
Doch von Allem, was wir kennen,
Laßt nicht mehr die Rede sein.
And'res neben dir zu nennen,
Heißt das Hehre frech entweih'n.
Fort mit dem gemeinen Strenzel!
Schwört bei diesem gold'nen Wein,
Stets dem Scate treu zu sein,
Schwört es bei dem alten Wenzel!
(Vor Aufhebung der Tafel.)
Und so sei mit jedem Tage
Unser Opfer dir gebracht,
Bis nach manchem Sieg und Schlage
Uns der Tod hat schwarz gemacht.
Doch nun fliegt von euern Sitzen,
Denn des Mahles ist genug.
Laßt die edle Zeit uns nützen,
Doch zuvor noch einen Spruch:
Vivant Meister und Tironen,
Diesen Kuß der Brüderschaft
Und dies Glas voll Feuersaft
Den Scatisten aller Zonen.»

J. F. L. H., Das Scatspiel, Altenburg 1848

*) Früher die zwei besten Scatspieler der Stadt.

Noch ist es eine reine Männergesellschaft, die hier Skat spielt: Pastorin und Bäuerin, Bürgerin und Edelfrau bleiben außen, sie werden sogar regelrecht ausgeschlossen in diesem Lied, das die Einigung aller Menschen im Spiel besingen soll:

«Und was ist wohl, das dir gleiche?
Whist? Für Frauen ist's erdacht ...»

Hier liegt ein wesentlicher Unterschied zu den Spielrunden des 18. Jahrhunderts, die im Kreis der Großfamilie stattfanden – wie wir dies etwa in den Bildern Daniel Chodowieckis beobachten können. Auch im Glücksspiel bei Hofe – öffentlich auf seine Weise – sind es gerade Frauen, über deren Spiel berichtet wird. Die öffentlichen Dinge in der Welt des Biedermeier nehmen Männer wahr, und der Kampf um das allgemeine Stimmrecht ist ausschließlich ein Kampf um das Stimmrecht für Männer. So erhält Skat in der zweiten Hälfte des 19. Jahrhunderts durchaus den Charakter eines Männerbundes. Die ersten Weichenstellungen zur Aufgabe dieser Monopolstellung erfolgen in der Weimarer Republik – zum Glück nicht nur im Skat.

Revolutions-Tarock. Entwurf: Cajetan (d. i. Anton Elfinger); Hersteller: Josef Glanz, Wien 1848; Technik: Stahlstich, koloriert. DSM Inv.-Nr. A 326

Die Stabilisierungsphase: 1850 bis 1870

Wir haben gesehen, daß sich das Skatspiel in den zwanziger Jahren des vorigen Jahrhunderts im Altenburgischen bei Bauern und Bürgern einen festen Platz in den Spielgewohnheiten geschaffen hatte. In den vierziger Jahren ist es in Sachsen und Thüringen verbreitet; die, welche es entwickelten, haben nun keinen direkten Einfluß mehr auf das Spiel; viele Spielrunden probieren bei dem Spiel, das ihnen gefällt, diese oder jene Schikane aus. Denn keine der Spielideen im Skatspiel war neu, sowohl das Grundprinzip als auch die einzelnen Schikanen stammen aus anderen, damals beliebten Spielen. Die Kartenspieler, die es erlernten, mußten ihnen bekannte Regeln neu kombinieren. Diese Struktur führte auch dazu, daß nicht nur alte Kombinationen übernommen, sondern auch neue Versuche gemacht wurden, und das – darin ist Stein voll zuzustimmen – nicht nur an einem, sondern an mehreren Orten.

Mit der Aufnahme des Skats in ein Regelbuch für Kartenspiele 1842[93] und einer ersten kleinen Monographie über das Spiel 1848[94] ist die Anfangsphase der Spielentwicklung abgeschlossen. Es ist nicht zufällig, daß das Ende dieser ersten Phase zusammenfällt mit der bürgerlichen Revolution von 1848, in der auch das Bürgertum sich entscheiden mußte, wo es seinen gesellschaftlichen Platz sah. Die Jahre nach der gescheiterten Revolution sind durch so etwas wie Friedhofsruhe gekennzeichnet. Viele der Aktiven sind geflohen, emigriert. Die Zurückgebliebenen ziehen sich – wie schon einmal im Biedermeier – in ihre Privatsphäre zurück. Solche Zeiten der Resignation sind für Spiele, somit auch für Kartenspiele, günstig. In der Gemeinde der Skater fand man Gleichgesinnte, durch das Spiel Verbundene. Hier gab es im grundsätzlichen keinen Streit, keine Konflikte. Gesellschaftliche Auseinandersetzungen ließen sich im Kartenspiel simulieren; nicht nur, daß ein Unter, ein Bube, den König stechen konnte, man ärgerte sich auch über einen Mitspieler, freute sich, wenn eine schwierige Partie gewonnen wurde und man gesellschaftliches Miteinander fand. Nach jeder Partie war und ist es zudem beliebt, in Diskussionen aufzuarbeiten, was im Spielverlauf geschehen ist. Wer verloren hat, kann in tiefschürfenden Gedankengängen deutlich machen, daß er zwar sein ganzes Geschick aufbot, das Glück ihm jedoch nun mal nicht hold war. Natürlich ging es dabei immer auch um Existentielles, um Besitz: der Verlierer mußte bezahlen. Vae victis! Wehe den Besiegten, das war Grundgesetz menschlicher Auseinandersetzung! Auch im Skat muß der Verlierer bezahlen. Darin gleicht das Skatspiel allen anderen Spielen; seit dem Mittelalter bis ins 18. Jahrhundert hinein wurde kein Spiel ohne Einsatz gespielt: Schach und Trictrac genauso wie alle Kartenspiele. Selbst beim königlichen L'Hombre ging es immer um irgend etwas. Unterschiedlich sind die Arten des Einsatzes: Beim Glücksspiel spielt jeder gegen jeden, und Traktate über das Glücksspiel, die vom Geist der Aufklärung geprägt sind, weisen besonders

Sogenanntes Fränkisches Bild. Hersteller: Conrad Jegel, Nürnberg, 1. Viertel 19. Jh. Holzschnitt. DSM Inv.-Nr. A 78

«Wo um Bier gespielt wird, welches der gewöhnlichste Fall ist, da werden 3 Köpfe zu einem vollen Spiel erfordert; diejenige Parthei nun, welche von diesen 3 Köpfen zweie gewinnt, hat die ganze Parthie gewonnen, welche die andern bezahlen müssen.

An manchen Orten dürfen die Verliehrer gar nicht mittrinken; an andern trinken sie zwar mit, aber sie müssen warten, bis die Gewinner getrunken haben; am gewöhnlichsten aber geht das Trinken Reihe herum.

Man kommt auch an Orte, wo nach einem jeden gewonnenen Spiele der Wirth jedem Spieler seinen Antheil Bier besonders giebt. Diese Einrichtung ist ohnstreitig sehr lobenswerth; denn nicht zu gedenken, daß es Viele giebt, welche sich's für etwas sehr Großes anrechnen, wenn sie für zwei oder drei Mann trinken, so giebt es auch Viele, welche blos darum sich von diesem Spiele zurückziehen, weil sie entweder gar nicht, oder doch mit einigem Widerwillen aus einem Glase oder Kruge trinken, woraus schon mehrere Personen getrunken haben.»

PAUL HAMMER, Die deutschen Kartenspiele, Leipzig 1813, S. 224/225

deutlich darauf hin, daß man mit Hilfe des Zufalls seinen Mitmenschen Hab und Gut abnehmen will[95]. Bei Spielen aber wie L'Hombre und auch Skat sind nicht nur die Beträge geringer, das Geld wandert auch langsamer und – vorausgesetzt, die Spieler sind nicht allzu unterschiedlich geübt – öfter hin und her. Ohne Einsatz andererseits wäre das Abbild unserer gewinnorientierten gesellschaftlichen Realität unvollkommen.

Es gibt auch soziale Formen der Ausschüttung des Einsatzes. Hier spielt nicht jeder gegen jeden, hier profitiert vielmehr jeder auch der Verlierer, vom Verlust. Hammer – und nach ihm Alvensleben 1853[96] – beschreibt dies beim Schafkopf: Gespielt wird um eine Runde; das heißt, der Verlierer bewirtet seine Mitspieler. Es gibt heute viele Spielgemeinschaften, die den Gewinn in einen gemeinsamen Pott tun, um dann nach einer gewissen Zeit mit dem gemeinsam erspielten Geld zu verreisen oder ein Fest zu veranstalten. Dieses Prinzip ist schon alt: Als Beispiel mag das Meisarspiel genannt werden, ein dem Losen ähnliches, jedoch komplexes Pfeilwurfspiel der Araber, das schon in vorislamischer Zeit belegt ist. Es versucht die Herausstellung des einzelnen mit dem Nutzen für die Gruppe zu verbinden: Die Verlierer in dem Spiel, diejenigen also, deren Lose nicht gezogen werden, müssen – anteilig – ein Kamel bezahlen. Von den Gewinnern wird jedoch erwartet, daß sie den Gewinn an die Armen des Stammes weitergeben.[97]

Im Kern hat sich dieser Brauch auch im Lottospiel erhalten: Nur ein Teil des eingenommenen Geldes wird unter den Spielern – nach Maßgabe der Auslosung – verteilt, ein großer Betrag wird einbehalten und sozialen, kulturellen oder sportlichen Zwecken zugeführt.

Um 1850 ist die Skatliteratur sehr unübersichtlich; jeder Autor veröffentlicht die Regeln, die er kennt; wo schon etwas Gedrucktes vorliegt, wird abgeschrieben – ein Mißstand, der Spielregelbücher bis heute kennzeichnet. Sorgfältige Recherchen sind denkbar schwierig, und das hat viele Gründe: Zum einen werden Spielregelbücher im allgemeinen von öffentlichen Bibliotheken nicht gekauft; eine zentrale Sammelstelle – generell für Spielregeln und Skat im besonderen – gibt es nicht. Spielebücher gelangen eher zufällig in Bibliotheken, meist aus Nachlässen oder Legaten.

Da Spielregelbücher dem praktischen Gebrauch dienen wollen, weisen sie weder nach, woher die jeweilige Behauptung (= Regel) stammt, noch belegen sie, welche Ursachen Veränderungen von einer zur anderen Auflage haben. Gerade bei alten Spielregelbüchern ist es wichtig, die Auflagen zu vergleichen; nur so lassen sich Veränderungen registrieren. Aber selten sind mehrere Auflagen eines Buches nachweisbar. Auch die Recherchen für unser Buch stießen oft an die gegebenen Grenzen. Die alte Sammlung des Altenburger Spielkartenmuseums ist seit 1945 verschollen. Eine neue Sammlung wurde aufgebaut, jedoch konnten einige Raritäten der Skatliteratur bis heute nicht wieder besorgt werden. Der Ausgangspunkt für uns ist die Sammlung des Deutschen Spielkarten-Museums in Leinfelden-Echterdingen bei Stuttgart. Auch hier bestehen leider noch große Lücken.

So bleibt die entscheidende Quelle für die Entwicklung der Skatregeln Oskar Steins «Geschichte des Skatspiels»[98]. Oskar Stein war Redakteur der Kartenspielabteilung der Wochenzeitschrift «Über Land und Meer». Viele der von ihm genannten und untersuchten Bücher standen ihm wohl in seinem Handapparat zur Verfügung. Stein hat die auch noch heute gültige Geschichte bis 1887 geschrieben; auf seiner Schrift bauen alle späteren Autoren auf, auch wenn sie ihn nicht nennen oder nicht einmal mehr wissen, daß das, was sie weitergeben, von ihm erarbeitet wurde. So ist es legitim, hier kurz die Steinschen Ergebnisse zu referieren.

Die beiden ehrwürdigen Grundspiele Frage und Solo (Hand) bleiben unverändert Brauch, auch wenn das Fragespiel durch die neu hinzukommenden Schikanen immer mehr an Attraktivität verliert. Stein[99] beurteilt die Frage denkbar negativ, er kann auch Autoren – wie Klaus 1858[100] – zitieren: «Die niedrigste Frage, die auch fast niemals weder vorgeschlagen, noch gespielt wird, ist Schellen.» Das bedeutet doch aber, daß jeder sich bemüht, ein höheres Spiel zu machen. Warum man aus diesem Grunde dafür plädierte, die Frage aus den Skatregeln zu streichen, bleibt unverständlich.

Die zwei wichtigsten neuen Schikanen, die schon erwähnt wurden, sind Grand und Null.

Gegen den Grand wehrte sich Hempel 1848; auch Schreiber[101] und von Alvensleben[102] protestierten dagegen, da sie Hempel weitgehend übernahmen. Vielleicht ist aber auch der Schluß erlaubt, daß der Protest auch deswegen nötig war, weil Grand gespielt wurde. So zitiert schon Stein die Monographie von Klaus (deren erste Auflage er auch nicht auftreiben konnte): «Zum Schluß erwähne ich noch zwei Spielarten, die streng genommen garnicht in den Scat gehören, im Laufe der Zeit aber sich so eingebürgert haben, daß sie mit demselben fast unzertrennlich verbunden sind, ich meine Grand und Null.»[103] Einen weiteren Beleg für die allgemeine Verbreitung dieser beiden Spiele bringt Stein mit einem Zitat aus dem Skatbuch des «Großherzoglich-Sächsischen Ministerial-Sekretärs Rath» August Faselius, das dieser 1860 unter dem Namen Friedrich Koch veröffentlicht hat[104].

Koch wirft den thüringisch-sächsischen Skatbüchern vor, daß sie «die gegenwärtig im Skat ganz eingebürgerten Spiele, Grand und Null, nur ganz oberflächlich erwähnen»[105].

Wir wollen hier auf die verschiedenen Möglichkeiten, Grand zu spielen (etwa Frage-Grand, Grand tout), nicht eingehen; auch nicht darauf, wie lange der Grand nur aus der Hand gespielt wurde oder wann man im Grand schon ein «angesagtes Schwarz» kennt. Hier sei ein für allemal auf Steins Arbeit verwiesen. Nachzuweisen ist – das sei der Kuriosität halber angemerkt – daß es auch einen Grand gegeben hat, in dem die Wenzel (Buben) sich einreihten, also nicht Trumpf waren – ein reines Farbenspiel ohne Trumpf.

Die zweite Neuerung der vierziger Jahre des letzten Jahrhunderts, die sich nun auf breiter Ebene durchsetzt, sind die Nullspiele. Wie der Grand kommt auch Null aus dem L'Hombre, wohl vermittelt über Deutsch-Solo. Zwei unterschiedliche Formen von Nullspielen waren in Übung: eine mit Geltung der Wenzel und eine, in der die Wenzel sich einreihten. Die letzte Form hat im L'Hombre beziehungsweise Solo kein Vorbild; hier muß Stein auf die «Misères, eine Chikane im Bostonspiel», verweisen, die ebenfalls ganz ohne Trumpf gespielt wurden. Auch die Zehn reiht sich in diesen Spielen ein. Beide Formen sind um 1860 nebeneinander nachzuweisen[106]. Bis in die späten sechziger Jahre halten sich beide Spielarten, bis dann die Boston-Misère-Form (alles reiht sich ein, kein Trumpf) allgemein akzeptiert wird. Damit hat sich die dem Skat am wenigsten entsprechende Variante des negativen Stichspiels durchgesetzt: ein weiteres Beispiel dafür, daß das Spiel nicht ein Resultat folgerichtigen Denkens ist, sondern aus der Praxis des Spielens hervorgeht. Hempel kannte wohl 1848 auch schon den Null ouvert. Strittig ist schon in den fünfziger Jahren und noch lange Zeit danach, ob vor oder nach dem ersten Stich die Karten aufzudecken sind. Eine Variante des Null, die sich damals vereinzelt findet, mag noch erwähnt sein,

«In der meiningenschen Grafschaft Camburg hat man noch zwei andere Variationen eingeflickt, Uno, bei welchem der Spieler sich blos zu einem Stiche, und Duo, bei welchem er sich blos zu zwei Stichen anheischig macht.

Es würde zu weitläufig werden, es hieße sogar den edeln Scat herabwürdigen, wenn man das Verhältniß dieser Eindringlinge zu den gewöhnlichen Spielarten desselben und die Art sie zu spielen auseinander setzen wollte. Gleicht der so verballhornte Scat nicht einem Staatskleide, auf welches allerhand bunte Flecke gesetzt worden sind? Zur Ehre Altenburgs, welches den Scat zu dem gemacht hat, was er jetzt ist, sei es gesagt, daß sich weder in der Stadt noch auf dem Lande solche Mißbräuche eingeschlichen haben.»

L. von Alvensleben, Encyclopädie der Spiele, 2. Aufl. Leipzig 1855, S. 463/464 weil sie heute die Wünsche derjenigen befriedigt, die einen «wackeligen» Null spielen: Uno und Duo. Dies sind Nullspiele, in denen ein beziehungsweise zwei Stiche erlaubt sind. Beides sind Übernahmen aus dem Deutsch-Solo. Stein hat, als er sein Buch schrieb, danach gefahndet, wo noch Uno und Duo gespielt werden, es aber nicht feststellen können. Somit waren die beiden Spielvarianten offensichtlich damals schon ausgestorben[107].

1867 wird zum erstenmal eine Schikane erwähnt, die direkt dem L'Hombre abgeguckt ist: das Tourné oder (eingedeutscht) die Wende[108]. Stein stellt fest, seiner Generation sei das Tourné so geläufig, und es wäre sehr überraschend, daß man «ein halbes Jahrhundert Skat ohne Tourné» gespielt habe. Stein erinnert sich, daß – als er 1867 in Schlesien Skat spielen lernte – er «sofort in die Geheimnisse des Tourné eingeweiht wurde»[109]. Im sächsisch-thüringischen Skat habe es erst in den späten siebziger Jahren Eingang gefunden. Im Altenburgischen und im sächsischen Erzgebirge werde das Tourné grundsätzlich ausgeschlossen.

«Im L'hombre kann, wenn Alles paßt, die Vorhand den Talon von 13 Karten nehmen und sich davon diejenigen 9 auswählen, mit welchen sie ein beliebiges Spiel gewinnen zu können glaubt; diese Tour heißt der Mort oder Mohr. Im Deutsch-Solo muß, wenn Alle passen, Derjenige, welcher den höchsten Trumpf, die Spadille hat, Forcée simple spielen. Im Boston wird, wenn Alles paßt Misère générale gespielt; jeder Theilnehmer spielt für sich; Trumpf wird nicht bestimmt; wer die meisten Stiche macht, verliert und setzt Bête; haben 2 oder 3 gleich viel und mehr Stiche als der Vierte, so zahlt Jeder, mitunter auch nur die Verlierer zusammen ein Bête.»

Oskar Stein, Geschichte des Skatspiels, Berlin 1887, S. 43/44

Beim Tourné wird die oberste Karte des Skats gewendet. Die Farbe, die sie zeigt, muß gespielt werden. Um diesen Zwang zu lockern, wurde um 1880 das «Paßt-mir-nicht» eingeführt; mit diesem Ausdruck konnte man die zweite Karte des Skats zur Trumpfbestimmung umdrehen. Bald nach Einführung der Wende legte man fest, daß – wenn ein Wenzel erschien – man sowohl Grand als auch die Farbe des Wenzel spielen durfte. Erschien eine Sieben, konnte Farbe oder Null gespielt werden. Damit war dem Bedürfnis, die Spielwerte zu erhöhen, gefolgt worden.

Drei Spielregelprobleme bleiben uns noch: der Ramsch, das Reizen und die Bewertung der Spiele.

Der Ramsch hat bis heute ein eigenartiges Verhältnis zum Skatspiel; er ist so etwas wie ein Lieblingskind, das nicht zur Familie gehört. Bei offiziellen Skatveranstaltungen ist er nicht zugelassen, in der Skatordnung wurde er in den Anhang verbannt – aber die meisten privaten Skatrunden spielen ihn dennoch. Von der Grundidee her hat er sehr wohl einen Platz im Skat; bei allen Spielen mit Lizitation (Versteigerung), wo durch Bieten (Reizen) ein Spieler oder eine Spielpartei ermittelt wird, besteht die Möglichkeit, daß auch einmal alle Mitspieler passen.

Hertefeld kennt in seinem «Illustrirten Skat-Buch» von 1884 schon mehrere Formen des Ramschs[110]. Bei allen Ramschrunden spielt jeder Teilnehmer für sich, auf eigene Rechnung. Dies ist konsequent, da das Hauptziel für ein «ordentliches» Spiel, ein Spieler gegen zwei Gegenspieler, nicht erreicht wurde. «Im Ramsch» – so faßt Stein[111] zusammen – «sind nur die Geltung der Wenzel als Trümpfe, die Spielwerthe der Karten und das Farbebedienen ohne Zwang zum Überstechen und Trumpfen aus dem Skat beibehalten, es gibt aber weder einen Spieler, noch Gewinn oder Verlust im eigentlichen Sinne.»

Wie der Ramsch zu seinem Namen kam, darüber konnte Stein – obwohl er mit «den bedeutendsten Germanisten» korrespondierte – keine Aufklärung geben. Schon war den albernen Blödeleien Tür und Tor geöffnet. 1888 erschien in Dresden das Buch «Beim Kiebitzen», mit dem unbefangen verwendeten, zweideutigen Untertitel «Lustige Skatologische Betrachtungen». Hier wird von einem «lustigen Schelm» berichtet, der «die Entstehung und Geschichte des Skatspiels in anderer Weise» schildert: «Schiller empfiehlt den Skatspielern, nur bombensichere Spiele anzusagen, indem er die Spielregel aufstellt: ‹Fest gemauert›. Diese Regel wurde schon im alten Ägypten befolgt, denn Herodot berichtet: ‹Die Ägypter mauerten›, weshalb bei ihnen auch oft ‹Ramsch› herauskam, welches Wort bekanntlich aus ‹Ramses› entstanden ist.»[112] Womit Ramses, dem das gesunde Volksempfinden so manche Ungeheuerlichkeiten zugetraut hatte, auch zum Erfinder des Ramsches gemacht wurde. Irgendwie traute scheinbar jedermann diese Erfindung Ramses zu, weswegen sich der Altmeister Arthur Schubert in seinem Skatbuch 1922 auch zu einer dringenden Klarstellung verpflichtet fühlte: «Der Name Ramsch ist durchaus nicht, wie manche Skater ernstlich meinen, die Verstümmelung des Namens des bekannten ägyptischen Königs Ramses, wenn man beim Skat auch mitunter scherzweise statt Ramsch Ramses sagt. Vielmehr hat das Spiel seinen Namen daher, daß es nur dann gespielt wird, wenn alle Karten gewissermaßen durcheinander geworfen und minderwertig sind. Ungeordnete, billige Ware aber nennt man allgemein Ramsch (vgl. franz. ramasser: zusammenraffen).»[113]

Skatspielern ist der Ramsch, obwohl er bis heute nicht Bestandteil der Skatordnung ist, bekannt. Jeder Spieler spielt für sich, er nimmt die Stiche ein, die er macht. Alle Farben sind dabei gleich, Trumpf sind nur die vier Wenzel. Derjenige, der die meisten Augen hat, verliert das Spiel. Ein Spieler, der keinen Stich hat, wird «Jungfrau» genannt. Nach Hertefeld[114] zahlt der Verlierer jedem Spieler «10 Points» (10 Einheiten), bleibt einer Jungfrau, zahlt der Verlierer 15 Points, bei zwei Jungfrauen steigert sich die Zahlung auf 20 Points. Daneben gibt es noch den Augenramsch (Okular-, Pointramsch), der erstmals 1878 nachgewiesen werden kann[115]. Hier erhält derjenige, der die meisten Augen hat, die Augenzahl als Minuspunkte angerechnet. Gelegentlich rechnet man dem, der die meisten Augen hat, die Augen des Skats zu, oftmals auch dem, der den letzten Stich gemacht hat; dazu Hertefeld lakonisch: «Dies ist nicht gerecht.»[116]

«Über Entstehung der Bezeichnung ‹Jungfer› sagt Dr. Groth sehr frivol aber treffend: ‹Wenn einer der Spieler keinen einzigen Stich bekommen hat, oder, wie man in übertragener Bedeutung sagt, Jungfer geblieben ist›.»

Oskar Stein, Geschichte des Skatspiels, Berlin 1887, S. 46

Der Schieberramsch, bei dem der Skat von der Vorhand aufgenommen wird, die, statt zu drücken, je zwei Karten an Mittelhand und Hinterhand weitergibt, ist Stein noch nicht bekannt; das mag sich um 1900 durchgesetzt haben, in der «Neuen Allgemeinen Deutschen Skatordnung von 1903» wird er genannt[117].

Über Wert und Unwert des Ramschs und die Methoden des Reizens erhitzten sich in den siebziger und vor allem in den achtziger Jahren die Gemüter; deswegen müssen wir uns noch einen Augenblick mit der Skatmathematik, dem Reizen und seinen Spielarten, beschäftigen. Zur Erinnerung: Schon im L'Hombre hatte ein Spieler das Recht zu fragen, ob jemand ein höheres Spiel als das in dieser oder jener Schikane spielen wolle. Im Schafkopf – wie es Hammer 1811 beschreibt – gibt es ebenfalls eine solche Form der Frage: Hat jemand in einer Farbe «mit Inbegriff der Wenzel 5 Trümpfe oder mehr, so muß man anmelden, d.h. anzeigen, daß man im Stande sei, für das gegenwärtige Spiel die Trumpffarbe zu bestimmen». Die Vorhand macht den Anfang mit dem Ansagen. «Meldet die Vorhand 5 Trümpfe an, und der Zweite, Dritte und Vierte hat deren auch fünf, so muß dieser es anzeigen, und die Blätter werden nach ihren Einheiten ausgezählt, da alsdann derjenige, welcher die mehrsten Augen zählen kann den Vorzug behauptet, und das Recht hat, den Trumpf zu bestimmen.»[118] Da diese Regel jedoch die erste nachweisbare ist, in der die Abfolge der Wenzel wie beim späteren Skat ist, lag die Übernahme der Rangfolge der Farben in den Bietvorgang nahe. Dies ist das im Skat grundlegende Farbenreizen. Dabei wird nicht – wie heute üblich – eine Zahl angegeben, sondern eine Farbe beziehungsweise eine Schikane. Wie sich die Schikanen zueinander verhalten, das wurde im Laufe der Zeit sehr umstritten.

Wir geben, damit es auch der nicht so Geübte versteht, einen «Mitschnitt» des Farbenreizens wieder – aus von Poserts Buch «Kartenspiele».[119]

«4. Das Abfragen. Da sehr häufig die Karten aller Theilnehmer Spiele enthalten so muß zunächst ermittelt werden, wer das höchste Spiel hat; denn dies erhält den Vorzug vor allen unter ihm stehenden.

Diese Ermittelung geschieht durch das Abfragen. Wer vorn ist, muß von dem, der in die Mitte ist, abgefragt werden. Ist das Spiel des Letzteren höher als das des Ersteren, so muß dieser passen, und es beginnt nun ein weiteres Abfragen des Dritten, dem Zweiten gegenüber.

Oder, ist das Spiel des Ersteren höher, oder eben so hoch als des Zweiten, so muß der Zweite passen und es beginnt nun das Abfragen von Seiten des Dritten, wenn dieser ein höheres Spiel hat als der Zweite, oder er paßt im andern Falle.

Ergiebt sich, daß des Dritten Spiel höher als das des Ersten ist so muß der Erstere passen, wenn nicht, so behält der Erste das Spiel und er annoncirt nun dasselbe.

Titelblatt: v. Posert: «Deutsche, Französische & Englische Kartenspiele», 8. Aufl. Halberstadt und Leipzig, um 1890.

Man sieht aus alle dem, daß der Fragende und der Gefragte nicht vom Anfange zu sagen brauchen, welches Spiel sie zu spielen gedenken; sondern der Fragende frägt seinen Gegner in der Reihenfolge alle unter seinem Spiele stehenden Spiele; z.B. die Karte enthält Rothsolo, und man steht damit in der Mitte, so muß man den abfragen, welcher vorn ist und zwar nicht deshalb, weil man einen Solo hat, sondern weil es überhaupt die Ordnung des Spiels erfordert.

Man fängt hierbei mit der untersten Farbe an und frägt: Ist's Schellen? (nämlich Schellenfrage.)

Hat der Gegner nun eine Grünfrage, so antwortet er: Ja Schellen ist's, obgleich er vielleicht kein Blatt Schellen in seiner Karte hat.

Nun frägt man weiter: Ist's Roth?

Antwort: Ja.

Frage: Ist's grün?

Antwort: Ja. (Es ist indessen bei der letzten Frage auch die Antwort Nein möglich, worüber aber später das Erforderliche gesagt werden soll.)

Frage: Ist's Eicheln?

Antwort: Nein, denn die Frage in Eicheln steht höher als die in Grün; darum muß der Gefragte nein, oder ich passe, ich überlasse das Spiel einem Andern, antworten.

Jetzt ist man mit dem Ersten zwar fertig, aber das Spiel hat noch keine Geltung, weil der Dritte das Recht zum selbständigen Spiel eben so gut hat, als jeder andere.

Wir nehmen an, seine Karte enthält ein Schellensolo. Er übernimmt nun das Amt des Abfragens, indem er, gleichsam das Zwiegespräch der beiden Erstern aufnehmend, spricht: Ist's Solo?

Antwort: Ja.

Frage: Ist's Schellensolo?

Antwort: Ja.

Hierauf sagt der Fragende: so muß ich passen.

Jetzt muß man entweder selbst Schellensolo haben, was aber nicht gut möglich ist, weil der Gegner bis dahin gefragt hat, oder man muß, wie es auch der Fall ist, ein höheres Spiel haben. Also z.B. Rothsolo, was man dann auch ansagt.

Nun beginnt das Spiel, in welchem Roth Trumpf oder die stechende Farbe ist, mit der man eine ausgespielte Farbe welche unsere Karte nicht enthält, stechen kann, um dadurch den Stich zu unserm Eigenthume zu machen.

Kann man aber bekennen, d. h. enthält unsere Karte die ausgespielte Farbe, so ist man auch verpflichtet, solche abzugeben.

Wäre z.B. Eicheln ausgespielt, so muß man, wenn solches unsere Karte enthält, zugeben. Wer falsch sticht, überhaupt falsch zugiebt, macht sich mindestens eines Versehens schuldig, und wird in der Regel bestraft.»

Die Schwierigkeit besteht in der sehr unterschiedlichen Abfolge der Spiele. Bei der Frage ist dies klar: Eichel, Blatt (oder Grün), Herz (oder Roth), Schellen. Die Frage, die wir mit dem Beispiel von Poserts erläuterten, ist immer die unterste Schikane. Ihr folgt – auch das ist anfangs unumstritten, das Solo, ein Spiel ausschließlich mit den Karten, die man in der Hand hält, den Handkarten. Der Skat bleibt unberührt auf dem Tisch liegen. Unklar ist seit den fünfziger Jahren, wo Grand, Null und Wende einzuordnen sind[120].

Das Farbenreizen pendelt sich dann auf folgende Rangordnung ein: von unten nach oben Schellen-, Herz-, Grün-, Eichel-Frage, Wende, Null, Schellen-, Herz-, Grün-, Eichel-Solo, Grand, Null offen, Grand offen [121].

Damit wird das Problem des Farbenreizens schon deutlich. In dem Maß, in dem bei der Feststellung des Wertes eines Spiels sowohl die «Matadore» als auch «Schneider» und «Schwarz» mit Ansage hinzukommen, können im Farbenreizen Spiele, die mit wenig Punkten bei der Abrechnung bewertet werden, über Spielen, die mit hoher Punktzahl abzurechnen sind, rangieren. «Bis zu den Vierziger und Fünfziger Jahren reizte man nur nach Farben», schreibt Stein.[122] Erst in dem sogenannten Quedlinburger Skatbüchlein fand er den ersten Hinweis auf das «Treiben nach Preisen».[123] Stein weiß auch von Autoren zu berichten, die ein kombiniertes Reizen nach Zahlen und Farben vorschlugen; sie haben sich jedoch nie behaupten können.

Bei Hertefeld[124] findet sich das System für die Berechnung der Spiele, das sich durchgesetzt hat, nach dem wir – mit gewissen Änderungen – bis heute spielen. Sein Kapitel über die Berechnung beginnt Hertefeld mit dem verheißungsvollen Satz: «Die Berechnung des Skatspieles ist eine ziemlich einfache.» Tatsächlich ist ein wichtiges Argument gegen das Zahlenreizen beziehungsweise das heute übliche Wertreizen, daß derjenige, der das Spiel erlernen möchte, gleich zu Anfang – eben beim Reizen – recht große Schwierigkeiten habe. Deshalb an dieser Stelle die entscheidenden vier Seiten aus Hertefelds Buch in Originalsprache, Typographie und mit seinem Buchschmuck, da auch wir es nicht einfacher ausdrücken können:

A. Hertefeld: «Illustrirtes Skat-Buch», Breslau [1884], siehe auch S. 58.

Die Berechnung des Spieles.

Die Berechnung des Spieles.

1. Die Berechnung der Frage-, Tourné- und Solo-Spiele.

Die Berechnung des Skatspieles ist eine ziemlich einfache. Wir haben zunächst eine den Werth des Spieles repräsentirende Grundziffer. Die Grundziffer (der Multiplicandus) wird mit einem Multiplicator, der aus der das Spiel repräsentirenden Einheit, den Matadoren und den Eventualitäten des Spieles gebildet wird, multiplicirt.

A. Die Grundziffern.

(Multiplicanden.)

Die Grundziffer läuft von Eins beginnend, mit der Reihenfolge der Spiele aufsteigend fort, so daß sie für ein Tournéspiel um vier höher als für die Frage der gleichen Farbe, und für ein Solospiel um vier höher als für das Tourné der gleichen Farbe ist. Wir bezeichnen diese Art der Bewerthung der Grundziffern als die normale mit „Reichsskat.“ Eine häufig vorkommende Abweichung von dieser Art der Berechnung ist, die Grundziffer für Tourné oder Solo derselben Farbe gleich zu rechnen.

Welche von diesen beiden Berechnungsweisen die richtigere, ist eine der ernstesten Streitfragen unter den Anhängern des Skatspiels. Wir haben über diesen Punkt die Ansichten der competentesten Skatspieler Deutschlands eingeholt. Das Gros derselben spricht sich für die Erhöhung der Solo-Spiele aus. Diejenigen Spieler, welche Tourné und Solo gleich bewerthet wissen wollen, halten ein Tourné immerhin für ein ziemlich gewagtes Spiel, gegenüber dem besser zu übersehenden Solo aus der Hand und verlangen deshalb mindestens die Gleichstellung desselben mit Solo.

Abgesehen davon, daß man in einem soliden Gesellschaftsspiel das Hazardiren nicht belohnen soll, ist das Risiko beim Tourné-Spiel durchaus nicht so hoch, wie die Verfechter dieser Theorie annehmen wollen. Es giebt Karten, mit denen absolut nicht Solo gespielt werden kann, die aber durch Hilfe zweier beliebiger anderer Karten zu einem sicheren Spiel umgewandelt werden können. Im Allmeinen dürfte die Chance, sich bei guten Tourné-Karten durch Tourniren ein Spiel zu schaffen, wie 3:1 stehen, d. h. eine Fehlfarbe gegen drei Farben, welche mit Hülfe des Skats ein Spiel ergeben. Ein gutes Handspiel ist seltener und muß nach soliden Principien höher bewerthet werden, als ein Spiel, welches der Hilfe bedarf, wie das Tourné. In den meisten Fällen nützt (resp. hilft) der Skat. Schaden kann er nie, denn wenn er nicht erwünscht erscheint, wird er abgelegt. Es scheint daher nicht logisch, das Tourné-Spiel mit dem Solo gleich zu bewerthen. **Ein Spiel aus der Hand muß höher bezahlt werden, als ein Kaufspiel.**

Eine zweite Abweichung ist die, daß die Grundziffer in Frage und Tourné gleichmäßig von 1—8 steigt, im Solo aber springt, so daß sie für Schellen-Solo 6, Roth-Solo 8, Grün-Solo 10, Eichel-

Jungen anschließenden Sequenz der Atoutfarbe als Matadore gezählt. Die Anzahl dieser Matadore wird zu der das Spiel repräsentirenden Einheit hinzu gezählt. Die etwa im Skat liegenden Matadore werden wie in Spielers Hand gezählt.

Ohne Matadore. Fehlt der älteste Wenzel, so wird dieser sowie sämmtliche auf ihn folgende fehlende Atout-Karten als „fehlende Matadore“ in derselben Weise wie die vorhandenen Matadore zu der das Spiel repräsentirenden Einheit hinzugezählt, derart, daß ein Spiel „ohne Matadore“ genau so gerechnet wird, wie „mit Matadoren.“ Die etwa im Skat liegenden Matadore werden genau wie oben einbezogen.

Eichel-Spiel „ohne Einen.“

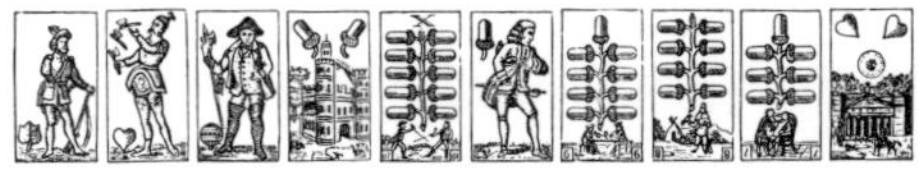

Anmerkung. Fände sich der älteste Junge im Skat, so wäre es ein Spiel mit „Sechsen.“

c. Die Eventualitäten des Spieles.

Einzelne möglicherweise eintretende Fälle (Eventualitäten) werden ebenfalls dem Multiplicator zugezählt. Diese Eventualitäten bilden vier verschiedene Stufen, welche je 1 gelten: Schneider, Schneider angesagt, Schwarz, Schwarz angesagt. Bei jeder Stufe, welche der Spieler erreicht, werden die sämmtlichen vorhergehenden Stufen mitgerechnet. Wer die zweite Stufe macht, zählt also die erste Stufe mit: $1+1=2$. Wer die vierte Stufe macht, zählt die erste + der zweiten, + der dritten, + der vierten, oder $1+1+1+1=4$.

Erste Abweichung. Man zählt den Schwarz doppelt, ebenso den angesagten Schwarz. Zweite Abweichung. Man zählt die ersten beiden Stufen einfach, die dritte doppelt und die vierte vierfach.

Solo 12 beträgt. Die nachstehende Tabelle stellt diese drei verschiedenen Berechnungsweisen der Grundziffern übersichtlich zusammen.

		Reichs-Skat	Erste Abweichung	Zweite Abweichung
Frage	Schellen . . .	1	1	1
	Roth	2	2	2
	Grün	3	3	3
	Eicheln . . .	4	4	4
Tourné	Schellen . . .	5	5	5
	Roth	6	6	6
	Grün	7	7	7
	Eicheln . . .	8	8	8
Solo	Schellen . . .	9	5	6
	Roth	10	6	8
	Grün	11	7	10
	Eicheln . . .	12	8	12

Außer der verschiedenen Berechnung der Grundziffer kann der Solo durch Erhöhung des Multiplicators oder durch Zuschlag bei der Schluß-Berechnung belohnt werden.

B. Die Multiplicatoren.

Der Multiplicator, mit dem die Grundziffer (der Multiplicandus) vervielfältigt wird, ist zusammengesetzt: a. Aus der das Spiel repräsentirenden Einheit; b. aus der Anzahl der Matadore, welche der Spieler in der Hand hat oder die ihm fehlen („mit“ oder „ohne“ Matadoren); c. aus den Eventualitäten des Spieles.

a. Das Spiel.

Das Spiel repräsentirt stets nur eine Einheit = 1.

b. Die Anzahl der Matadore.

Mit Matadoren in Händen (incl. des Skates). Wie wir oben (Seite 14) gesehen, werden alle Karten einer sich an den ältesten

	Reichs-Skat	Abweichungen	
I. Stufe: Schneider gemacht	1	1	1
II. „ Schneider angesagt und gemacht	1	1	1
III. „ Schwarz gemacht	1	2	2
IV. „ Schwarz angesagt und gemacht	1	2	4
Summa	4	6	8

Anmerkung. Eine der Stufen ausfallen zu lassen (nicht zu rechnen), ist unrichtig. Wer Schwarz macht, zählt Schneider und angesagten Schneider; wer Schwarz ansagt, zählt alle drei vorhergehenden Stufen und die vierte.

Die Summirung des Multiplicators.

Der Multiplicator setzt sich nun wie folgt zusammen:

1. Einheit des Spieles 1
2. Matadore, „mit“ oder „ohne“ x
3. Eventualitäten des Spieles . . . . . . y

Summe des Multiplicators $1+x+y=z$.

z multiplicirt mit der Grundziffer des betreffenden Spieles ergiebt also den Gesammtbetrag der Points, welchen die verlierende Partei an die gewinnende zu zahlen hat.

Rechnungs-Beispiele für Solo-Spiele.

Reichs-Skat.

	Schellen mit Einem.		**Grün mit Zwei.**		**Eicheln-Schwarz mit Fünf.**	
Grundziffer . . .		9		11		12
Spiel	1		1		1	
Matadore	1		2		5	
Schneider					1	
Schneider angesagt .					1	
Schwarz					1	
	$2 \times 9 = 18$		$3 \times 11 = 33$		$9 \times 12 = 108$	

Der Weg zum Einheitsskat: 1870 bis 1918

Der Kampf um die Vereinheitlichung

Abb. aus: «Lieder für den Festcommers beim I. deutschen Skatkongreß», 9. August 1886.

Am 18. Januar 1871 wurde im Spiegelsaal zu Versailles mit der Proklamation Wilhelms I. zum deutschen Kaiser das Deutsche Reich gegründet. Die seit Beginn des Jahrhunderts vom Bürgertum ersehnte Einheit Deutschlands hatte Bismarck nun mit «Blut und Eisen» als eine «Revolution von oben» zustande gebracht. Der Sieg über Frankreich hatte alle deutschen Staaten in eine Euphorie versetzt, so daß die letzten Vorbehalte gegen den Einheitsstaat gefallen waren. Nach dem 18. Januar wurde nun Schritt um Schritt an der Einigung gearbeitet, wurden beispielsweise Geldsysteme und Maße vereinheitlicht.

Wo alles nach Einheit strebte, konnten die Kartenspieler nicht beiseite stehen. Die Entwicklung des Skatspiels hatte ja schon bezeugt, daß es für Spieler keine Grenzen gibt – auch wenn die Vielfalt der Regeln hier und da zu Verwirrung, oft wohl auch zum Streit führte. Die Reichsgründung nun beflügelte einige Männer, Deutschland auch im «Spiel zu einigen».

«Die alten Deutschen tranken ‹immer noch Eins› – darin waren sie seit jeher einig, wenn sie zu mehreren zusammen kamen, sobald aber die alten Deutschen bei solchen Gelegenheiten auch ein Spielchen machen wollten, ward alsbald der Jammer der Zerrissenheit des ehemaligen Deutschlands offenbar. Der ‹feine› Mann aus dem Norden wollte L'Hombre, der aus dem Süden natürlich Tarock, der aus dem Westen Whist, der aus dem Osten Préférence spielen. Seit 1870 ist auch dies ganz anders geworden im Deutschen Reich. Die jungen Deutschen haben nicht blos in Maß und Münzen sich geeinigt, sie haben auch von fremden Einflüssen sich befreiend, eine Art von nationalem Kartenspiel geschaffen, welches sich von den Universitäten aus schnell über das ganze Deutsche Reich verbreitet hat. Alle, oder doch die meisten verstehen, was früher oft frommer Wunsch, dasselbe Kartenspiel, sie spielen: Skat [...].»[125]

Was hier der Hamburger Korrespondent der Frankfurter Unterhaltungszeitung «Didaskalia» schreibt, zeigt zwar einen Anflug von Ironie, jedoch ist es im Kern ernst gemeint, und aus heutiger Sicht können wir hinzufügen, er hat es richtig gesehen. Geschrieben wurden die Zeilen im Jahre 1886, dem Jahr, in dem sich in Altenburg der 1. Deutsche Skatkongreß zusammenfand, der das Skatspiel allen, auch denen es bisher fremd war, bekannt machte. Die einen lachten über den Kongreß und lernten dabei bereits, welch populäres Spiel Skat war; die anderen fanden, daß die Veranstaltung längst hätte stattfinden müssen, denn sie waren schon getauft, sie brauchten nicht mehr bekehrt zu werden.

Der Hamburger Korrespondent bringt jedoch einen weiteren, in die Zukunft weisenden Gedanken ins Spiel: «Selbst der Ort, wo das Spiel seinen Ursprung nahm, oder gar der Erfinder desselben, lassen sich mit keinerlei Sicherheit nachweisen. Man würde dem letzteren sonst gewiß ein Denkmal errichten und in den Reigen der Männer versetzen, welche sich um die Einheit Deutschlands verdient gemacht haben [...].»[126] Wenn auch der Erfinder tatsächlich nicht bekannt ist, so doch der Ort, und so wurde weder dem Ort noch dem Erfinder, sondern dem Spiel selbst in Altenburg ein Denkmal gesetzt, das bis heute zu sehen ist: der Skatbrunnen.

Ein Jahr später wird in derselben Zeitung Oskar Steins «Geschichte des Skatspiels» rezensiert. Auch hier ist der Gedanke der deutschen Einheit in den Mittelpunkt gestellt: «Wer beobachtet hat, wie das in guten bürgerlichen Kreisen fast ausschließliche Whist- oder L'Hombrespiel eine gewaltige Zahl von Anhängern verloren, das Skatspiel dagegen in raschem Siegeslauf sich alle Kreise erobert hat, wird vielleicht auch in dieser Thatsache einen nationalen Hintergrund finden können und seine Freude daran haben, daß man auch auf dem Gebiete des Kartenspiels, dessen Berechtigung auch für ernste und gebildete Leute Lazarus in einem geistvollen Essay nachgewiesen hat, ein echtes altdeutsches Spiel kultiviert, statt zu den bisher gewohnten Spielen des Auslands zu greifen [...].»[127]

Einheit geht immer auf Kosten der Vielfalt: Wenn man sich auf ein Münzsystem einigt, dann müssen andere Münzsysteme aufgegeben werden; dasselbe gilt für ein einheitliches Maßsystem. Die Frage, welches der vielen Systeme nun das allgemeingültige werden soll, kann durch Argumente, aber auch mit Macht entschieden werden. Im gesamten Deutschen Reich wurden die meisten Entscheidungen nach preußischem Muster gefällt. Da das Skatspiel aber weder von der Wichtigkeit des Münz- noch des Maßsystems war, gab es für den Staat keinen Anlaß, ordnend einzugreifen; solche Dinge ließ man die Bürger selbst regeln. Hier aber konnte nun nicht mit Verordnungen entschieden werden; hier mußte man argumentieren, in der Hoffnung, daß sich das beste (überzeugendste) Argument durchsetzen würde.

Vor diesem Hintergrund müssen wir die in so kurzem Zeitraum entstandenen Bücher über das Skatspiel sehen. In ihnen findet auch eine Diskussion über Zentralismus statt. Dabei wird nicht abstrakt diskutiert; Anliegen der verschiedenen Autoren und der sie tragenden Parteien ist es, ihre jeweilige Auffassung zu der allgemeinen zu machen. Der Gegensatz Preußen auf der einen und Sachsen-Thüringen auf der anderen Seite ist unübersehbar. Die Sachsen-Thüringer haben dabei die Geschichte auf ihrer Seite; sie vertreten das Gebiet, in dem der Skat entstanden ist; sie neigen deswegen aber auch dazu, so wenige Änderungen, Neuerungen wie möglich zuzulassen.

Die andere Seite der Autoren kommt aus Berlin, dem politischen Kraftfeld Preußens. Sie sind die Vertreter der neuen Zeit; es fällt ihnen leicht, althergebrachtes über Bord zu werfen; sie haben das Spiel bereits modifiziert kennen- und liebengelernt. Vertreter dieser zweiten Gruppe ist Oskar Stein; Repräsentant der ersten der Leipziger Amtsgerichtsrat Karl Buhle.

Karl Buhle ist der Autor eines 1885 erschienenen «Illustrierten Lehrbuches des Skatspiels»[128]. In der Einleitung schreibt er, daß er hoffe, demjenigen, der das Skatspiel erlernen wolle, ein möglichst einwandfreies Lehrbuch an die Hand zu geben. Auch beim Abfassen seines Skatlehrbuchs blieb Karl Buhle Jurist: Nicht nur, daß er die Spielregeln als «Spielgesetze» bezeichnet und – wie dies damals in kulturgeschichtlichen Werken durchaus üblich war – die einzelnen Abschnitte als «Paragraphen (§)» bezeichnet – vor allem bemüht er sich, in seinen Formulierungen so eindeutig wie möglich zu sein. Ähnlich kommentierten Gesetzestexten fügt er auch seinen Paragraphen Erläuterungen bei, kleingedruckte «Anmerkungen»; er gibt also Auslegungen seiner eigenen Texte, Durchfüh-

Schlechtes Spiel.

(Melodie: «In einem kühlen Grunde»)

Ich weiß es nicht zu deuten,
Daß ich nie Scat erlern',
Ich spiel' seit alten Zeiten,
Find' nie des Pudels Kern.

Man hat mir Geld versprochen,
Ich wollt' das Scaten lan,
Ich hab' mein Wort gebrochen,
Fings immer wieder an.

Möcht' ich 'mal Schneider machen,
So spiel' ich so verkehrt,
Daß ich mit großem Krachen
Oft selber Schneider werd'.

Trotz Trumpf und Matadoren
In überreicher Zahl
Hab ich mein Spiel verloren
Viel hunderttausend Mal.

Ich kann es nicht erlauschen,
Woher mein schlechtes Spiel;
Hör' ich die Karten rauschen,
Weiß ich nicht, was ich will.

«Tafellieder für das Bankett bei Gelegenheit des I. deutschen Scatcongresses am Sonntag, den 8. August 1886».

Postkartenserie mit Skatspielern und -sprüchen, geschrieben 1901, DSM. Chromolithographie.

(Melodie: «Es zogen drei Burschen»)

Es hatten drei Helden der scatenden Zunft
Im «Bärenkopf» eine Zusammenkunft.

Der Eine sprach wenig, der Andre sprach viel,
Sie jammerten all' über Unglück im Spiel.

«Einst spielte einen Grün-Solo ich,
Doch bekam ich dabei nicht den winzigsten
Stich.»

Es fiel mit Seufzen der andre Mann ein:
«Da hattest Du gegen mich immer noch Schwein!

Ich hatt' einen Grand, wie man selten ihn hat,
Da lagen drei Blätter, o Jammer! im Scat.»

Es schob der Dritte sein Seidel weg:
«Was mir arrivirt ist, das nenne ich Pech.

Ich beutelte einst im Scatclubhaus,
Die mit mir spielten, ganz gründlich aus.

Es hatten all meine Taschen kaum
Für die vielen gewonnenen Marken Raum.

Doch als ich früh nach dem Gelde sah,
War nicht ein einziger Fünfer mehr da.

Es hatte mein Weib meinen Reichthum entdeckt
Und als ich noch träumte, ihn zu sich gesteckt.»

Da riefen die Andern in einem Nu:
«Herr Bruder, der größte Pechvogel bist Du!»

«Lieder für den Festcommers beim I. deutschen Scatcongreß am Montag, den 9. August 1886».

«Kartenspieler im Wirtshaus» (1858). Künstler: Theodor Hosemann, Lithographie. DSM Inv.-Nr. 1982–5

rungsvorschläge und Warnungen vor bestehenden Spielgebräuchen. Indem er so die Rolle seines eigenen Kommentators übernimmt, kann er von seinen scheinbar zeitlosen Gesetzestexten abweichende Auffassungen höchst wirkungsvoll anprangern, was er auch gründlich tut.

Buhle erweist sich in seinen Anmerkungen als ein engagierter Verfechter des alten «Altenburger Skats». Das zeigt sich schon daran, daß er das – von manchen nicht mehr benutzte – Fragespiel heftig verteidigt; ja, er bezeichnet es gemeinsam mit dem Solo als die «eigentliche Basis» des Skatspiels. In Richtung Norden, nach Berlin, schleudert er seinen Bannfluch: «Nach unserer Ansicht ist es daher eine Geschmacksverirrung, wenn in vielen Spielkreisen und namentlich in Norddeutschland Skat unter Ausschluß der Frage erst mit dem Tourné beginnt und als Notbehelf der Ramsch, ein Bierspiel, in den eigentlichen Skat hineingezogen worden ist.»[129]

Buhle spricht hier einen zentralen Streitpunkt an, die Aufrechterhaltung der Frage als der niedrigsten Spielart. Er tritt – aus der heutigen Sicht betrachtet, mit Erfolg – für die Frage, also das einfache Farbenspiel ein. Die Verknüpfung mit dem Ramsch ist aus dem Vorhergehenden schon deutlich geworden. Wer

«Die Spieler von Ellmannsweiler». Künstler: J. B. Pflug; Lithographie. DSM Inv.-Nr. 1982–6

die Frage restlos streicht, muß zwangsläufig damit rechnen, daß alle drei Spieler passen, also keiner bereit ist, das Spiel zu machen. Diese Lücke soll der Ramsch bei den Fragespielgegnern füllen.

Dem Tourné (Wende) gegenüber verhält sich Buhle in seinem Kleingedruckten äußerst reserviert. Er verweist darauf, daß diese Spielart verhältnismäßig jung sei; genüßlich zitiert er die «vielen Gegner» der Wende, «welche meinen, daß dadurch das Zufällige der Trumpfbestimmung im Tourné dem Hazardieren im Skat Vorschub geleistet werde». Allerdings könne er das Verbot des Tourné, das in einigen Spielkreisen des Erzgebirges gelte, nicht billigen. Diese Spielart schaffe doch auch viel Abwechslung.[130]

Scharf nimmt Buhle gegen das Wertreizen Stellung. Schon in seiner Auslegung der eigenen Gesetze zum Farbenreizen hatte er klargestellt, daß das Reizen nicht nur den Zweck habe festzustellen «welcher von den Mitspielenden als ‹Spieler› (Hauptspieler) das Spiel anzusagen berechtigt sein soll, sondern auch die Grenze zu ziehen zwischen den Spielen, welche er ansagen darf und welche nicht. – Das Spiel selbst und was dafür zu zahlen ist, kann durch das Reizen nicht bestimmt werden.»[131] Zu verteidigen sei das Wertreizen allenfalls bei den

Glückwünsche der vier Wenzel. Künstler: Pix (d.i. Otto Pech). Lithographie von 1928 mit handschriftlichen Grüßen an das Ehepaar Laudan in Bremen zur Silberhochzeit am 28.9.1943. DSM Inv.-Nr. 1982–7. Vgl. dazu auch S. 116 und 137.

Nullspielen. Buhle argumentiert ausführlich gegen das Wertreizen[132], der letzte Abschnitt wirkt wie eine Beschwörung: «Wir haben hier das Wertreizen in seiner Bedeutung und in seinen Folgen ausführlich behandelt, damit unsere Leser dieser verderblichen Spielweise mit unwiderleglichen Gründen entgegentreten können. Man begegnet nicht selten Skatspielern, welche glauben ihre Überlegenheit darzutun, wenn sie die Fragespiele als einen überwundenen Standpunkt und das Wertreizen für die höchste Feinheit im Skatspiel erklären. Seit einigen Jahren haben aber viele Anhänger des Wertreizens, namentlich in Skatvereinen, ihren Irrtum eingesehen und sind zu dem soliden, althergebrachten Farbenreizen zurückgekehrt [...].» Ein Papst könnte nicht wirkungsvoller gegen eine Irrlehre predigen.

Vielleicht wäre Buhles Skatlehrbuch eines unter vielen guten geblieben, hätten nicht einige Altenburger Bürger die Idee gehabt, einen Skatkongreß abzuhalten. Benno Dirf teilt mit, daß der Kongreßgedanke dem Hirn eines Nichtskaters entsprungen sei, dessen Namen er nicht mehr habe ermitteln können. Geplant war für 1886 in Altenburg eine Landesausstellung, und der Skatkongreß sollte helfen, die Einnahmen der Stadt zu verbessern. Vorausgegangen war 1885 der erste deutsche Keglerkongreß in Dresden. Was den Keglern recht war, sollte den Skatern nur billig sein. «Man setzte sich mit dem Verleger der damaligen Skat- und Keglerzeitung in Verbindung, einem Herrn Licht in Leipzig. Dieser lenkte die Aufmerksamkeit auf den Amtsrichter Karl Buhle. Als dritter Initiator fungierte der Regierungsrat Kühn aus Altenburg.»[133]

«Die drei verstanden es, dem zunächst nur im Interesse einer Landes-Industrieausstellung gefaßten Skatkongreßplan einen praktischen und für das Skatspiel selbst ersprießlichen Inhalt zu geben.»[134] Man wollte die Spielregeln vereinheitlichen, eine allgemeine deutsche Skatordnung beraten und verabschieden. Auch die Gründung eines deutschen Skatverbandes war ins Auge gefaßt, ließ aber noch Jahre auf sich warten. Daß Karl Buhle, der mit dem Entwurf der Skatordnung beauftragt wurde, im wesentlichen sein Buch, daß ja den Charakter eines Gesetzeswerkes allemal schon hatte, zugrunde legte, ist selbstverständlich. Tatsächlich war er wohl jener Typ, der engagiert, zielsicher und mit der Überzeugung, das Richtige zu tun, bei allen Vereinsgründungen gebraucht wird, wenn es gilt, das im menschlichen Miteinander Gewachsene in eine objektivierende Form zu gießen. Auf der anderen Seite war er nicht der ausgleichende Charakter, der durch die Schaffung von Kompromissen Einheit schafft. Er trat wie ein Gesetzgeber auf, und gut war das, wofür die besseren Argumente zu finden waren – eine durchaus relative Beurteilung. Mit dieser abstrakten Vorgehensweise kodifizierte er oft Regeln, die nicht von einer Mehrheit von Spielern getragen wurden. Beinahe naiv glaubte er, mit der Autorität des Gesetzes das ausmerzen zu können, was er für falsch hielt, etwa das Wertreizen. Hier belehrt ihn die geschichtliche Entwicklung eines Besseren.

Gestärkt in seiner Autorität fühlte er sich nicht nur durch die Kraft seiner Argumente und die Tatsache, daß man ihm den Auftrag gegeben hatte, den Entwurf für die «Allgemeine Deutsche Skatordnung» auszuarbeiten, bekräftigt wurde er vor allem dadurch, daß sein Entwurf einstimmig von dem Kongreß angenommen wurde. Dieser berechtigte Stolz klingt aus seinem Vorwort der Skatordnung von 1886. Buhle fühlt sich hier wie der Gesetzgeber des Deutschen Reiches: «Einheit durch objektives Recht». Er schreibt: «Wollte man aber alle in den verschiedenen Gegenden Deutschlands jetzt im Skatspiel geltenden Spielgesetze und Spielgebräuche zusammenstellen, so würde dies eine so bunte Musterkarte ergeben, wie die Gesetze und Verfassungen der weiland deutschen Bundesstaaten. In der That herrscht heutzutage bezüglich der Skatgesetze eine solche Unsicherheit, daß dem Beginne eines Spieles, dessen Teilnehmer nicht bereits regelmäßig zusammengespielt haben, jedesmal eine lange Auseinandersetzung über die einzuhaltenden Spielgesetze vorausgehen muß [...]. Als die Comité-Mitglieder des ersten deutschen Skatkongresses dieses Werk der Einigung unternahmen, haben sie die großen Schwierigkeiten, welche damit verbunden sind und welche dem Gelingen entgegenstanden, keineswegs unterschätzt [...]. Von einer zahlreichen Versammlung von mehr als 1000 Skatspielern aus allen Gegenden Deutschlands ist der vom Comité vorgelegte Entwurf en bloc angenommen worden und so ist denn dem edlen Skatspiele durch die Festsetzung einer allgemeinen deutschen Skatordnung, als schönster Frucht des ersten deutschen Skatkongresses, sicherlich ein dauernder Gewinn erwachsen. Der Beschluß der Kongreß-Versammlung hat dieser Skatordnung eine Autorität verliehen, welche deren uneingeschränkte Anmerkung in allen Kreisen deutscher Spieler herbeiführen wird.»

Fast scheint es Buhle zu beklagen, daß es keine «Instanz» gebe, «welche die Verfolgung der darin enthaltenen Spielvorschriften mit Gewalt zu erzwingen» vermöge. Er hofft, daß sich «das Wahre, Richtige und Zweckmäßige» durchsetzen werde[135]. Buhle erscheint hier als der Bismarck des Skatspiels.

Wer so auftritt, fordert Gegenspieler heraus. Buhles Kontrahent ist Oskar Stein, dessen Werk uns mittlerweile schon gut bekannt ist. Buhle argumentiert logisch-systematisch, Stein historisch. Buhle hat das zukunftsweisende Regel-

Skatlied von 1848

(Melodie: «Hier im ird'schen Jammerthal»)
Hier im ird'schen Jammerthal
Giebt es Leiden ohne Zahl:
Krankheit, Armuth, Steuern.
Aber auch der Freuden viel
Bietet uns das edle Spiel,
Das wir heute feiern.

Ja, du bist für alles Weh,
Scat, die ächte Panacee,
Und im Land der Britten,
Wirst du einst hinüberziehn,
Heilst du Alle, die am Spleen
Hoffnungslos gelitten.

Wenn die theure Hälfte brummt
Und der Schwarm der Kinder summt,
Flieht mit Blitzesschnelle
Der geplagte Ehemann
Und der Scat allein ist dann
Für ihn Lethe's Quelle.

Hat der Jüngling Liebespein,
Läßt das Liebchen ihn allein
Oder schmollt das Mädchen,
Reißt er sich wohl aus den Schopf
Oder schießt sich vor den Kopf?
Nein, er macht ein Scätchen.

Wehe dir, du armer Greis,
Wenn dir bei des Alters Eis
Für erstorb'ne Triebe
Nicht ein unerschöpfter Schatz,
Als ein reichlicher Ersatz,
An dem Scate bliebe.

Titelblatt «Der lustige Skatspieler», Altenburg 1886.

werk geschrieben, Stein das bleibende Geschichtsbuch. Wie Buhle seine Aversion gegen die Norddeutschen, die Berliner, nicht verbergen kann, so muß Stein den Thüringern und Sachsen immer mal wieder eins auswischen.

In der Diskussion über das Reizen ist er mit Buhle einer Meinung. Deswegen stellt er fest: «Die neueren Skatbücher, namentlich alle aus den Siebziger Jahren, stehen dagegen fast einstimmig für das Reizen nach Farbe ein, das insbesondere Buhle mit zutreffenden Gründen energisch vertritt [...].»[136]

Die beiden Kämpfer unterscheiden sich vor allem in der Beurteilung des Fragespiels und des Ramschs. Stein hält das Fragespiel für praktisch ausgestorben und fügt hinzu: «Soviel Urteile ich übrigens auch über die sogenannten Beschlüsse des Altenburger Skat-Kongresses vernommen habe, sie lauten einstimmig dahin, daß keiner so geringen Anklang gefunden, keiner so wenig Aussicht auf praktischen Erfolg habe, als der die Wiederbelebung der Frage betreffende.»[137]

Stein ist ein Befürworter des Ramschs: «Daß in Sachsen-Thüringen auch dieser Neuerung die Anerkennung versagt, daß sie, die ein feines Spiel bedingt und trotz dessen oft recht unerwartete Resultate zu Tage bringt, angefeindet wird, daß sogar der Altenburger Skatcongreß zu Teil nur deshalb aufgeboten wurde, um den Ramsch zu verdammen und die veraltete Frage wieder auf den Schild zu erheben, ist bekannt.»[138]

Doch damit nicht genug; die Norddeutschen, ihnen voran Stein, schlagen weiter, da sie nun mal geschlagen worden sind: Stein widmet dem ersten deutschen Skatkongreß ein eigenes Kapitel, das er symptomatisch mit «Der Skat-Congreß in Altenburg 1886» überschreibt. Den Text muß man Satz für Satz auf sich wirken lassen: «Meine Arbeit würde unvollständig sein, wollte ich nicht auch dieser Veranstaltung gedenken, welche von Amtsrichter Buhle als Redacteur, und den Buchhändlern Licht und May in Leipzig als Verlegern eines kleinen, längst wieder entschlafenen Blättchens: ‹Deutsche Kegel- und Skat-Zeitung› in Scene gesetzt worden ist. Bemüht, dem orthodoxen sächsisch-thüringischen Skat allgemeine Geltung zu verschaffen, haben die genannten Herren den ohnehin durch die ‹Große Altenburger Landes-Industrie-Ausstellung› aufgeregten Lokalpatriotismus einiger Herren in Altenburg noch mehr aufgestachelt, und in Verbindung mit Mitgliedern des Comité obengenannter Ausstellung einen Skat-Congreß für den Sommer 1886 nach Altenburg einberufen.»[139]

Stein begründet im Anschluß, warum er es abgelehnt hat, dem Komitee beizutreten, indem er seinen Brief und seinen gleichzeitigen Artikel aus «Über Land und Meer» wiedergibt. Er schlägt Buhle mit dessen eigenen formaljuristischen Waffen und stellt fest, daß das Gremium, welches sich zur Abstimmung über eine Allgemeine Deutsche Skatordnung zusammenfindet, nicht legitimiert sei, ein Skatreglement zu verabschieden. Er formuliert seine prinzipiellen Einwände gegen jedes Reglement, da Skat immer, trotz aller Verstandesleistung, ein Glücksspiel bleibe, dem Schach deswegen niemals gleichgestellt werden könne. Übertreibt Stein auch in diesem Punkt, so urteilt er in einem anderen richtig: «Skat wird deshalb auch immer und überall, ohne Rücksicht auf irgendwo erlassene Reglements, von den einzelnen Kreisen nach ihrer hergebrachten Weise gespielt werden. Der Skat hat in der relativ kurzen Zeit seines Bestehens Wandlungen tiefst greifender Natur durchgemacht und erleidet solche auch noch heute, die zum Teil allgemeine Anerkennung fanden, zum Teil aber wieder verschwunden sind oder verschwinden werden. [...] Hier das kraftvolle Leben durch ein starkes Reglement zu unterbinden, halten wir für ebenso aussichtslos als gefährlich.»[140] Wenn der Kongreß «lediglich dem Unterhaltungszwecke» gedient hätte, also Spieler hier hätten ihresgleichen finden können, dann wäre man bereit gewesen, «über eine Theilnahme daran zu discutiren». Da der Kongreß jedoch «prätendirt, ein nationales Unternehmen zu sein», werde jede Beteiligung abgelehnt[141]. Stein vermerkt zufrieden, daß der Redakteur für Kartenspiele der Deutschen Illustrierten Zeitung in Berlin mit gleichen Argumenten abgewinkt habe. Stein läßt sich auch auf weitere Diskussionen ein. Er stellt fest, daß das Stimmrecht für drei Mark hätte gekauft werden können und die «sächsisch-thüringischen Eingeborenen jeden Versuch einer Discussion mit ihrer erdrückenden Majorität einfach niederstimmten».[142]

Im letzten Teil seiner Philippika kommt Stein dann auf den politischen Kern seines Zorns: «Der sich neuerdings bei uns breitmachende ‹nationale› Ton beginnt eine gefährliche Ähnlichkeit mit dem nationalen Dünkel unserer Nachbarn jenseits der Vogesen anzunehmen»[143], womit er die im Krieg besiegten Franzosen meint. Er polemisiert gegen die puristische Auffassung, die deutsche Sprache müsse von allen französischen Wörtern gereinigt werden. Dann habe man schon konsequent zu sein und auch das italienische Wort Skat zu beseitigen; als Ersatz schlägt Stein «Zweikartenbeiseitelegungsspiel» vor. Auch daß die – in Norddeutschland schon lange üblichen – Karten mit französischen Farbzeichen abgeschafft werden sollen, quittiert er nur mit Naserümpfen. Das alles ist für ihn «lächerlicher Chauvinismus»[144].

Stein hat in seiner Definition des Kongresses als einer nationalistischen Veranstaltung recht; chauvinistische Töne bei Buhle sind nicht zu überhören, sie schleichen sich in so manches Liedchen ein, wie denn überhaupt das Bier in Männerbünden leicht das Gefühl aufkommen läßt, hier hätten sich wieder einmal die Allergrößten getroffen. Aber in einem Punkt wird Stein seiner eigenen historischen Auffassung untreu: Sowohl Buhles Gesetzestext als auch der Kongreß sind nun mal Tatsache und auch nicht durch polemische Rundumschläge aus der Welt zu schaffen. Aus welchem Grund auch immer die mehr als tausend Teilnehmer des Kongresses zusammengekommen sind – für sie war das Treffen in Altenburg eine schöne Erinnerung, und die Presse hat teils spöttisch, teils ernsthaft über das Altenburger Treffen berichtet. Das größte Vergnügen hat diese Zusammenkunft sicher den satirischen Wochenblättern, dem «Ulk», dem «Kladderadatsch» oder den «Berliner Wespen» bereitet. Sie haben den Kongreß auf ihre Weise kommentiert, mit Karikaturen begleitet, ihm – nimmt man es genau – auch eine gute, weil lustige Presse garantiert. Wie schreibt Stein an anderer Stelle: «Usus tyrannus»[145], das was man zu tun gewöhnt ist, setzt sich zu guter Letzt doch durch – und so haben sich auf ihre Weise auch die Skatkongresse durchgesetzt.

Zwischen dem liberalen Stein und dem national-konservativen Buhle wurde wie zwischen zwei Mühlsteinen das Buch zerrieben, welches sich in abwägender Weise bemüht, das, was Praxis ist, zu kodifizieren, nämlich Hertefelds «Illustrirtes Skat-Buch». Es erschien allerdings auch zu einem sehr ungünstigen Zeitpunkt – 1884 –, ein Jahr vor Buhles Lehrbuch, mit den Fakten, die Buhle zugunsten seiner parteiischen Position mit Hilfe des Skatkongresses schuf. Die «Allgemeine Deutsche Skatordnung» wurde, wenn die Autoren sorgfältig arbeiteten, allen weiteren Skatbüchern zugrunde gelegt: Die Darstellung auch von Alternativen, wie wir sie bei Hertefeld finden, wäre die gute Grundlage für eine sachlich abwägende Diskussion gewesen. Daß Hertefeld seine abwägende Darstellung durchaus als einen Beitrag zur angestrebten Vereinheitlichung empfand, geht schon daraus hervor, daß er immer eine – von ihm als besonders gut empfundene – Variante als Reichsskat empfahl (siehe S. 57ff.)[146].

Die Skat-Aufgaben.

«Nach dem Vorbilde der englischen Sportzeitung ‹The Field› hatte A. v. Hirschfeld (Hertefeld) in den Siebziger Jahren in der damals von ihm redigirten, schon lange wieder eingegangenen Zeitschrift ‹Sport und Salon› durch Kartenbilder illustrirte Piquet- und Whist-Probleme veröffentlicht, welche er, wegen der durch die Einfachheit dieser Spiele bedingten geringen Schwierigkeit der Lösung nicht Karten-Probleme, sondern Karten-Aufgaben nannte. Als ihm wenige Jahre später seitens der Redaction von ‹Ueber Land und Meer› die Leitung der Kartenspielabtheilung dieses Blattes übertragen wurde, stellte er auch dort weitere derartige Karten-Aufgaben, welche im Leserkreise vielen Anklang fanden. Es wurde aber zugleich von vielen Seiten der Wunsch ausgedrückt, daß auch dem immer mehr Verehrer findenden Skat Rechnung getragen werden möge, und v. Hirschfeld, selbst ein tüchtiger Skatspieler, gab dieser Anregung mit Vergnügen Folge.

In Nummer 13 des 24. Jahrgangs, October 1881/1882, von ‹Ueber Land und Meer› veröffentlichte er eine Skataufgabe, welche als die erste in Deutschland gedruckte, ein gewisses historisches Interesse beansprucht. Sie lautete wie folgt:

‹Das eigentliche Skat-Spiel kennt nur die ›Frage‹ und das ›Solo‹. Dann kam das Tourné hinzu. Grand und Null wurden erst viel später aus Deutsch-Solo hinübergenommen. Wir werden daher bei unseren Aufgaben stets angeben, ob in dem jedesmaligen Falle die älteren oder neueren Regeln gelten sollen. – Wir müssen französische Karten, weil diese die bekannteren, verwenden.

Aufgabe nach älterer Regel ohne Grand und Null.

Sie sagen Eichel-Solo an und haben in der Hand:

Treff Pique Cœur Carreau Treff Treff Pique Pique Cœur Cœur Bube Bube Bube Bube Aß Zehn Aß Zehn Aß Zehn

Im Skat liegen: Carreau-Aß und Zehn.

Sie spielen also Eichel-Solo mit 6 Matadoren. – Die Gegner sind in der Vorhand und machen das Spiel mit 63 Points verloren. Wie fallen die Karten?»

Oskar Stein, Geschichte des Skatspiels, Berlin 1887, S. 57/58

Fest-Programm

für den

Ersten Deutschen Skatcongreß

zu Altenburg

am 7., 8. und 9. August 1886.

Am Vorabend (6. August): Concert im „Preußischen Hof".

I. Tag (7. August): Vormittags 9 Uhr Eröffnung des Congresses im „Preußischen Hofe". Berathungsgegenstände: 1. Festsetzung einer allgemeinen deutschen Skatordnung auf Grund des an die Mitglieder des Congresses vertheilten Entwurfs. 2. Gründung eines allgemeinen deutschen Skatverbandes.

Nachmittags 3 Uhr Skattournier. Abends: Concert in der Ausstellung.

II. Tag (8. August): Morgens 7 Uhr Insel (Frühconcert). Mittags 1 Uhr Festbankett im „Preußischen Hofe". Abends 8 Uhr Sommerfest in der Landesausstellung.

III. Tag (9. August): Frühconcert auf dem Plateau. Von 10 Uhr ab Fortsetzung der Berathungen. Mittagsessen à la carte in der Ausstellung. Besichtigung der Ausstellung. Abends 7 Uhr Preisvertheilung mit darauf folgendem großen Festcommers im „Goldnen Pflug".

Festprogramm, erschienen in der «Festzeitung zum 1. deutschen Skatcongreß in Altenburg in den Tagen vom 7. bis 9. August 1886», S. 6.

Der Skatkongreß

Eine ganz andere Perspektive vermittelt ein Gespräch, daß bei «der Weißen» in Berlin im August 1886 nach zuverlässiger Quelle[147] geführt worden sein soll:

«*Schulze:* Es ist doch 'ne recht schöne Zeit, wenn Bismarck es sich ooch mal 'n bisken bequem machen kann un von die Badewanne aus Europa in Ordnung hält. Keen Parlamentsjezänke nich, keene Wahlajitation, allens still un friedlich.

Müller: Un die wichtigsten Depeschen kommen alleweile von Altenburg, wo se ja nu jeden Solo über 'n Null jehen lassen un von 'n Ramsch partuh nich mehr wissen wollen.

Bösicke: Einigkeit ist ja gewiß eine schöne Sache, aber ich denke, wir spielen vorläufig in unserer alten Weise weiter.

Müller: Aber janz jewiß! Fifat die Einigkeit, aber im Scat lass' ich mir meine Berliner Reservatrechte nich nehm' [...].»

So einfach also läßt sich der geschilderte «Diadochenkampf» zusammenfassen.

Wie es im Herzen eines einfachen Skaters aussah, der im August 1886 nach Altenburg kam, geht aus einer Erinnerung an diesen ersten Kongreß hervor, die 1927 erschien. Dazu muß man sich verdeutlichen, daß Reisen nichts übliches war. Auch heute verreist nur knapp die Hälfte der Bevölkerung in den Ferien. Die erste entscheidende Neuerung war damals die Eisenbahn, die Mitte des Jahrhunderts schon einige wichtige Linien aufzuweisen hatte und deren Netz in den achtziger Jahren weitgehend ausgebaut war. Damit hatten sich die

«In letzter Stunde geht uns noch folgender Protest zu, der uns so erschüttert hat, daß wir denselben mit Zittern und Zagen hiermit zum Abdruck bringen. Die Redaction.

An das Comité

Wie kennen Se sich unterstehn, meinen Mann von zu Hause nach Altenburg dorch ihre Schkatgeschichte zu locken, da er hier dach bei der Ernte wie's liebe Brot gebraucht werd, wohär nähmen Se denn die Berechtigung dazu här? Antwurten Se emal dadruff! Nich wahr, Se kenn's nich? Ich spiele sälber Schkat, und den eenzig richtigen Schkat, Ihr Buhlscher Schkat is Larifari! Ich un mei Mann kennten also ganz gut hier spielen, un er brauchte nich die große Reese zu machen, wo er am Ende gar noch e Been brechen thut. Sie wullen ene Schkatordnung festsetzen? Ei Heerje! die kann hibsch wär'n! Hie wohnen o nach Leite, die da mit reinzereden ham! Wo nähmen Se denn de Berechtigung dazu här? Antwurten Se emal dadruff! Nu? Ja, wenn Se das kennten! 's Turnee wull'n Se abschaffen, die Frage wull'n Se beibehalten, Null mit Iberstichen sull nischt nich gälten, un bieten sull mer o nich

Gefahren, aber auch die Dauer des Reisens erheblich vermindert. Was vordem, etwa in der Postkutsche, denkbar beschwerlich und deswegen möglichst zu vermeiden war, erschien inzwischen als Besonderheit, als Vergnügen. Seit den dreißiger Jahren standen Reiseführer zur Verfügung; der Buchhändler Baedeker aus Koblenz hatte in Nachahmung englischer Vorbilder 1842 sein erstes Reisehandbuch erscheinen lassen, nicht nur mit Beschreibung der Sehenswürdigkeiten, sondern auch praktischen Hinweisen zu Eisenbahnverbindungen, Hotels, Fahrzeiten und Restaurants. Dieses hilfreiche Handbuch nahm die Ängste vor der Fremde.[148] In den achtziger Jahren beginnt die Reiselust auch den Mittelstand zu ergreifen, auch wenn er sich diesen Luxus nicht oft leisten kann.

So berichtet ein Teilnehmer des ersten Skatkongresses, Dr. N. aus Danzig[149]: «Im Sommer eines der ersten achtziger Jahre war es, als der Ruf zu diesem Kongreß erging, und zwar von einem Altenburger Komitee, an dessen Spitze der als große Skatautorität, -historiker und -schriftsteller weithin in der Skatwelt berühmte Amtsrichter Buhle stand. Kongreßort war selbstverständlich Altenburg. Natürlich war der Ruf auch nach Danzig gedrungen, auch zu meinem Ohr, der ich damals noch ein Jüngling mit zwar nicht lockigem aber blondem Haar war. Ohnehin gewillt eine Urlaubsreise nach Thüringen zu unternehmen, beschloß ich unverzüglich, da mitzumachen.»

Zwei Aspekte sind hier bedeutsam: Der Berichterstatter scheint damals Student gewesen zu sein oder stand schon in den ersten Jahren seines akademischen Berufs. Dem entspricht auch seine Bemerkung, daß er ohnehin eine Urlaubsreise nach Thüringen unternehmen wollte. Denn breitesten Teil seines Berichts nimmt die Schilderung des menschlichen Miteinanders ein, seiner Unterkunft und der Atmosphäre der Stadt, die bis zum Rand mit Skatern bevölkert schien:

«‹Wer zählt die Völker, nennt die Namen, die gastlich hier zusammen kamen?› Freilich, für viele war Altenburg auf den ersten Anhieb recht ungastlich, und mit manch anderem mußte ich das Schicksal teilen, die erste Nacht auf dem harten ‹Kanapee› eines mit lieblichen Düften parfümierten Kneipenzimmers zu durchträumen. Um so gemütlicher gestalteten sich aber am anderen Tage meine Quartierverhältnisse, wo ich bei einer braven Handwerkerwitwe Unterkunft fand, die mir ihre gute Stube einräumte – zusammen mit noch drei anderen Skatbrüdern. Das erwies sich als sehr praktisch, angenehm und billig, billiger noch als billig, was mir damals sehr willkommen war, und das kam so. Schnell war unter uns vieren Freundschaft geschlossen, und selbstverständlich wurden die Quartierkosten mit allem Drum und Dran morgens nach der ersten Tasse Kaffee ‹ausgeskatet›. Fortuna war mir hold, auch konnte ich damals wirklich etwas, und so kostete mich denn das ganze ‹Hotel› nichts, gar nichts, und auch meine besiegten Stubengenossen waren nicht unglücklich, denn allzuviel machte die ganze Geschichte überhaupt nicht aus. So wie bei uns, war es auch in den meisten anderen Quartieren hergegangen, wo mehrere zusammen hausten. Daß in allen Lokalen schon von frühem Morgen an allen Tischen sich kleine Sonderturniere entwickelten, versteht sich von selbst, ebenso, daß sich das durch die damalige Landesausstellung erhöhte muntere Treiben auf die Straßen fortsetzte, wo und wie es nur irgend ging.

Es war prachtvolles, sonniges Wetter, das das Aufstellen von Tischen auch im Freien erlaubte. Alle besetzt von Skatern. Sämtliche Droschken der Stadt waren mobil und durchfuhren dichtbesetzt die Straßen. Wollten die Insassen die Sehenswürdigkeiten der Residenz beaugenscheinigen? I wo, sie spielten Skat, und wenn das Vehikel auf dem damals noch nicht überall sonderlich fortge-

därfen? Nu, da hert dach Alles uff! Was sin denn das fer Leite, die das beschließen sull'n? Verstehn denn die Schkat? Kenn' ich se? Antwurten Se emal dadruff! Ich here nischt! Ja, Kuchen, das wärde Sie ooch sehr schwer fallen: Blos mit deitscher Karte sull nu noch gespielt wärden? Hären Se, das wull'n mer lieber sin lassen! Da kummen Se uns nich! Heit zu Tage sin mer weiter, da laß mer uns nich so viel Vorschriften machen. Der Schkat ist en bildungsfähiges Spiel, das nich blos Altenburg'sch gespielt wärd, der will wachsen, sich ausdehnen, bliehen und gedeihen! Ich sähe voraus, aus Ihren Cungreß wärd nicht viel werden. Altenburg is überhaupt nich de Stadt derzu! Nächstes Jahr wärden mehr in Bärne eenen Cungreß machen, und dann wär' ich de Sache in de Hand nähm, und dann wärd ewas draus! Glooben Se das? Antwurten Se emal dadruff!

Bärne, im August 1886.

Ihre ergäbene Barbara Rosenstock, Waschfrau.»

Festzeitung zum I. deutschen Skatcongreß, Altenburg, in den Tagen vom 7. bis 9. August 1886, S. 5

Die deutschen Skatkongresse 1886 bis 1982

I.	7.–9. August	1886	in Altenburg
II.	26.–28. Juni	1887	in Leipzig
III.	12. März	1899	in Halle
IV.	28. April	1901	in Magdeburg
V.	9., 14. u. 16. März	1902	in Leipzig
VI.	28.–29. September	1903	in Altenburg
VII.	7.–8. April	1906	in Dresden
VIII.	7.–13. Januar	1907	in Halle
IX.	8.–9. Juni	1908	in Nürnberg
X.	12. März	1909	in Leipzig
XI.	10., 11., 12. Juni	1927	in Altenburg
XII.	26.–29. Juli	1928	in Altenburg
XIII.	4., 5., 6. November	1932	in Altenburg
XIV.	26. September	1937	in Altenburg
XV.	3.–5. November	1950	in Bielefeld
XVI.	4. September	1954	in Bielefeld
XVII.	11. Oktober	1958	in Bielefeld
XVIII.	1. September	1962	in Bielefeld
XIX.	17. September	1966	in Bielefeld
XX.	19. September	1970	in Bielefeld
XXI.	14. September	1974	in Bad Oeynhausen
XXII.	28. Oktober	1978	in Bonn
XXIII.	30. Oktober	1982	in München

ULK

Illustrirtes Wochenblatt für Humor u. Satire.

Wieso und wann das Blatt erscheint.
Täglich wird viel Ulk gemacht,
Donnerstag wird er gebracht.

Wo man auf den Ulk abonniren kann.
Buchhandlungen und Zeitungs-Spediteure,
Die rechnen sich's zur ganz besond'ren Ehre.

Familienverhältnisse des Ulk.
Scherenberg der illustrirt,
Siegmund Haber redigirt.

Preis des Blattes.
Euch kostet dieser Ulk — es ist nicht arg —
Quartaliter zwei und 'ne Viertel Mark.

Entre nous.
Abonnent vom „Tageblatt"
Kriegt ihn gratis, als Rabatt.

Einzelverkauf.
Für fünfundzwanzig Pfenn'ge eine Nummer,
Ob's nicht zu billig, das ist unser Kummer.

Nr. 31. | Berlin, den 5. August 1886. | 15. Jahrgang.

Auf zum Kampf!

In Altenburg beginnt das große Stechen, bei welchem es gewinnbringender sein wird, Stiche selbst zu bekommen, als Anderen zu geben.

schrittenen Straßenpflaster noch so holperte. Dabei boten die Straßen selbst einen des Skaters Herz erquickenden Anblick. Die ganze Stadt prangte nicht nur in festlichem Schmuck der Landes- und Reichsfarben zu Ehren des ehrsamen Kongresses, sondern zahllose Spezialflaggen mit allerhand scherzhaften Skatbezeichnungen und sonstigen Skatsymbolen mischten sich darein und schufen ein Gesamtgemälde von eigenartiger, mitunter auch grotesker Gestaltung.»

Das Festprogramm[150], welches sich über drei Tage erstreckte, weist am Vorabend, dem 6. August 1886, ein «Concert im Preußischen Hof» auf, dem Hotel, in welchem die entscheidenden Veranstaltungen stattfanden.

Am ersten Kongreßtag, für vormittags um neun Uhr, war die Eröffnung des Kongresses angesetzt. Die zwei Tagesordnungspunkte lauteten:

1. Festsetzung einer allgemeinen deutschen Skatordnung aufgrund des an die Mitglieder des Kongresses verteilten Entwurfs.

2. Gründung eines allgemeinen deutschen Skatverbandes.

Über den Verlauf der Versammlung berichtet das «Frankfurter Journal»[151]:

«Der I. deutsche Skatcongreß wurde am Sonnabend Vormittag in Altenburg unter Theilnahme von etwa 1000 Skatbrüdern unter Vorsitz des Regierungsraths Kühn, dessen Initiative, so wie der des Amtsrichters Herrn Buhle, vornehmlich das Zustandekommen des Congresses zu danken ist, im festlich geschmückten Saale des Preußischen Hofes eröffnet. Den nächsten Gegenstand der Debatte bildete der von Herrn Buhle vorgelegte Entwurf einer Allgemeinen Deutschen Skatordnung, eines umfangreichen mit großer Sachkenntniß ausgearbeiteten Werks, welches in seiner Einleitung auf Grund genauer Forschungen den Nachweis zu führen sucht, daß erst dem zweiten Jahrzehnt unseres Jahrhunderts die glorreiche und namentlich im Altenburger Lande zu so hoher Blüthe gelangte Erfindung des Skats vorbehalten war. Gegen den Entwurf und die vom Comité festgesetzte Tournierordnung erhob sich, da darin hauptsächlich die Altenburger Skatregeln dominirten, namentlich von norddeutscher Seite aus Opposition, indem man hier besonders die Beseitigung der ‹einfachen Frage› und dadurch auch die Vereinfachung der complicirten Tournierordnung wünschte. Immer hitziger platzten die Gegensätze aufeinander, immer höher scholl der Redestrom an, da, im kritischen Moment, brachte die zur Vertheilung gelangende ‹Festzeitung› mit ihrer poetischen ‹Bewillkommnung› eine wohlthätige Ablenkung [...].»

Doch wir wissen, daß nicht nur Frage und Ramsch als Bestandteile der Skatordnung zwischen Sachsen-Thüringen und Norddeutschland umstritten waren. Dr. N., ebenfalls aus Norddeutschland, erinnert sich, daß genauso heftig über die Frage «deutsche» oder «französische» Karte diskutiert wurde. Er schreibt: «Auch ich Naseweis mischte mich in den Kampf mit dem Hinweis, daß laut Nachweis der Reichsspielkartenstempelsteuer nicht weniger als 75 Prozent französische und nur 25 Prozent deutsche Karten verbraucht würden, an welcher Tatsache auch fernerhin ein anders gerichteter Kongreßbeschluß praktisch nichts ändern werde. Half nichts! Die engeren Thüringer waren in der Mehrheit, und so wurde ein Beschluß des Inhalts angenommen: Nur in der deutschen Karte liegt das Heil, fort mit den Fremdlingen.»[152]

Wie wenig die Detaildiskussionen mit den Interessen des einfachen Skatspielers zu tun hatten, wird aus folgender Bemerkung unseres Berichts deutlich: «Auf weitere Einzelheiten des Kongresses einzugehen, wie da tiefschürfend diskutiert wurde über das hochwichtige Problem, wohin Null und Nullouvert beim Reizen zu rechnen und wie hoch zu bewerten seien, und andere bedeutsame Fragen mehr, das will ich mir und dem Leser ersparen.»[153]

Das Skatturnier des Ersten Deutschen Skatkongresses für die Spieler, die mit den sogenannten «deutschen» Karten spielten, fand im «Preußischen Hof« statt. In der Festzeitung erschien dann auch die abgebildete Anzeige vom «Preußischen Hof». Die Spieler, die mit den sogenannten «französischen» Karten spielten, trafen sich im «Goldenen Pflug», der jedoch kein Inserat in der Festzeitung placierte.

«Im ‹Preußischen Hofe› spielten an 162 Tischen 648 Mann und im ‹Goldenen Pflug› an 113 Tischen 452 Mann. Beim Eintritt in den Turniersaal erhielt jeder Teilnehmer eine Karte mit Tisch- und Platznummer. An jedem der Tische waren 80 Spiele zu spielen, nach 10 Runden fand Platzwechsel in der Weise statt, daß jeder Spieler einen Platz nach links rückte. An jedem Tische war ein Protokoll zu führen, für dessen Richtigkeit die vier Mitspieler solidarisch zu haften hatten. Das Turnier währte fünf Stunden, dichter Nebel, erzeugt von hunderten glimmender Zigarren, lag über den Spielern. Damit keine gaunerhaften Spiele vorkommen konnten, durfte der Point nur zu einem Pfennig gespielt werden. Nach Beendigung der 20 Runden wurden die Protokolle eingesammelt und den Preisrichtern übergeben.»

Festzeitung zum II. deutschen Skatkongreß, Leipzig, in den Tagen vom 25. bis 27. Juni 1887, No. 1, S. 5

Mit der Gründung eines deutschen Skatverbands, wie es Punkt zwei der Tagesordnung vorsah, wurde es so schnell nichts. Hier vertagte man sich.

Nachmittags um drei begann das Skatturnier. Viele Skater waren vor allem aus diesem Grund gekommen, und Turniere erfreuen sich bis heute großer Beliebtheit. Da mag nun Stein nörgeln, wie er kann, immerhin erfahren wir aus seinen Bemerkungen, daß es einen vierten Preis «für das theuerste Spiel gab», einen weiteren für den, «der die meisten Points gewinnt» und einen für «Spiele mit den meisten Matadoren», also Preise, «die auch Lehmanns Kutscher Klimpel aus Grune, der Schulze von Mochbern, oder wie man sonst den Typus des dümmsten Glückspilzes nennt», gewinnen kann[154].

Aber Stein hatte doch schon darauf hingewiesen, daß Skat auch – im Gegensatz zu Schach – vom Zufall bestimmt ist, und bis heute freut sich jeder, der viel Glück hat. Man besucht so ein Turnier nicht, um Glück zu haben, wie man auch den Jahrmarkt nicht nur besucht, um etwas zu gewinnen. Aber dort sind immer wieder Leute zu sehen, die sonst Verantwortung tragen, von Würde gezeichnet sind, und hier mit einem riesengroßen, leuchtendgelben Teddybären herumlaufen. Jeder kann und soll sehen: der hatte Glück.

Auch unser Reisender hatte Glück; er erinnert sich:

«Als Epilog, oder besser als Krönung des Ganzen folgte dann ein Skattournier, für das der größte Saal der Stadt kaum ausreichte. An unzähligen Tischen fochten je vier Mann vierzig Spiele gegeneinander aus, zwar nicht, um Meisterschaften zu gewinnen (so etwas kannte oder nannte man damals noch nicht), wohl aber schöne und lohnende Preise neben den unter den einzelnen Tischpartnern selbst zu erzielenden Gewinnen: Preise von zum Teil erheblicher Höhe und verständnisvoll berechnet auf alle möglichen Spitzenleistungen: höchste Pointpluszahl, Höchstzahl gewonnener Spiele, Höchstsumme von Grand- oder Offennullspielen, gewonnene Spiele mit den wenigsten Trümpfen und wenigsten Matadoren u. a. m. Und siehe da, Fortuna segnete mich abermals, indem ich ein Spiel der letzteren Art mit 73 Points gewann, ein Treffsolo – pardon, in Altenburg durfte man laut Kongreßbeschluß nur sagen: Eicheln oder Eckern – mit nur zwei Trümpfen und ohne neun Matadore, wobei kein Point im Skat lag und zu allerdings drei Assen – altenburgisch Däuser – nur eine Zehn in meiner Hand war. Darauf bekam ich – es wurde über alle Spiele und Preismöglichkeiten sorgsam Protokoll geführt – einen Preis, ich glaube es war der fünfzehnte in der Reihenfolge, von 30 Mark. Ein Spanier konnte nicht stolzer, nicht glücklicher sein als ich!

Von einem Danziger Teilnehmer Dr. N.»[155]

Abends wurde laut Festprogramm zum «Concert in der Ausstellung» geladen. Jedoch: «Das Comité des Skatcongresses macht hierdurch bekannt, daß für Inhaber von Congreßkarten bei Besuch der Landesausstellung Eintrittsermäßigung nicht erwirkt werden konnte.»

Der zweite Tag war als Erholungs- oder Repräsentationstag gedacht. Morgens um sieben Uhr gab es an diesem 8. August ein Frühkonzert, abends um acht wurde zum Sommerfest in der Landesausstellung gebeten; zwischen beiden Veranstaltungen, mittags um eins, fand das Festbankett im «Preußischen Hof» statt. Die Lieder, die hier an der Tafel des Banketts vorgetragen wurden, sind auf einem prächtigen, mit historistischen Ornamenten geschmückten Faltblatt überliefert.

Der Männerbund huldigt hier in Reimen nicht nur Wein (bzw. Bier), Weib und Gesang, vor allem auch der Nation. So lautet die Anfangsstrophe des ersten Tafelliedes:

«Sind wir vereint zur guten Stunde,
des Scatkongresses Pilgerchor,
So dringt aus aller unser Munde
Ein heißer Herzenswunsch hervor:
Der erste Matador der Erde,
Er halte lange aufrecht noch
Die Friedespalme mit dem Schwerte –
Es lebe Kaiser Wilhelm hoch!»[156]

Für eine so friedlich-fröhliche Runde ein ganz schön imperialistisches Programm: Die zweite Hälfte des Verses, in der Kaiser Wilhelm zum «ersten Matador der Erde» ausgerufen wird, fordert die absolute Vorrangstellung des Deutschen Reichs in der Weltpolitik. Das Bild von der Friedenspalme mit dem Schwert folgt – hier ist das Deutsche Reich gemeint, nach dem Motto: Bist du nicht willig, so brauch' ich Gewalt. Hier wird der Chauvinismus, den Stein anprangert, im Pathos eines Bankettliedes verpackt. Das Problem wird offenbar: Skat entwickelt sich zum deutschen Nationalspiel. Bis zum fatalen «Am deutschen Wesen soll die Welt genesen» war dann nur ein kurzer Weg. Deswegen scheint es wichtig, das Vergnügen des einfachen Spielers zu sehen, seine Freude, auch einen Preis mit nach Hause zu bringen, die Zufriedenheit, in der Gemeinschaft Gleichgesinnter zu sein, mit einem – für Skater unerläßlichen – Schuß Selbstironie und Witz. Das ist die sympathische Seite dieses und vieler ihm folgender Kongresse.

In der dritten Strophe des ersten Tafelliedes findet sich ein Gedanke, der nicht so recht zur ersten Strophe passen will:

«Zum Dritten, Brüder, laßt uns preisen
Den Mann, der klug es ausgedacht,
Daß nicht nur männermordend Eisen
Des Volkes Stämme einig macht;
In blut'gem Ernst hat sich vor Jahren
Erfüllt des Vaterlands Geschick,
Im Spiel wird staunend bald erfahren
Die Welt ein friedlich Gegenstück.»[157]

*Seiten 72 und 73:
Diese Spieler sind der Nr. 1 der Festzeitung für den II. Deutschen Skatkongreß, Leipzig, 1887 (S. 10) entnommen.*

Auch der Wunsch, der Welt ein «friedlich Gegenstück» zu zeigen, kann die Lust, sich größer als die anderen zu fühlen, nicht recht bremsen. Deutschlands Griff nach Kolonien in Afrika wird auch auf dem Skatkongreß in Form eines witzelnden Briefes aus Kamerun kommentiert, der in der Festzeitung abgedruckt ist:

«Kamerun, den 1. April 1886. Lieber Skatcongreß! Sklaven aus dem Lande der Bafarami sagen, daß im Augustusmond großes Skatcongreß-Palaver soll sein. Ganzes Kamerun-Gebirge spielen Skat und haben darum aus Freude großes Feuer gemacht. Könntest Du nicht Steamer schicken, damit wir über Meer kommen nach Altenburg? Liegt wohl ganz weit von hier? Karten hier viel theuer, schenke uns zwei Kisten und füge bei die Ordnung von John Bulle unter Adresse: Kimendi, Duallahändler am fünften Mungo-Arme. Sende Dir beigepackt drei Elephantenzahn zum Ehrenpreis für starkste Rhinoseros unter den Turnierkämpfern, und einen Sack voll Kaurimuscheln, damit Du noch kannst machen einen Preis, wie Du willst für den, der drei Mal weiß angesagt gewonnen hat*). Meine Frau Bamba grüßt Dich und bittet um goldenes Halsband mit vier Wenzeln. Füg' noch ein zweites bei für meine jüngste Tochter Bibi. Gestern ist zu Mapanja der erste Skatklubber gegründet worden, wobei ein Munifischer todt auf dem Platze blieb und dem Kantor und Schulmeister vom Englisch Jungfernstift auf Fernando Po Hals drei Mal umgedreht wurde. Liegt wie todt im Spital. Ich wünsche Dir alles Heil, ebenso meinem Sohne, der in Berlin bei Garde steht. Komm bald nach Kamerun.

Dein Diener Bimbi-Bumbo,
der große Skater.

*) In Kamerun giebt es bekanntlich folgende Gewinnstufen: 1. Einfaches Spiel. 2. Schneider. 3. Schneider angesagt. 4. Weiß. 5. Weiß angesagt.»[158]

Damit wollen wir es genug sein lassen mit den Beispielen kolonialer Überheblichkeit. Das zweite Motiv, das in allen gereimten und ungereimten Texten um den Skat immer wieder vertreten ist, ist der Trank oder der Trunk. Unter den Liedern, die beim Festkommers im Lokal «Zum Goldenen Pflug» gesungen wurden, findet sich – selbstverständlich – ein Trinklied:

Die Folgen des Skats: «Die Altenburger waren derart in den Skat vertieft, daß der erste Sozialdemokrat mit Leichtigkeit in ihren Landtag hineinkam.» Beilage der Berliner Wespen, Nr. 34, 20. August 1886.

«Stoßt an, Stadt Altenburg lebe, hurrah hoch?
Jener Mutter, die einst der vier Buben genas,
Ihr bringen wir dankbar ein schäumendes Glas!
Altenburg hoch!»[159]

Nach dem Vaterland, Landesfürsten und Festkomitee wird auf «Frauenlieb» und «Männerdurst» angestoßen...

Nur mit dem letzten Vers hatten sich die Dichter verkalkuliert: Bekanntlich sollte auf diesem ersten Skatkongreß auch der Skatverband aus der Taufe gehoben werden; beim Festkommers wollte man auch diesen hochleben lassen, aber die Gründung war vertagt worden. Ob man die Strophe trotz allem gesungen hat, ist nicht zu ermitteln. Möglich, denn da nach jeder Strophe getrunken wurde, mag man es mit der letzten nicht mehr so genau genommen haben:

«Stoßt an, der Scatverband lebe, hurrah hoch!
Was wir heute gegründet, das stehe so fest,
Wie der Felsen im Meer, darauf trinket den Rest.
Scatverband hoch!»[160]

Zur Trunklust passen auch die vielen scherzhaften Gedichte und lustigen Texte, die immer wieder den Bierkonsum und seine Folgen zum Inhalt haben, so etwa der Beitrag in der Festzeitung: «Untersuchungen über Bieraufnahmefähigkeit im Allgemeinen»[161].

Die Themen, die Gegenstand der Lieder sowohl auf dem Bankett am Sonntag, dem 8. August als auch die auf dem Festkommers am Montag, dem 9. August waren, kehren in vielen Festzeitungen, Liederbüchern, Gelegenheitsgedichten wieder.

Bevor man am dritten Tag um zehn Uhr die Beratungen fortsetzte, fand ein Frühkonzert statt. Anschließend wurde zum Mittagessen à la carte in der Landesausstellung geladen, dann war Zeit zum Besuch der Ausstellung. So manche Teilnehmer werden sich wohl in Dreiergruppen vom offiziellen Programm verdrückt haben, um ein Spielchen zu machen. Abends um sieben Uhr folgte die Preisverteilung, anschließend der Festkommers, dessen Trinklied wir schon kennengelernt haben.

Wenn man versucht, den ersten deutschen Skatkongreß zu charakterisieren, so fällt – wie schon angedeutet – der Unterschied zwischen der Erinnerung eines einfachen Teilnehmers und dem offiziellen Programm auf: Weder an Lieder-

Alleinige Inseraten-Annahme bei **Rudolf Mosse** Annoncen-Expedition für sämmtliche Zeitungen Deutschlands u. d. Auslandes.

Beiblatt zum Kladderadatsch.

Insertions-Gebühren für die 4-gespaltene Nonparell-Zeile oder deren Raum $1 M. = 1\frac{1}{4}$ Fr.

in Berlin, Jerusalemerstr. 48, Breslau, Chemnitz, Cöln a. Rh., Dresden, Frankfurt a. M., Hamburg, Leipzig, London, München, Nürnberg, Paris, Prag, Strassburg i. E., Stuttgart, Wien, Zürich.

Nr. 36. Erstes Beiblatt. Berlin, den 7. August 1887. XL. Jahrgang.

Löhe & Wilhelm

Weinhandlung und Schwäbische Weinstube

Schützenstraße 8

empfiehlt vorzügliche reine und gutgepflegte Weine zu ganz mäßigen Preisen.

Hauptmarkt 17 — 1. Etage. **BÖRSE** Hauptmarkt 17 — 1. Etage.

Zur **Landesausstellung** erlaubt sich Unterzeichneter, zum Besuch seiner freundlich gelegenen Lokalitäten ganz ergebenst einzuladen und empfiehlt **täglich** reichhaltige **Speisenkarte, ff. echt bayrisch Export** (hell), hochfeines **Actien-Lager-Bier,** sowie **Berliner Weissbier.**

Zu jedem Zug Omnibusverbindung mit Bahnhof.

Franz. **Billard,** grosse Auswahl von **Zeitungen und Journalen,** Mittwochs und Sonnabends Unterhaltung in bekannter Weise.

Hochachtungsvoll und ergebenst **Emil Taubert.**

Preussischer Hof

ALTENBURG

Concert-, Ball- und Garten-Etablissement ersten Ranges

Teichstrasse Nr. 4, am Rossmarkt und in nächster Nähe des Hauptmarktes gelegen.

Vielgewählte Lokalität zur Abhaltung von allen Festlichkeiten und grossen Bällen der Herren Landwirthe und deren Familienangehörigen, vieler Vereine und Gesellschaften, Hochzeiten und Jubiläen, Ausstellungen etc. etc. Grösster Concert- und Ball-Parquetsaal und Concertgarten Altenburgs. Kleiner Saal mit Nebenzimmern für kleinere Gesellschaften ausgezeichnet passend.

Einfache Zimmer mit guten Betten. Asphalt-Kegelbahn. Gute geräumige Stallungen. Grosse Auswahl warmer und kalter Speisen zu jeder Tageszeit. Gute Weine, nur von hiesigen Firmen. Vorzügliche Biere.

Prompte Bedienung.

Sonnabend, Sonntag und Montag, den 8., 9. und 10. August, findet

Der erste Deutsche Skatcongress

in obigen Räumen statt.

Heinrich Tietzsch,
Besitzer des Preussischen Hofes in Altenburg.

Hôtel
Deutsches Haus.
Brühl 2.

In nächster Nähe des Herzogl. **Residenzschlosses** gelegen.

Speisen à la carte
zu jeder Tageszeit.

E. Naumann.

Hôtel de Saxe.

1. Table d'hôte um 1 Uhr.
2. „ „ um 3 Uhr.

Fritz John.

„Scat-Sect."

Gesetzlich geschützt.

Depôt:

Franz Köller, Hamburg.

Garantirt französischer Champagner.

Der Scat-Sect empfiehlt sich besonders seiner Preiswürdigkeit und Güte wegen. Derselbe ist von den ersten Marken kaum zu unterscheiden.

Rathskeller Altenburg

hält sein anerkannt gutes Restaurant bestens empfohlen. Civile Preise. ff. Weine, Münchener Hackerbräu und diverse andere Biere.

Louis Gerth.

Frommann & Morian,
Darmstadt,
Spielkarten-Fabrik
für Inland und Export.

Tagesproduction — je nach Gattung und Blattzahl — 1500 bis 2000 Spiele.

Altenburger Landesausstellung.

Hofconditorei und Café von Gustav Böttger

Hierdurch gestatte mir die ergebenste Anzeige, dass ich die in der grossen **Industriehalle rechts** gelegene

Conditorei

übernommen habe und erlaube mir alle geehrten Besucher der Ausstellung höflichst einzuladen.

Stets reichhaltiges **Conditoreibuffet, ff. Getränke** und **Erfrischungen** aller Art, diverse Sorten **Gefrorenes** etc. etc.

Hochachtungsvoll und ergebenst **Gustav Böttger,** Hofconditor.

August Friedemann

in Altenburg,
Sporengasse 14 u. Frauengasse 2,
empfiehlt sein

Cigarren-Lager

in feinen beliebten Sorten u. größter Auswahl.

Specialitäten:

Bahia's Marke „Jose Caballeros"
à Stück 5, 6 u. 8 Pf.
Welt-Cigarre, Bremer Fabrikat,
à Stück 6 Pf.

In Originalkisten billiger.

Stadt Wien

Altenburg,
Gartenstrasse 8,
Feines Garten-Restaurant
empfiehlt sich zur
Landes-Ausstellung
den geehrten Gästen.

Geradeste Linie vom Bahnhof nach dem **Goldenen Pflug** und dem **Ausstellungsplatz.**

Aktien-Lagerbier.
Billard.
Neuangelegte
Asphalt-Kegelbahn.

Carl Richter, Conditorei und Café

Rossplan 24 • **ALTENBURG** • Rossplan 24

nächst dem Hôtel de Russie und Preussischen Hof

empfiehlt seine bestgelegenen Räumlichkeiten, sowie ein reichhaltiges **Conditorei-Büffet, kalte und warme Getränke, Eis, Eiskaffee etc. Böhmisch und Bayrisch Bier. Chocoladen, Bonbons und Ausstellungs-Bonbonnièren mit Ansichten von Altenburg.**

Ergebenst
Carl Richter, Conditor.

Tabak- und Cigarren-Fabrik.

Best assortirtes Lager von

Cigarren

empfiehlt

Eugen Gerth
(in Firma **H. Gerth**),
Altenburg, Johannisvorstadt 9.

Insel.

Empfehle mein an der Teichpromenade schön gelegenes

Insel-Restaurant.

Ueberfahrt per Gondel.

Hochfeine **Biere und sonstige Getränke,** sowie **Speisen jeder Art zu** civilen Preisen.

Hochachtungsvoll
Louis Hensge.

An die edle Skat-Zunft!

Soeben erschien und ist durch alle Buchhandlungen zu beziehen:

Der lustige Skatspieler

in der Westentasche oder Rhythmischer Spaziergang durch die Tüftologie des Skats.

Hymnologisch-kulturhistorisches, humoristisch-didaktisches Poëm in 5 Gesängen.

In zierliche Reimlein gefasset
von
Gustav von Merkendorff,
der Skatologie Sub-Vice-Doktor, der Altenburger Mysterien Geheimer Obermaurer, Mitglied von keiner gelehrten Gesellschaft.

Preis 60 Pf.

Diese kleine, mit köstlichem Humor reichlich gewürzte Schrift wird sich die Gunst aller Skater groß und klein im Sturm erobern.

Altenburg, im Jahre des Skatcongresses.

Verlagshandlung H. A. Pierer.

Die Buchhandlung von Otto Wermann in Altenburg

hat ein vollständig assortirtes Lager aller in dieser Zeitung angekündigten Bücher und Artikel, die auf das Skatspiel Bezug haben. Auswärtige Bestellungen und Anfragen finden prompte Erledigung, und werden stets die billigsten Preise in Ansatz gebracht.

tafel noch an Festkommers erinnert sich unser Mann aus Danzig. Vergleichen wir die Lieder 1886 mit denen, die Professor Hempel 1848 überliefert, so ist der Unterschied deutlich. Hempels Fest stand noch ganz unter dem Einfluß der bürgerlichen Kultur des Biedermeier mit seinen die Völker verbindenden und die Klassen zusammenführenden Idealen. Das kann man von dem Altenburger Fest nicht mehr sagen: Den Ton geben die Akademiker an; sie feiern, wie sie es als Studenten kennengelernt haben und dies wohl als «alte Herren» auch außerhalb des Skatkongresses taten. Damit wird jedoch der ausgeschlossen, der diese akademische Sozialisation nicht erfahren hat. Es ist nicht zufällig, daß das zweite Lied des Festkommers mit dem Titel «Nervus rerum» nach der Melodie «Oh alte Burschenherrlichkeit» zu singen war[162]. Das scheint auch der offizielle Charakter des Kongresses gewesen zu sein.

Obwohl Stein dies bestenfalls für einen Witz hielt: Er kam doch – der zweite Kongreß. Eine Abstimmung auf dem ersten hatte Leipzig zum Tagungsort bestimmt; in der Zeit vom 25. bis 27. Juni 1887 trafen sich die Skater ein zweites Mal[163], viele weitere Kongresse sollten folgen. Der etwas großsprecherische Charakter dieser Veranstaltungen, geprägt von den Geselligkeitsformen der «alten Burschenherrlichkeit», hielt sich wohl bis zum Ersten Weltkrieg. Die Kriegsjahre brachten eine einschneidende Veränderung, auf die noch einzugehen sein wird.

Nachspiel zum Skatkongreß. In einem Bauernfangkeller: Schutzmann: «Im Namen des Gesetzes verhafte ich die ganze Gesellschaft.» Bauernfänger: «Aber warum sollen wir keinen Kümmelblättchen-Congreß abhalten können!»

Beilage der Berliner Wespen, Nr. 33, 13. August 1886.

Nicht überall ist Skatkongreß

Kaum war der Erste Deutsche Skatkongreß zu Ende und alle Blätter hatten berichtet, daß die Nation nun auch im Kartenspiel geeint war, da ereignete sich in der Provinz etwas, worauf sich die satirischen Blätter mit Lust stürzten. In der «Nassauischen Volkszeitung» vom 6. November 1886 wird aus Hanau ein Bericht der «Freisinnigen Zeitung» zufolge zitiert:[164]

«Vor einigen Wochen saßen in unserem Nachbarstädtchen Windecken mittags 2 Uhr mehrere Lehrer im Wartesaal des Bahnhofes beim Skatspiel. Da trat der Kreissekretär (!) von hier ein, nahm Anstoß an dem Kartenspiel und trug den Fall in das Beschwerdebuch ein. Am folgenden Tage wurde ein Lehrer zur Verantwortung vor das hiesige Landrathsamt beschieden. Der geistliche Schulinspektor, zu dessen Bezirk Windecken gehört, erklärte auf Befragen, daß er nichts Rügenswerthes in dem angeblichen Vergehen fände. Unser Landrath, Graf Wilhelm von Bismarck, war anderer Meinung. Er erließ eine Verfügung, worin den Lehrern kundgegeben wurde, daß das Kartenspielen in einem öffentlichen Lokal mit dem Amte eines Volksschullehrers nicht vereinbar sei; höchstens dürfe ein Lehrer zu Hause, aber auch dort nicht um Geld spielen.» – «Hat Graf Wilhelm von Bismarck immer solche strengen Ansichten über das außeramtliche Verhalten öffentlicher Beamten vertreten?» fragt die «Freisinnige Zeitung», und es klingt wie ein Donnergrollen. Der Landrat jedoch nimmt den Fehdehandschuh auf. In der «Nassauischen Volkszeitung» vom 18. November wird eine Stellungnahme Graf Bismarcks zitiert, in der dieser auf die Veröffentlichung einer angeblich vertraulich ausgesprochenen Verwarnung eingeht. Er verweist auf den § 6 der Hanauer Schulordnung vom 7. Dezember 1853, der «neben anderen Vorschriften das ausdrückliche Verbot des Wirthshausbesuches und des Kartenspiels» enthalte.

Der Graf führt aus: «Und auch abgesehen von dieser Vorschrift wird in der Gemeinde das Ansehen des Lehrers nicht gewinnen, der als verheirateter Mann

Seiten 76 und 77: Anzeigen aus der Festzeitung zum 1. Deutschen Skatkongreß vom 7. bis 9.8.1886.

Eine ruhige Skatpartie.
Mein zukünftiger Schwiegersohn – feiner Skatspieler – Altenburger Schule – berühmter Wimmler –
Herr! mit solchen Karten ramschen Sie? Sie können von Glück sagen dass im Unfallversicherungsgesetz Entschädigung wegen Mauerns vergessen ist.
Herr! Sie bewerben sich um die Mitgift meiner Tochter und legen Null ouvert mit 'nem blanken Ass auf? Sie sind wol Hausfreund in Dalldorf? –
He-r-r! Sie haben ja wieder falsch bedient. Der Grand war ja nicht zu gewinnen! ... Nu aber raus! Rieke wirf ihm den Hut nach!

und bei steten Klagen über ungenügende Besoldung fast regelmäßig, selbst am hellen Mittage im Wirtshaus zu finden ist [...].» Die «Freisinnige Zeitung» wies darauf hin, daß diese Verordnung völlig veraltet sei. Und dann heißt es weiter, mit Anspielung auf den Lebenswandel des Grafen Bismarck: «Graf Wilh. Bismarck meint, es könne das Ansehen eines verheirateten Lehrers nicht erhöhen, wenn derselbe am hellen Mittag im Wirtshaus zu finden ist. Was aber würde man dazu sagen, wenn aus dem Umstande, daß beispielsweise ein verheirateter Landrath zur Nachtzeit in ein verschlossenes Wirtshaus durch das Fenster eingestiegen ist, um mit seinen Freunden noch geistige Getränke zu genießen, ein Regierungspräsident Veranlassung nehmen wollte, mit ähnlichen allgemeinen Betrachtungen eine allgemeine Verfügung zu erlassen über den Wirtshausbesuch der Landräthe?»

Gegen den Lehrerskat: «Gefahrlose Spiele für die Lehrer, denen der Landrath, Graf Bismarck, das Skatspiel untersagt hat.»
Berliner Wespen, Nr. 47, 19. 11. 1886.

Die Karikaturen des «Kladderadatsch» polemisieren natürlich genauso gegen die Tatsache, daß die Lehrer hier untersagt bekommen, Skat zu spielen wie gegen die autoritäre Vorgehensweise des Landrats.

Am 14. November 1886 erscheinen im «Kladderadatsch» der «Entwurf einer Skat-Ordnung für die Lehrer des Hanauer Kreises» und natürlich auch einige witzige Paraphrasen auf die Buhlesche Skatordnung. Die ersten zwei Paragraphen lauten: «Es ist zu wünschen, daß Lehrer überhaupt nicht Skat spielen. Die Jungen, mit denen sie sich beschäftigen sollen, finden sie in ihrer Klasse, nicht auf dem Kartentisch. Das Spielen in öffentlichen Localen, das schon hinreichend von Juristen, Medicinern, Kaufleuten usw. besorgt wird, ist den Lehrern unbedingt verboten [...].» Dies läßt den Zeitungen keine Ruhe. Am 2. Dezember 1886 wartet das «Frankfurter Journal» mit einem Gedicht auf, das im «Offenbacher Kurier» erschienen ist. Das Gedicht ist ein wohlmeinender Rat für Landschullehrer: «Es seien Whist und L'Hombre Dir, auch Schafkopf nicht sympathisch. Der Übel größtes aber ist, der wirtshäusliche Skattisch.»

Wie in einem Großteil der Skatgedichte wird doppelsinnig mit Skatausdrükken wie «reizen», «drücken» und »schwarz werden» gearbeitet.

Auch der «Kladderadatsch» läßt nicht locker; am 28. November 1886 bringt er auf der Titelseite eine Meldung: «In Hanau haben die Schüler der höheren Lehranstalten beschlossen, dem Landrath Graf Wilhelm Bismarck einen Fackelzug zu bringen aus Freude darüber, daß er den Lehrern den Besuch der Wirthshäuser verboten hat. Jetzt können sie, die Schüler, doch ohne Furcht abgefaßt zu werden, dem fröhlichen Kneipleben sich widmen. Wenn sie aber einmal mit dem Herrn Landrath selbst zwischen 12 und 3 Uhr in einem Wirthshaus zusammentreffen sollten, wird er gewiß nicht so hart sein, sie anzugehen.»

Wir sehen hier sehr deutlich, daß trotz Amtsgerichtsrat Buhle und Skatkongreß noch erhebliche moralische Vorbehalte gegen das Kartenspiel, was als Wirtshausspiel schnell mit dem Skatspiel identisch wurde, bestehen. L'Hombre, Whist spielte man zu Hause, es waren Spiele, an denen sich gerne und häufig Frauen beteiligten. Aber das Spiel in der Öffentlichkeit wurde eben doch nicht als schicklich angesehen, selbst nicht für Männer, geschweige für Frauen.

Diese Auffassung wird recht kategorisch in einer Diskussion, die in der Zeitung «Die Grenzboten» geführt worden ist, vertreten. Am 31. Juli 1888 druckt der «General-Anzeiger» der Stadt Frankfurt am Main eine Stellungnahme der «Grenzboten» gegen das Skatspielen ab: «Nach meiner Überzeugung trägt zur Nervosität der Männer der Skat und das durch ihn veranlaßte gewohnheitsmäßige stundenlange Kneipensitzen, der Aufenthalt in den meist unzureichend gelüfteten qualmerfüllten Zimmern, ganz abgesehen vom Biertrinken,

Seite 79:
Beilage zu «Bunte Welt», 12. Mai 1886.

ULK

Illustrirtes Wochenblatt für Humor und Satire

Wieso und wann das Blatt erscheint.
Täglich wird viel Ulk gemacht,
Donnerstag wird er gebracht.

Wo man auf den Ulk abonniren kann.
Buchhandlungen und Zeitungs-Spediteure,
Die rechnen sich's zur ganz besond'ren Ehre.

Familienverhältnisse des Ulk.
Scherenberg der illustrirt,
Siegmund Haber redigirt.

Preis des Blattes.
Euch kostet dieser Ulk — es ist nicht arg —
Quartaliter zwei und 'ne Viertel Mark.

Entre nous.
Abonnent vom Tageblatt
Kriegt ihn gratis, als Rabatt.

Einzelverkauf.
Für fünfundzwanzig Pfennig eine Nummer,
Ob's nicht zu billig, das ist unser Kummer.

Nummer 47 | Berlin, 25. November 1886 | 15. Jahrgang

Moderne Tantalusse.

Die Schullehrer des Hanauer Kreises.

mehr bei, als die Last der Berufsarbeit. Alle Stände sind von der Krankheit ergriffen, des Bauern, des Arbeiters Sonntagsvergnügen (blauer Montag und gelegentlich andere Tage auch mit eingeschlossen), was ist's? Der Skat. Junge Kaufleute haben kaum den letzten Bissen ihrer Mittagsmahlzeit hinunter, so rufen sie dem Kellner: Abräumen! Skatkarte! Die Zeit bis zum Anfang des Nachmittagsdienstes muß noch würdig gefüllt werden. Die Soldaten in den Kasernen, die Offiziere in den Casinos, womit pflegen sie ganz vorzugsweise Collegialität? Mit dem Skat! [...] Ich kam einmal in ein thüringisches Walddorf, um den Pfarrer zu besuchen. Ich war sehr staubig vom langen Wege, suchte darum erst das recht bescheidene Wirtshaus auf, und wer sitzt, am Sonntag Nachmittag, bei prächtigstem Wetter in dem engen niedrigen Wirtshauszimmer? Mein Freund der Pfarrer, dazu der Lehrer, der Förster und der Schultheiß – am Skattisch [...].» Diesen Bericht kommentiert der «General-Anzeiger»: «Die immer wachsende Schaar der Anhänger des Skat wird sich übrigens durch die Lamentationen des Murrkopfes nicht sehr anfechten lassen.»

Aus dem Graf Bill'schen Landrathsamt: «Schulinspektor: Abgefaßt, Sie kommen aus dem Bierhaus, trotzdem Sie ein Lehrer sind. Lehrer: Soll ich etwa als Voller aus dem Wirthshaus kommen?» Berliner Wespen, Nr. 48, 26. 11. 1886.

Diese Argumente hören wir zu Ende des Jahrhunderts häufiger. Die Angriffe kommen von den meist Jüngeren, die das Leben in den Großstädten, das sie ungesund und muffig, auch im geistigen Sinne, finden. Der Protest geht gleichermaßen von bürgerlicher wie von proletarischer Seite aus, und die Jugendbewegung, die zu Beginn des neuen Jahrhunderts Unruhe in die miefige Beschaulichkeit bringt, ist eine Form der Antwort darauf, die Lebensreform, die gesunde, natürliche Nahrung und Lebensweise betont, eine andere.

Ein Teil der Arbeiterbewegung griff diesen Standpunkt auf. So kann es uns nicht wundern, wenn kurz nach dem «Grenzboten» auch die «Socialistische Correspondenz» folgende geharnischte Philippika losläßt[165]: «Kein Verständiger wird, abgesehen von den eigentlichen Glücksspielern, alle Kartenspiele: Whist, L'Hombre, Scat u.s.w. in die Acht erklären wollen. Sie bieten eine nicht leicht durch anderes zu ersetzende harmlose Zerstreuung in Stunden, die weder für ernste Arbeit noch muntere Gespräche, noch Bewegung im Freien verwendet werden können, namentlich auch für ältere Leute, die bei Lampenlicht ihre Augen nicht mit Lesen anstrengen wollen; immerhin darf jenen auch zugestanden werden, daß sie durch Aufmerksamkeit, das Gedächtnis und andere geistige Fähigkeiten üben und schärfen können. Zweifellos Recht haben die ‹Grenzboten› wenn sie ausdrücklich Einspruch erheben wider die Art, wie in Deutschland das Scatspiel neuerdings betrieben wird, und daß sie darin, nachdem es gar congreßfähig geworden, eine nationale Gefahr sehen. Denn so ist es nicht blos eine unverantwortliche Zeitverschwendung, sondern fördert auch die ohnehin überhand nehmende Nervosität, stört und versumpft den anregenden geselligen Verkehr und begünstigt das regelmäßige, endlos lange Festkleben in schlecht gelüfteten, qualmigen Kneipen, sowie den Trunk. Fast alle Stände und Altersklassen sind von der Scatseuche ergriffen, zahllose Arbeiter, Bauern, Dienstboten, Soldaten, Offiziere, Beamte, Lehrer, junge Schüler fröhnen eifrig und täglich der Scatleidenschaft. Wie dabei Gesundheit, die Arbeit des Berufes und der allgemeinen Bildung, die Bewegung im Freien fahren, springt in die Augen. Diese üble Gewohnheit setzt sich, wie so viele andere allmählich fester, unterjocht die Willensfreiheit und wird zum Laster. Aus Gerichtsverhandlungen hat sich bereits ergeben, daß Scatverluste zu Veruntreuungen und Diebereien geführt haben. Eltern, Lehrer, Prinzipale sollten allen Ernstes den Umfang nach Kräften einzuschränken trachten.»

Wir sehen hier, daß das Skatspiel nicht mehr wie zu Zeiten der Hempels für die Verbundenheit der Bürger mit den Landleuten steht, sondern nun für den muffigen Lebensstil der alten Zeit des Kaiserreiches. Die neue Bemühung um ein naturnahes Leben, die etwa in der Arbeiterbewegung Kampagnen gegen Alkohol, Nikotin und Kneipensitzen auslöse, sieht auch im Skatspiel ein Symbol für spießige Lebensart. Dabei ist es, wie aus beiden Artikeln deutlich wird, nicht das Skatspiel selbst, das man bekämpft, sondern die Lebensart, zu der es auch gehört. Natürlich polemisieren die Jungen gleichermaßen gegen verlogene Moral eines Grafen Bismarck wie gegen die alte Burschenherrlichkeit. Romane wie Heinrich Manns «Untertan», erschienen 1914, artikulieren diese Vorwürfe; hier sind immer wieder die Achtundvierziger zu finden, unsere Hempels, die noch für bürgerliche Moral stehen. Diesen Gegensatz, der das späte Kaiserreich prägt, müssen wir sehen, um die beiden Artikel richtig beurteilen zu können.

Die Skatkarte

Zu Beginn des Jahrhunderts maß man den deutschen Spielkartenfarben eine besondere Bedeutung bei, die damit zusammenhängt, daß sowohl das einfache Leben der Landleute als auch die nationale Geschichte neu bewertet wurde. Die Schafkopfspieler im Erzgebirge wie im Thüringischen haben die Karten mit deutschen Farbzeichen verwendet, wahrscheinlich die in Sachsen verbreiteten «Deutschen Schwerdter-Karten». Mit der Verbreitung des Skatspiels auch in Nord- und Westdeutschland ergab sich ein neues Problem: Hier spielte man schon seit langer Zeit nicht mit den deutschen, sondern mit den französischen Farbzeichen.

Die Entwicklung dieser west- und norddeutschen Spielkarten kann nur kurz angedeutet werden. Seit dem 16. Jahrhundert sind auch im deutschsprachigen Gebiet Karten mit französischen Farbzeichen nachweisbar[166]. Das hat nicht zuletzt seinen Grund darin, daß diese Karten mit sehr viel weniger Arbeitsaufwand herzustellen waren. Hinzu kommt, daß sich die Bilder, die in den einzelnen Landschaften Frankreichs üblich waren, sehr viel stärker ähnelten als die der deutschen oder italienischen Landschaften.

Das alles führte dazu, daß sich Spielkarten mit französischen Farbzeichen nicht nur in England – wo es vorher noch keine Spielkarten gab –, sondern auch in Teilen Deutschlands und Italiens durchsetzten. Manche Spiele, die etwa im 18. Jahrhundert mit der französischen Kultur nach Deutschland kamen, wurden auch mit französischen Farben gespielt: L'Hombre und Pharo, um nur zwei zu nennen, die wir schon kennengelernt haben[167].

Die Französische Revolution beseitigte nicht nur den König, sie eliminierte gleichermaßen die Spielkartenkönige. Auch in Deutschland wurde die traditionelle Spielkarte mit französischen Farben umgestaltet; die Cottaschen Spielkarten-Almanache, über die wir schon gesprochen haben, sind ein Beispiel dafür. Die durchgreifendste Neugestaltung stammt jedoch von Philipp Otto Runge[168]. Er hat nicht nur die französischen Spielkartenfiguren mit modernen Gesichtern versehen, sondern auch in Zusammenarbeit mit dem Holzstecher Gubitz das Problem der Doppelköpfigkeit neu durchdacht. Tatsächlich sind seine Karten über die Horizontale echt gespiegelt. An der Spiegelachse, wo beide Hälften zusammenstoßen, hat er die entsprechenden Kleidungsstücke, etwa die Gürtel, halb gezeichnet, so daß sie erst doppelfigurig zu einem Ganzen werden. Seine Lösungsversuche sind sowohl von der Spielkartenliteratur als auch von den Spielern akzeptiert worden. Es gibt diese Karten heute nicht nur in Liebhaberausgaben; er hat sie seinerzeit auch als Handkarten für die Spieler entworfen.

Entwurf einer Skat-Ordnung

«Nur für die Lehrer des Hanauer Kreises.

Es ist zu wünschen, daß Lehrer überhaupt nicht Skat spielen. Die Jungen, mit denen sie sich beschäftigen sollen, finden sie in ihrer Klasse, aber nicht auf dem Kartentische.

Das Spielen in öffentlichen Localen, das schon hinreichend von Juristen, Medicinern, Kaufleuten u.s.w. besorgt wird, ist den Lehrern unbedingt verboten.

Das Spielen zu Hause ist unter Umständen gestattet, doch hat der Inhaber der Stube acht Tage vorher schriftlich die Genehmigung des Herrn Landraths zu erbitten. Die Namen der Mitspieler sind dabei genau anzugeben.

Das Spielen um Geld, das in allen anderen Ständen eifrig geübt wird, ist den Lehrern als unsittlich strengstens untersagt.

Das Ausspielen von Bier (sog. Bierskat) ist um so weniger gestattet, als überhaupt der Genuß von Getränken während des Spiels verboten werden muß. Eine Gestattung desselben würde einer directen Verletzung zum stillen oder Haus-Trunk gleichkommen. Gegen den mäßigen Genuß von Wasser ist nichts einzuwenden.

Der Kreissecretär hat das Recht, das Spielzimmer zu jeder Zeit zu inspiciren und über die genaue Befolgung des vorhergehenden Paragraphen zu wachen.

Am besten ist es, wenn bei dem Spiel auf jeden Einsatz verzichtet wird; soll aber durchaus um etwas gespielt werden, so darf dies nur die Ehre sein. Diese Bestimmung ist zugleich geeignet, dem sogenannten Mauern entgegenzuwirken.

Soll das Spiel einen schärferen Charakter annehmen, so kann ausgemacht werden, daß derjenige, welcher beim Schluß am schlechtesten steht, eine kleine Rede, ein Sonett, oder mindestens ein Schnaderhüpfl zum Lobe des Landraths zu improvisiren hat.»

Aus: Kladderadatsch, Nr. 52 und 53 vom 14. November 1886

Spielkarten aus der Zeit der Französischen Revolution nach Entwürfen von Saint-Simon, 1793. DSM Inv.-Nr. B 209

Für den Hamburger Runge beziehungsweise seinen Auftraggeber, den Kartenmacher Forsmann, war es gar nicht denkbar, Karten mit deutschen Farbzeichen für den Markt zu entwickeln; niemand hätte damit in Norddeutschland gespielt. Auf der anderen Seite hatten sich die französischen Spielkarten in Frankreich vollständig verändert. Der Maler der Revolution, Jacques Louis David, hatte neue einfigurige Karten entworfen; seine Entwürfe sind mehrfach geändert worden, bilden jedoch die Grundlage des noch heute in Frankreich gespielten Bildes, das sich nach der Revolution durchsetzte. Damit haben wir um 1820 viele unterschiedliche Bilder mit französischen Farben:

1. In England hat sich das vorrevolutionäre Bild gehalten; es wanderte mit der englischen Kultur in die Kolonien; heute kennen wir diese Karten als «Pokerkarten» oder – etwas fachmännischer – als internationales Bild.

2. Frankreich spielte mit dem nachrevolutionären Bild, das auch heute noch gültig ist.

3. In Deutschland – partikularistisch wie man hier war – gab es sehr verschiedene Zweige vom französischen Stamm; Runge lieferte jedoch die zukunftsträchtigste Fassung. Sie war Grundlage für eine eigene Entwicklung, die in den siebziger Jahren bei dem französischen Bild in Deutschland anlangte, mit dem heute vor allem Skat gespielt wird. Dieses Bild wurde von der Altenburg-Stralsunder Spielkartenfabrik verbreitet[169], die ihre Monopolstellung während des Kaiserreichs ausbaute und damit auch das heute bekannte Bild durchsetzte. Im Westen, hier dominierte die Firma Wüst, spielte man mit einem eigenen Bild[170].

In Unkenntnis dieser Geschichte machen sich Buhle und seine Mitstreiter die Durchsetzung der deutschen Spielkarte zur Aufgabe. Dabei übersehen sie – wie auch bei den Spielregeln – daß sie, indem sie für die deutschen Farben kämpfen, lediglich ihrem «Kantönligeist» frönen. Die «deutschen Karten» der Nord- und Westdeutschen sind die dortigen französischen Farben, welche auf jeden Fall ältere nationale Karten sind als etwa das sogenannte preußische Bild. Aber hier ging es ja, wie wir schon gesehen haben, um eine nationale Sendung, und so wird auf dem Ersten Deutschen Skatkongreß folgender Beschluß angenommen: «Jeder deutsche Skatspieler, insbesondere aber jeder Skatklub und jede Zeitschrift, welche den Skat in ihre Spalten aufgenommen, muß es als eine Ehrenpflicht betrachten, für den Skat die deutsche Karte als die allein berechtigte zu gebrauchen und nach Kräften dahin zu wirken, daß die französischen Karten und die französischen Bezeichnungen in Zukunft beseitigt werden.»[171]

Wir haben schon erfahren, daß hier sehr engagierter Widerspruch erfolgte, so daß die Angabe in der Festzeitung zum Zweiten Deutschen Skatkongreß 1887, dieser Beschluß sei einstimmig angenommen worden, so ganz nicht stimmen kann. Tatsächlich muß Buhle auch mit seinem Lehrbuch die Erfahrung machen, daß es sich in manchen Gegenden nicht absetzen läßt, da es die Skatregeln nur anhand der deutschen Karte erläutert. Mit der zweiten Auflage gibt es also auch eine Ausgabe, welche die französischen Farbzeichen verwendet. Buhle versichert jedoch im Vorwort: «Es beruht dies nicht auf einer Sinnesänderung des Verfassers, welcher nach wie vor der Meinung ist, daß der deutsche Skat auch mit deutschen Karten gespielt werden sollte.»[172]

Der zweite Skatkongreß in Leipzig hat in seinem Einladungsgedicht, das die Titelseite der Festzeitung ziert, die Buhlesche Politik in Verse gebracht[173]:

«Vor allem ist's ein deutsches Spiel,
und nicht ein importiertes,

Seite 85:
Spielkarten, von Otto Philipp Runge hergestellt in Zusammenarbeit mit dem Holzstecher Friedrich Wilhelm Gubitz, 1809/10. Diese Neugestaltung des französischen Kartenbildes war richtungweisend für die Spielkarten mit französischen Farben, mit denen heute noch in Deutschland gespielt wird. DSM Inv.-Nr. 1978–149

PALLAS
JUDITH
ARGINE
ESTHER
DAVID
CHARLES
ALEXANDRE
CEZAR

Das sogenannte Internationale Bild, auch Pokerkarte genannt. Dieses Bild hat sich international durchgesetzt, man spielt damit beispielsweise in England, USA, Indien, Japan und China. ASS, Leinfelden-Echterdingen

drum stärkts das Nationalgefühl,
ein Eichelwappen führt es;
fort mit dem Treffpiquecœurcarreau,
der wahren Skatlust wird man froh
nur mit der deutschen Karte [...].»

Daß auf diesem zweiten Kongreß vorrangig sächsisch-thüringische Skater waren, wird schon dadurch deutlich, daß man «fast einstimmig» für Dresden als Tagungsort des dritten Kongresses votiert und eine Einladung nach Berlin ablehnt. Statt der 1200, mit denen das Komitee gerechnet hatte, erschienen nur 680 Spieler; diese allerdings spielen bis auf acht tapfere Außenseiter mit der deutschen Karte. Die harte Durchsetzung einer Observanz führte also dazu, daß die Unterdrückten erst gar nicht erschienen. Bis zum dritten Kongreß sollte es deshalb zwölf Jahre dauern.

Die divergierenden Meinungen auf einer Karte zusammenzufassen, also deutsche und französische Farbzeichen auf einer Karte zu kombinieren, war die Aufgabe, vor der nun die Hersteller standen. Über die Kongreßkarte hat Wolfgang Suma[174] eine sorgfältige Untersuchung vorgelegt.

Aus der Zeit um 1887 kann er drei Versuche belegen. Die Firma Wüst aus Frankfurt am Main hatte wohl die Hoffnung, die offizielle Kongreßkarte liefern zu können. Nachdem dies nicht gelang, nannte man das Spiel in «Leipziger Besuchskarte» um. Mit einer Diagonalen wird die deutsche von der französischen Hälfte getrennt, so daß sich jeder Spieler seinen Fächer deutsch oder französisch stecken kann. Als deutsche Farbe gilt natürlich nicht das fränkische oder bayerische Bild, sondern die in Sachsen und Thüringen vertraute «Schwerdter-Karte»; das französische Bild ist das in Frankfurt übliche.

Mit seiner «Deutschen Bombenkarte» von 1887 geht Franz Woas aus Berlin ein Stück weiter. Er versucht eine Kombination aus dem deutschen und dem französischen Kartenbild herzustellen. Könige, Damen und Buben (= Unter) sind mit stilisierten, den französischen angenäherten deutschen Farbzeichen versehen.

Bei einem Spiel, das Wolfgang Suma besitzt, befindet sich ein Faltblatt mit folgendem Text:

«Noch immer kämpfen die deutschen (Eichel-) und die französischen Karten miteinander. Die ersten haben den Vorzug, als deutsche zu gelten, sind aber bei weitem nicht so leicht spielbar wie die französischen, so daß thatsächlich kaum ein Drittel aller in Deutschland benutzten Karten von ‹deutschem› Muster sind. Auf die Dauer kann sich aber der Deutsche denn doch nicht das geschmacklose fremdländische Muster gefallen lassen; er hat die deutsche Landkarte geändert und kann auch die Spielkarten ändern. So ist es von allen deutschen Kartenspielern freudig begrüßt worden, daß eine neue Spielkarte erfunden worden ist, welche die Vorzüge der beiden bestehenden Muster vereinigt, nämlich die originalen Abzeichen der deutschen und die praktische Anordnung der französischen Karte [...].»[175]

Die dritte Spielkarte, die wohl zum Kongreß erschien, ist mit dem Namen «Fröhlichs Patentkarte» versehen. Die Karte wird durch eine horizontale Linie geteilt, halb zeigt sie das übliche Stralsunder Bild, halb das preußische. Obwohl es bis jetzt Wolfgang Suma nicht gelang, die Firma Fröhlich in Leipzig ausfindig zu machen, nimmt er an, daß auch dieses Spiel zum zweiten Skatkongreß in Leipzig hergestellt wurde[176].

Erst 1927, zum elften Kongreß, wurde eine offizielle Kongreßkarte heraus-

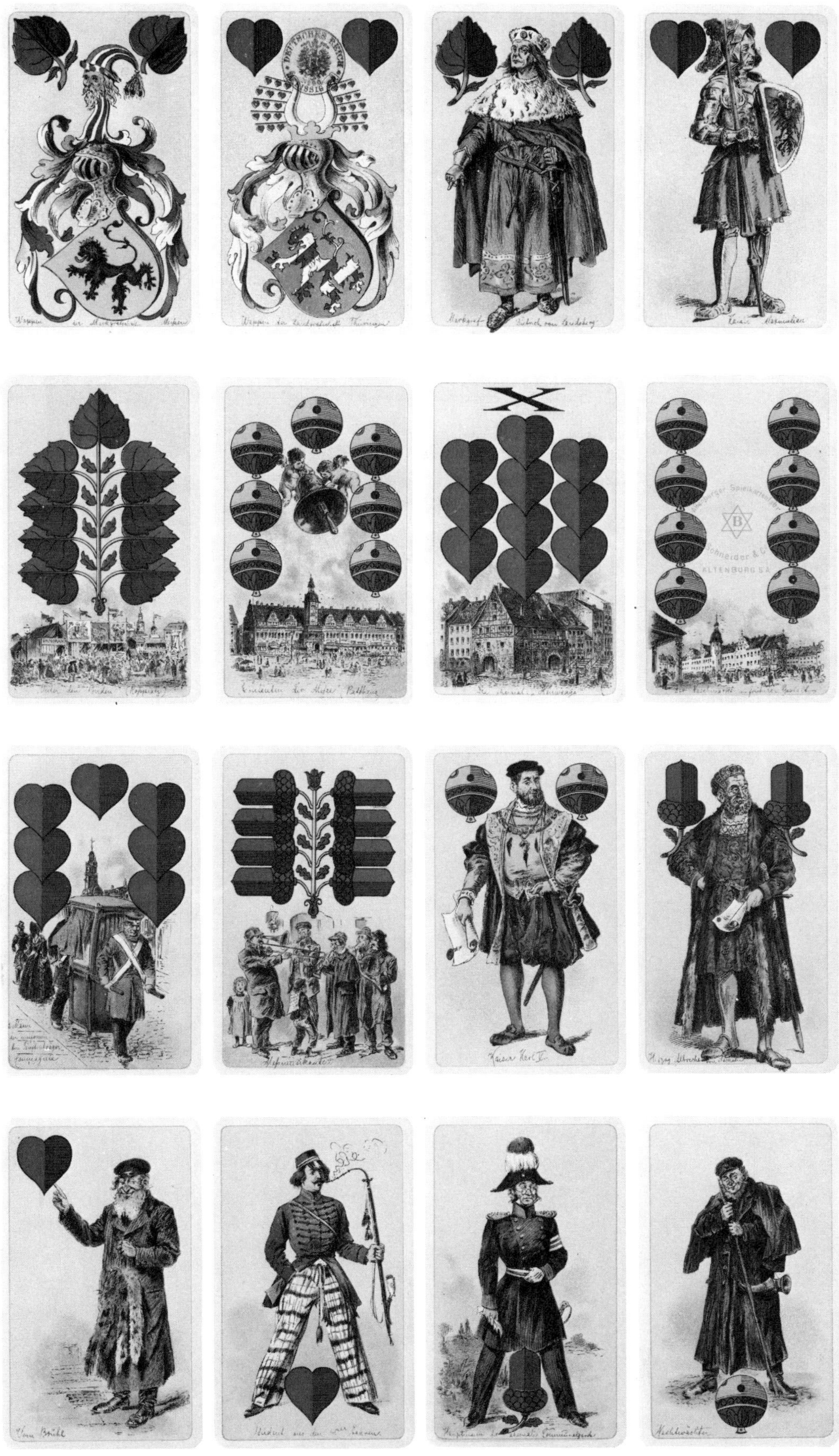

«Leipziger Skat-Larte» oder «Leipziger Messe-Skatkarte». Dieses Spiel erschien 1897 zum 400jährigen Jubiläum der Sächsisch-Thüringischen Industrie- und Gewerbe-Ausstellung. Dem Spiel ist ein Textheftchen beigelegt, in dem die einzelnen Karten erläutert werden.
DSM Inv.-Nr. 1981–36

Eichel Unter

Der Hauptmann von der Gommunalgard'
War Sie ä prächt' ges Exemplar,
An Geist und Görper war er stahlhart
Von Herzen niemals ä Barbar;
Doch durfte Niemand sich erfrechen
Und stechen ihn beim Mädchen aus –
Den «Alten darf ooch Niemand stechen,
Gee Wenzel nicht und ooch ge Daus.»

Eichel Neun

Ich muß gesteh'n, 'ne Eicheln-Neine,
Wie dasteht dort mit gihnem Schwung,
Ist werklich doch 'ne recht gemeine,
Unpassende «Erinnerung».
Wenn ich ä Andenken erhalte,
Muß es bewundern Jedermann,
Ne, dazu paßte nur der «Alte»,
Ne Neine seh ich gar nicht an!

Eichel Zehn

Wenn ich die Tuchhalle betrachte,
Von Händlern einst so frequentirt,
Rollt mir der Wehmuth Zähre sachte,
Daß sie jetzt fast depossedirt.
Ein Trost – in ziemlich großer Dose
Trinkt jetzt der Bürger in dem Haus
Die viel gepriesne Leipzger Gose
Und läuft zuweilen schleunigst 'raus.

Eichel Ober

Den Eckensteher von der Messe,
Mit Lederschurzfell und mit Strick,
Sah man bei Wetter, Wind und Nässe,
Die niedre Mütze im Genick;
Die Nase röthlich, wie Zinnober, –
– Ein Schnäpschen that ihm manchmal
  Noth, –
So steht er da, der Eichel Ober,
Ein Mann von echten Korn und Schrot.

Baumgaertner

gegeben; sie kombiniert über einer horizontalen Spiegelachse das übliche Stralsunder, französische, Bild mit dem deutsch-sächsischen.[177]

Neben diesen Sonderanfertigungen ist die Zahl der Skatspielkarten Legion. Im letzten Viertel des vorigen Jahrhunderts wird es immer üblicher, jedes Spiel mit 32 Blatt auf der Verpackung als «Skat-Karte» zu deklarieren, ein Brauch, der sich bis heute gehalten hat und sicher darin begründet ist, daß Skat nun mal das bei weitem häufigste Spiel ist, welches man mit einem auf 32 Blatt gekürzten Spiel in Deutschland spielt.

Der Kampf für die ausschließliche Verwendung der deutschen Karte blieb ohne Erfolg. Wie sagte doch Stein: «Usus tyrannus». 1930 bemerkt ein Spielbuch: «Es sind Bestrebungen im Gange, alle Bezeichnungen im Skat zu verdeutschen und ihn auch in Norddeutschland mit deutschen Karten zu spielen; leider macht diese Bewegung nur langsam Fortschritte, denn die französischen Karten wie Ausdrücke sind schier unausrottbar in norddeutschen Spielerkreisen verankert.»[178] Heute, wo die nationalistische Großsprecherei fast vergessen ist und alles nach den Gesetzen effektiver Produktion genormt wird, mag ein Spieler gern wieder zur deutschen Karte greifen.

Seiten 88 und 89:
Karten von Otto Baumgarten, Berlin, 1. Viertel 19. Jh. Kupferstich, teilweise mit Schablone koloriert. Wahrscheinlich ist dieses Skatspiel von dem Tarockspiel auf Seite 28 übriggeblieben. Das Lederetui mit Schreibblock und Drehbleistift stammt aus der Zeit um 1880. Damals wurde aus dem dann fragmentarischen Tarockspiel das Skatspiel, das somit das älteste ist, zusammengestellt. DSM Inv.-Nr. B 1290

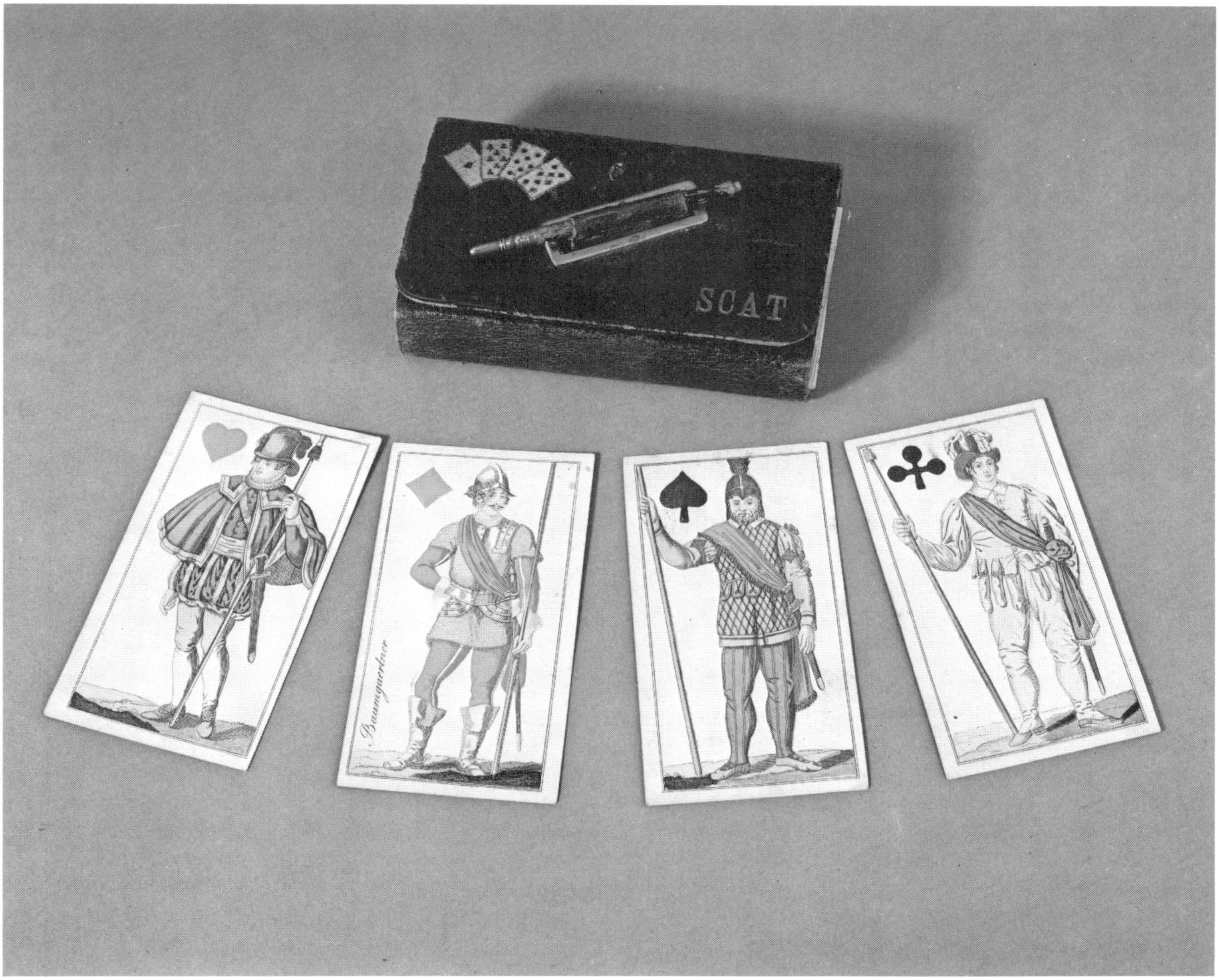

Kongreß-Spielkarten. Die Meinungsverschiedenheiten unter den Skatspielern, ob mit deutschen oder französischen Farben gespielt werden soll, führten dazu, daß Versuche unternommen wurden, beide Farbsysteme auf einer Karte zu vereinen. Aus der Zeit um 1887, also nach dem ersten deutschen Skatkongreß, kennen wir mehrere Entwürfe; soweit feststellbar, wurde aber erst beim 11. Deutschen Skatkongreß 1927 mit der sogenannten Kongreßkarte gespielt. In jüngster Zeit gibt es Versuche, das internationale Bild mit dem französischen Bild in Deutschland zu vereinen.

Kongreßkarte oder «Leipziger Besuchskarte». C.L. Wüst, Frankfurt/M., um 1887. Mit einer Diagonale wird die deutsche von der französischen Farbe getrennt, so daß der Spieler sich seinen Fächer mit der ihm vertrauten Farbe stecken konnte. Als Grundlage dient die «Schwerdter-Karte» einerseits, andererseits das in Frankfurt/M. und Westdeutschland übliche Bild mit französischen Farben.
DSM Inv.-Nr. B 415

«Deutsche Bombenkarte» von Franz Woas, Berlin, datiert auf Schellen-Bube «1887». Woas versucht eine Kombination aus dem deutschen und französischen Kartenbild herzustellen. Dem Spiel war ursprünglich ein Faltblatt beigegeben, das Aufschluß über die Vorstellungen des Künstlers zu seinem Entwurf gibt: «Die der neuen Bomben-Spielkarte zu Grunde liegende Idee ist folgende: Die vier verschiedenen Abzeichen der Karten werden durch die vier deutschen Königreiche Preussen, Bayern, Sachsen und Württemberg dargestellt, und zwar sind diese Abzeichen so vertheilt, da Preussen als das mächtigste unter diesen Reichen das im Skatspiel werthvollste Abzeichen, Eichel oder Treff, erhielt und die übrigen sich in die an Abzeichen ihrer Grösse entsprechend theilen, so dass also Bayern Grün (Pique), Sachsen Roth (Coeur) und Württemberg Schellen (Carreau) erhielt. Diese Theilung in vier Landsmannschaften geht durch das gesamte Spiel ...» (vgl. dazu Anm. 175).
DSM Inv.-Nr. A 731 a

«Fröhlich's Patentkarte» von Eckert & Zahn Nachf., Leipzig, um 1887. Die Karten sind in einer horizontalen Linie getrennt und zeigen auf der einen Hälfte das preußische Bild, auf der anderen das Stralsunder Bild mit französischen Farben. DSM Inv.-Nr. B 439

Altenburger Kongreßkarte, Vereinigte Stralsunder Spielkartenfabriken A.G., Werk Altenburg in Thüringen, um 1927 (DSM Inv.-Nr. B 367). Diese von nun an offizielle Kongreßkarte kombiniert über eine horizontale «Spiegelachse» das übliche Stralsunder französische Bild mit dem deutsch-sächsischen. Das oben beschriebene Spiel zeigt auf der Originalschachtel die Beschriftung: «Die Spielkarte des 12. Deutschen Skatkongresses», der 1928 stattfand. Daß die Kongreßkarte bereits auf dem 11. Kongreß gespielt wurde, geht aus den «Bedingungen für die Kongreßturniere» zum 11. Skatkongreß hervor, wo es unter § 9 heißt: «Gespielt wird mit der Kongreßkarte, die sowohl die deutschen als auch die Treffbilder zeigt.»

Die Gründung des Deutschen Skatverbandes 1899

«Welche Spielkarten der Kaiser benutzte, verrät Heinrich Lee in einer längeren Plauderei, die die Überschrift führt: ‹Im Kartenland›. Damit ist natürlich die klassische Heimath des Skatspiels, Sachsen-Altenburg gemeint. Die hier hergestellte Karte, die sogen. Sächsische Doppelkarte, die in den naiven Figuren von der preussischen abweicht, wird auch an den Berliner Hof geliefert. Der Kaiser spielt mit dieser Karte Skat. Bei einem Besuch am Altenburger Hof hat sie sein Gefallen erweckt. Der Rücken dieser Karte ist nach der besonderen Angabe des Kaisers hergestellt, blauer Schraffierung mit einem Pferdekopf in der Mitte. Zu den Nordlandreisen macht das Hofmarschallamt immer besonders

Kongreßkarten mit französischem Bild. Vereinigte Altenburger und Stralsunder Spielkartenfabriken AG, Leinfelden-Echterdingen, für «Skat Express». Die Bestrebungen, die unterschiedlichen Farbsysteme auf einer Karte zu vereinen, setzen sich heute – da überwiegend mit französischen Farben gespielt wird – damit auseinander, das sogenannte internationale Bild und das Bild mit französischen Farben in Deutschland auf einer Karte zu verbinden. Benutzt werden diese Kongreßkarten immer dann, wenn Teilnehmer aus aller Welt sich zu einem Skatturnier treffen.

zahlreiche Bestellungen. Im Handel kostet diese Karte eine Mark das Spiel. Zu anderen Spielen benutzt der Kaiser französische Karten. Auch diese bezieht das Hofmarschallamt aus der Altenburger Fabrik und zwar eine besonders schön und reich ausgestattete und geschmackvolle Species, im Handel unter dem Namen ‹Kaiserkarte›.»[179]

Mit diesem Hinweis erfahren wir nicht nur, daß der Monarch Glück hat, sondern auch, daß die Geschichte des Skatspiels in der zweiten Hälfte des Jahrhunderts nicht ohne die Spielkartenindustrie gesehen werden kann. Seit Beginn des 18. Jahrhunderts wurden auf die Spielkarten Verbrauchsabgaben erhoben; es bestand ein Einfuhrverbot gegen fremde Spielkarten. Auch zu Beginn des 19. Jahrhunderts, nach der Neuordnung durch den Wiener Kongreß, wurden in den oft kleinen deutschen Staaten neue Fabriken gegründet, die unter dem Schutz des jeweiligen Landesfürsten standen. Sie nahmen innerhalb des Staates eine Monopolstellung ein. Den Rückhalt durch den jeweiligen Souverän verloren sie in dem Maße, in dem Gesichtspunkte des Freihandels dominierend wurden, beginnend mit der Machtposition Preußens im 1866 gegründeten Norddeutschen Bund, endend mit der Ausrufung des Deutschen Reiches 1871.

Seite 93:
Erste Seite der «Deutschen Skatzeitung», die von Robert Fuchs herausgegeben wurde.

(667) Schubert.

Die „Deutsche Skat-Zeitung" erscheint wöchentlich einmal und kostet durch den Buchhandel 1,20 M., vom Verlag direkt unter Kreuzband 1,50 M. pro Quartal. Vom 1. Januar 1898 ab nimmt auch jede Postanstalt Abonnements entgegen.

Insertionsgebühren die viergespaltene Petitzeile oder deren Raum 40 Pf. Bei mehrmaliger Aufgabe entsprechender Rabatt.

Aufruf an das skatspielende Deutschland!

Aus Altenburg, der Wiege des Skatspiels, ertönt der Ruf, der durch alle deutschen Gauen klingen möge, freudigen Widerhall weckend bei allen, die Sinn und Verehrung haben für eines der edelsten, scharfsinnigsten Spiele, der Ruf, mitzuhelfen aus allen Kräften, dass nicht länger dies herzerfreuende und den Geist stärkende Spiel in der Oeffentlichkeit hinter anderen zurückstehe, dass es gleichfalls in der Presse würdig vertreten sei.

Volles Recht den vier Wenzeln!

Das sei unsere Parole, um alle unsere Gegner aus dem Felde zu schlagen. Mit scharfer Waffe und freudigem Schaffensmute werden wir stets auf dem Plane erscheinen, um einer Sache zu ihrem Rechte zu verhelfen, welche es verdient, mit dem Aufgebot der ganzen Geistes- und Witzeskraft für sie zu Felde zu ziehen.

Das deutsche Skatspiel, das Spiel, welches, nicht in stolzen Palästen geboren, sondern in Wahrheit dem Volke entsprossen, schon seit fast einem Jahrhundert seinen mächtigen Einfluss ausübt, ist es, dem wir uns mit Herz und Hand gewidmet haben, um ihm einen Platz in der Sport- und Spielwelt Deutschlands zu verschaffen, welcher seiner hohen Bedeutung und geistigen Feinheit würdig ist.

Was gleicht wohl von allen Spielen und Unterhaltungen einem echten, feinpointierten Skat? — Wie vermag sich nicht ein jeder, vom frühen Mannesalter bis hinan an die Grenze des ehrwürdigen Greises, an einem hübschen Spielchen zu erfreuen! Nicht geübte Körperkraft, nicht waghalsige Geschicklichkeit, wie bei vielen anderen Spielen, ist notwendig, um einen deutschen Skat zu arrangieren: nur drei, mit dem Werte der 32 Blätter vertraute Menschen brauchen sich zusammenzuthun, um einer geistreichen Unterhaltung sich zu widmen, welche wohl kaum ein anderes Spiel in dieser Weise zu bieten vermag.

Post- und Einladungskarten zum Skatspiel. Chromolithographie, um 1890.
DSM

Bücher zum Skatspiel:
Links oben: P.F.L. Hoffmann, Der Meister in allen Kartenspielen, 1873; rechts oben: K. Buhle, Illustriertes Lehrbuch des Skatspiels, 3. Aufl. 1895; links unten: H. Schubert, Das Skatspiel im Lichte der Wahrscheinlichkeitsrechnung, 1887.

Kongreßorte des Amerikanischen Skatverbandes bis 1926

«1. St. Louis, Mo. 1898, Gründung des Verbandes
2. Indianapolis, Ind. 1899
3. Milwaukee, Wis. 1900
4. Chicago, Ill. 1901
5. Detroit, Mich. 1902
6. Cleveland, Ohio 1903
7. St. Louis, Mo. 1904
8. Milwaukee, Wis. 1905
9. Buffalo N. Y. 1906
10. Chicago, Ill. 1907
11. New-York, City 1908
12. Milwaukee, Wis. 1909
13. Detroit, Mich. 1910
14. Pittsburgh, Pa. 1911
15. Chicago, Ill. 1912
16. Cleveland, Ohio 1913
17. Milwaukee, Wis. 1914
18. Peoria, Ill. 1915
19. Milwaukee, Wis. 1916
20. Chicago, Ill. 1917
21. Milwaukee, Wis. 1918
22. Milwaukee, Wis. 1919
23. Chicago, Ill. 1920
24. Milwaukee, Wis. 1921
25. Davenport, Iowa 1922
26. Milwaukee, Wis. 1923
27. St. Paul, Minn. 1924
28. Milwaukee, Wis. 1925
29. Detroit, Mich. 1926

Abkürzungen: Ill. = Illinois; Ind. = Indiana; Mich. = Michigan; Minn. = Minnesota; Mo. = Missouri; N. Y. = New-York; Pa. = Pennsylvanien; Wis. = Wisconsin.

Durch rege Mitarbeit unserer amerikanischen Freunde ist die Liste vervollständigt worden.»

Im Glanze der Freiheitsglocke

«‹Gut Blatt! Ihr Herren – die Fahnen heraus! Zieret und schmücket das Skaterhaus!› So lasen wir in einer Aufforderung, ergangen an die Skatbrüder der Feststadt Philadelphia, die sich rüsteten, dem 19. Skatkongresse des Nordöstlichen Amerikanischen Skatverbandes seine Heimstätte zu bereiten. Als prunkenden Rahmen dieser Veranstaltung wählten die Festgeber die in der frommen Quäkerstadt stattfindende Weltausstellung aus Anlaß des 150. Jahrestages der Unabhängigkeitserklärung der nordamerikanischen Staaten von der englischen Herrschaft. Man muß das amerikanische Deutschtum beglückwünschen, das vermag, trotz weiter räumlicher Entfernungen jährliche Kongresse lückenlos in solchem festlichen Ausmaße wie die bisher gebotenen – mit dem diesjährigen 19 – auszurichten. Nicht zuletzt zum Wohle des gesamten Deutschtums Amerikas! Daß trotz des goldenen Rahmens den Veranstaltern doch etliche Sorgen hinsichtlich Verpflegung erwuchsen, wird in den obenan stehenden, einleitenden Reimen fortfahrend launig ausgeführt: ‹Steiget hinab in den Keller, den tiefen, suchet wonach wir schon immer riefen: Goldene Tropfen, perlenden .....! Woll'n doch die Gäste bedienet sein!› In Hinsicht auf das Strafgesetz durfte der Dichter seinen Reim nicht ausklingen lassen, aber er erinnert die Gastgeber an etwas, was diese auch verstanden haben werden: ‹Sagt nicht das alte es war einmal! Wachsen doch Reben auf Berg und im Tal! Weshalb verkümmern das arme Leben? Nehmet, was die Natur uns gegeben – wisset nun was die Glocke schlägt: Sorget, daß jeder sein Päckchen trägt! – Doch nicht vergessen: Das Gesetz in Ehren! (In euren vier Wänden wird niemand es wehren.)› Es bildete also die dortige ‹Trockenlegung› eine der Hauptsorgen, und sehr interessant ist der gezeigte Weg für die Beschaffung des empfohlenen ‹Hausmittels›, womit der Krankheit des Durstes abgeholfen werden kann.

Nun sind die Klänge des am 4./5. September abgehaltenen Skatfestes verrauscht! Auf nebenstehend verkleinert wiedergegebenem Umschlag des Erinnerungsbuches grüßen die vier Buben der Skatkarte – die Amerikaner spielen mit der sogenannten Pokerkarte – die Freiheitsglocke. Eine noch nie dagewesene und wohl nie wiederkehrende Künstlereingebung! Von der Freiheitsglocke selbst sagt das Erinnerungsbuch, daß sie einen überwältigenden Eindruck, besonders bei Beleuchtung mache und sie zu sehen allein schon eine Reise von San Franzisko bis Philadelphia wert sei.

Das Erinnerungsbuch gedenkt der Tatsache, daß vor über hundert Jahren in Altenburg der erste Skat gespielt wurde, und der Skatstadt zu Ehren bringt es einige Aufsätze aus Altenburger Feder – mit Abbildungen, wie das Altenburger Schloß und den Skatbrunnen.

Wir werden nicht unterlassen, über den Verlauf des großzügig angelegten Festes in einer der nächsten Nummern zu berichten. Auch die Veranstaltung ist ein Beweis von der großen Organisationsgabe des amerikanischen Volkes. Während der Niederschrift dieser Zeilen erhält die Schriftleitung das auf Seite 83 abgedruckte Dankschreiben der Festbehörde auf einen seitens der Skatstadt Altenburg abgeschickten Gruß an die in der Stadt der Bruderliebe versammelten amerikanischen Skatfreunde. Auf den darin uns für das Jahr 1928 angekündigten Besuch freuen wir uns schon heute, und die Wiege des Skatspiels wird ihr Möglichstes tun, um die lieben Gäste von jenseits des Ozeans in sich herzlich und auch würdig aufzunehmen.»

Skat in den Vereinigten Staaten von Amerika

Seiten 96 und 97:

In den USA erfreute sich das Skatspiel, von deutschen Auswanderern mitgebracht, großer Beliebtheit. Man stand in regem Kontakt zum Geschehen in und um Altenburg, einigte sich jedoch rascher über die Spielregeln und organisierte Skatkongresse, die im Vergleich zu damaligen deutschen Verhältnissen gigantische Ausmaße annahmen. Abgebildet (Seite 97) das Titelblatt der Festschrift, die zum «10. Nationalen Skat Congress» 1907 in Chicago erschien. Dazu eine Aufstellung der Skatkongresse in den Vereinigten Staaten von 1898 bis 1926.
Der Brief vom 18.5.1909 gibt Auskünfte über die Organisation eines Skatturniers und die Preisermittlung.

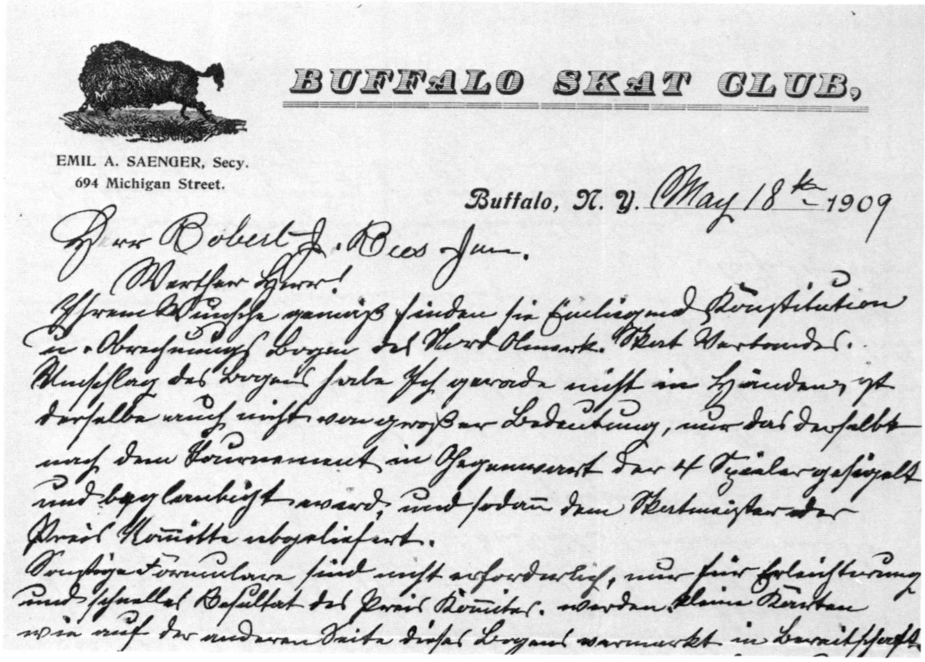
BUFFALO SKAT CLUB,

EMIL A. SAENGER, Secy.
694 Michigan Street.

Buffalo, N. Y. May 18th 1909

CHICAGO SOUVENIR
Tenth
National
Skat
Congress
AT THE
COLISEUM
AND
ANNEX
JUNE 8. 9. 10. 1907.
NATIONAL SKAT CONGRESS 1907
NATIONAL SKAT CONGRESS
297

Nun machten sich die einzelnen Betriebe empfindlich Konkurrenz, die Schwächeren gingen nach und nach zugrunde, und immer weniger, dafür aber große Betriebe beherrschten den Markt. Eine der Fabriken, die sich in diesem Kampf lange Zeit behaupten konnte, war die Altenburger Spielkartenfabrik Schneider & Co. 1898 wurde sie von den Vereinigten Stralsunder Spielkartenfabriken übernommen und firmierte bis 1931 als «Vereinigte Stralsunder Spielkarten-Fabriken AG., Abt. Altenburg, vormals Schneider & Co.». 1914 sollte in Altenburg mit einem großen Neubau begonnen werden, was aber der Krieg verhinderte. «Zu Beginn des Weltkrieges war die Struktur der deutschen Spielkartenindustrie also derart, daß eine große Gesellschaft fast monopolistisch den Markt beherrschte, indem ihre Betriebe in den Jahren 1910–13 durchschnittlich 60% der deutschen Spielkartenerzeugung lieferten, während etwa 11 kleinere Unternehmungen sich den Rest der Gesamterzeugung teilten. Diese hervorragende Stellung konnte die Firma im Krieg und vor allem in der für die Spielkartenhersteller so günstigen Inflationszeit weiter ausbauen. Dieses Übergewicht machte sich 1924 voll bemerkbar, zu diesem Zeitpunkt verfügte die Firma über 70% des Marktes.»[180]

Die Vereinigten Altenburger und Stralsunder Spielkarten-Fabriken A.G., Altenburg/Thür., um 1910, hier abgebildet auf der Schellen-Sieben.

In unserem Zusammenhang ist das Übernahmedatum 1898 der Altenburger Firma durch die Vereinigte Stralsunder Spielkartenfabrik deswegen wichtig, weil die Stralsunder nun zunehmend ihren Schwerpunkt nach Altenburg verlegen. Von Bedeutung ist dabei sicher nicht nur die günstige Mittellage Altenburgs gegenüber der Randlage Stralsunds, sondern auch der Ruhm Altenburgs als Skatstadt; für viele war der Name des Spiels und der Stadt eine Einheit.

Der Absatz an Spielkarten nahm in diesem Zeitraum erheblich zu. Im Etatsjahr 1879/80 wurden 3 278 499 Spiele unter 36 Blatt im Inland hergestellt und versteuert, 1913/14 waren es 6 571 697 und 1922/23 6 164 408 Spiele. Im gleichen Zeitraum sank der Absatz an Spielen über 36 Blatt von 1 028 047 im Jahr 1879/80 auf 315 245 im Jahr 1913/14. Im Weltkrieg nahm ihre Zahl weiter ab, um dann in der Inflationszeit wieder auf 859 604 Spiele (1922/23) anzusteigen. Die Entwicklung der importierten Spiele verläuft weniger stetig: Die unter 36 Blatt stagnieren bei einer Zahl von 25 000, die über 36 haben bis zum Ersten Weltkrieg eine ansteigende Kurve aufzuweisen[181]. Wir müssen deswegen annehmen, daß die hervorragende Steigerung der Spiele bis 36 Blatt vor allem dem 32-Blatt-Spiel Skat zu verdanken ist, insbesondere, da es das einzige neue Spiel der Zeit mit diesem Kartenumfang ist.

Die Bevölkerungszunahme und die besseren Verdienste nach 1871 stärkten auch die Kaufkraft. Die Kenntnis des Kartenspiels verbreitete sich über alle Gebiete Deutschlands ziemlich gleichmäßig. Hauptabsatzgebiet blieben die Städte, jedoch wurden in steigendem Maße auch die ländlichen Bezirke Abnehmer. Viel mögen zur Verbreitung des Kartenspiels auch die allgemeine Wehrpflicht sowie die Bevölkerungsdichte infolge der Industrialisierung Deutschlands in den Arbeitszentren beigetragen haben.

So erscheint es nicht zufällig, daß sich nach der Zusammenlegung der Altenburger und Stralsunder Spielkartenfabriken die repräsentativen Aktivitäten rund um den Skat wieder erhöhen. Tatsächlich gelingt es 1899, den dritten Skatkongreß einzuberufen. Der Leipziger Kongreß (1887) war von einigen in der Tat vergessen worden, so daß man erst vorgab, den Zweiten Deutschen Skatkongreß zu veranstalten. In der «Deutschen Skatzeitung», die seit dem 1. November 1897 erschien, war nämlich unter der Überschrift: «Ein offenes Wort an alle Skatspieler» festgestellt worden, «daß einem ersten deutschen Skatkongreß in natürlicher Schlußfolgerung auch ein zweiter folgen müsse, wenn der erste nicht auch der letzte bleiben solle».[182] Für den 12. März 1899 wurde nach Halle zum dritten Treffen eingeladen, die Leipziger hatten sich doch noch rechtzeitig an das zweite erinnert.

Inzwischen bestanden in vielen Städten Skatvereine, so daß ein entsprechender Verband als Dachorganisation dieser Vereinigungen einen Sinn bekam. Auch in der Frage der deutschen oder französischen Karte war man vorsichtiger geworden; und da sich der Reinfall von Leipzig nicht noch einmal wiederholen sollte, rief man einen «Mitteldeutschen» Skatkongreß aus.

Der Vorsitzende des gastgebenden Halleschen Skatvereins, W. Helbig, hatte Wert darauf gelegt, daß Gegenstand der Beratungen eine Überprüfung der Deutschen Skat-Ordnung von 1886 sein müsse. In aller Schärfe entbrannte vor und auf dem Kongreß die Diskussion über Farben- oder Zahlenreizen. Einen ersten Erfolg konnten die altenburgischen und sächsischen Spieler verbuchen: Für dieses (und nur für dieses) Kongreßturnier einigte man sich auf das Farbenreizen. Die Versammlung beschloß einstimmig die Gründung des Deutschen Skat-Verbandes, Robert Fuchs aus Altenburg erläuterte noch einmal ausführlich die Notwendigkeit eines Verbandes. Die «Deutsche Skatzeitung», die seit dem 1. November 1897 zunächst wöchentlich herauskam, wurde zum Verbandsorgan erklärt. In der Sondernummer, die zum Kongreß erschien, war der Vorschlag für eine Verbandssatzung abgedruckt, der auch einstimmig angenommen wurde. Zweck des Verbandes war «die Pflege, Verbreitung und Förderung des Skatspiels», Grundlage dafür sollte die Allgemeine Deutsche Skatordnung sein. Die Mitgliedschaft konnte von Vereinen und von Einzelpersonen erworben werden, die dann vor allem finanzielle Vorteile bei der Teilnahme an Verbandsturnieren hatten. Einnahmen verschaffte sich der Verband durch den Beschluß, jährlich einen Vereins-Preisskat abzuhalten, von dessen Beiträgen ein Prozent an die Verbandskassen abzuführen sei.

Robert Fuchs (Buchdruckereibesitzer), geb. 3.2. 1860 in Wien, gest. 1.4.1934 in Altenburg. Herausgeber der «Deutschen Skatzeitung» (1. Nov. 1897 bis um 1910). 1. Vorsitzender des Deutschen Skatverbandes (gegründet 1899) bis zu seinem Tod.

Auch die Streitfrage Zahlen- oder Farbenreizen wurde in der Verbandssatzung angesprochen. Hier fand sich der Passus, daß es der Zweck des Verbands sei, «in allen deutschen Skatspielern das Bewußtsein der Angehörigkeit zu einem großen Ganzen und dafür hervorzurufen, daß diese Angehörigkeit in keiner Weise die an den Wohnorten der Mitglieder üblichen Spielgebräuche umändernd berühre». Damit war die Sicherheit geschaffen, daß beide Formen erst einmal nebeneinander bestehen konnten; nichts wurde wie in Buhles Altenburger und Leipziger Zeiten übers Knie gebrochen. Benno Dirf (Julius Benndorf) weiß von intensiven Fehden in der Deutschen Skatzeitung zum Thema Zahlen- oder Farbenreizen zu berichten.

Eine sicher sehr segensreiche Folge der Verbandsgründung war die Vereinheitlichung bei Skatturnieren. Dabei waren die Unterschiede oft nicht auf festverwurzelte Ortsgebräuche zurückzuführen, sondern vielmehr auf Unsicherheiten. Hier konnte der Verband den Organisatoren vor Ort mit Rat und Tat zur Seite stehen. Der Nachrichtenfluß war aber selten so, wie sich das der Vorstand und die Redaktion der Zeitung wünschten – erstes Anliegen der Skater war es, zu spielen, erst dann kam das Bedürfnis, über die Spielregeln zu streiten oder gar darüber zu schreiben. Das überließ man gern einigen Kampfhähnen, derweil man spielte.

Die Organisatoren blickten neidvoll auf das Ausland, auf die amerikanischen Skater nämlich, die in ihrer Organisationsfreudigkeit den deutschen Skatern immer wieder vorbildlich erschienen.

Die Frage nach den Spielkarten, mit denen man Skat spielen durfte oder nicht, beschäftigte auch den vierten Kongreß, der im April 1901 in Magdeburg tagte.

Der Altenburger Skatbrunnen

«Im Altenburger Skatbrunnen besitzt die Stadt Altenburg ein in seiner Art einzig dastehendes Denkmal. Es verdankt seine Errichtung dem Altenburger Apotheker und späteren Rentner Albert Steudemann, der seiner Vaterstadt Altenburg im Jahre 1897 ein Kapital von 15000 Mark mit der Bestimmung vermachte, daß dem feinsinnigen Skatspiele, ‹dem Könige aller Kartenspiele›, dem ‹Nationalspiel aller Deutschen›, wie es mit Recht genannt wird, das in Altenburg erdacht wurde und das sich von hier aus die ganze Welt erobert hat, ein Gedenkzeichen errichtet werde. Das Vermächtnis erregte überall großes Aufsehen und bei vielen Künstlern lebhaftes Interesse. Eine große Zahl von bewährten Bildhauern sandten zu dem veranstalteten Preisausschreiben Entwürfe ein, in denen das Wesen des Skatspiels auf das mannigfaltigste dargestellt war. Drei davon wurden mit gleich großen Preisen von je 1000 Mark ausgezeichnet, und zwar die Entwürfe mit dem Kennworte: ‹Wenzel I› von Professor Ernst Pfeifer in München, ‹Skatratte› vom Münchner Bildhauer Otto Pech und ‹Wenzel II› des Bildhauers Otto Rassau und des Architekten F. R. Voretzsch in Dresden.

Darüber, welcher Entwurf zur Ausführung gelangen sollte, waren die Meinungen anfangs geteilt. Schließlich einigte man sich auf das Modell des Professors Pfeifer, das allerdings in Rücksicht auf den in Aussicht genommenen Platz – den Altenburger Brühl – im Einverständnis mit dem Künstler, dem man auch die Ausführung selbst übertrug, etwas abgeändert wurde.

In seinem Skatbrunnen sucht Professor Pfeifer das innere Wesen des Skatspiels, und die im Spiel sich mitunter vergessende Leidenschaft dadurch zum Ausdruck zu bringen, daß er die vier Wenzel als kämpfende Gruppe darstellt. Aus dem volkstümlichen, derben Ringkampfe geht deutlich der Eichel-Unter als Sieger hervor. Er überwältigt

sogar den kräftigen Grün-Wenzel, der mit fester Hand den Rot-Wenzel niederdrückt, während der Schellen-Wenzel von diesem fast ganz zu Boden geworfen ist. Der aus schön verziertem Muschelkalk hergestellte Sockel, auf dem der eigenartige Ringkampf sich abspielt, trägt in seinem oberen Teile die vier Kartenfarben und fängt in seinem unteren Teile das Wasser des Laufbrunnens auf. Auch auf der Rückseite des Brunnens befindet sich noch ein Wasserbecken, dessen Auslauf in dem Kopf eines Schweines das zum Spiel so wünschenswerte Glück in allgemeinverständlicher Form zum Ausdruck bringt. An der einen Schmalseite des Skatbrunnens ist zu lesen: Errichtet im Jahre 1903, während auf der anderen der Stifter durch die schlichte Inschrift geehrt wird: Gestiftet von A. Steudemann.

Das Denkmal wurde zum 6. Deutschen Skatkongreß am 29. September 1903 im Beisein des Künstlers feierlich vom Oberbürgermeister Oßwald enthüllt. Der Vorsitzende des Deutschen Skatverbandes, Herr Buchdruckereibesitzer Robert Fuchs begrüßte es im Namen aller Skater Deutschlands durch folgende Ansprache:

‹Wenn ich mir gestatte im Namen des Deutschen Skatverbandes und des Altenburger Skatvereins einige Worte an dieser Stelle zu sprechen, so können es nur Worte des herzlichen Dankes sein für den Stifter des Skatbrunnens. Gleichzeitig aber möchte ich auch meiner Freude darüber Ausdruck geben, daß sich die Herren Vertreter der Stadt Altenburg, die Preisrichter und der Künstler die Ausführung der Stiftung des Herrn Albert Steudemann in so feinsinniger Weise haben angelegen sein lassen. Es handelt sich hierbei zwar nicht um die Verherrlichung eines weltgeschichtlichen Ereignisses, eines Feldherrn oder Staatsmannes, aber doch steckt in unserem Skatbrunnen trotz des Humors ein Stück vaterländischer Geschichte. Es ist feststehend, daß der Skat dem Altenburger Lande entstammt und von hier aus seinen Weg durch die ganze Welt gefunden hat. Überall wo Deutsche weilen, wird auch Skat gespielt. Wenn man sich nun aber fragt: ist es denn das Skatspiel wert, daß es in irgendeiner Weise verherrlicht wird, so muß jeder, der es kennt, zugeben, daß es das anregendste und vielseitigste Kartenspiel ist, das es überhaupt gibt. Es ist darum äußerst dankbar zu begrüßen, wenn sich Männer finden, die auch auf diese Weise ihre Vaterlandsliebe beweisen. Darum rufe ich im Namen aller deutschen Skater dem edlen Stifter, der mir auch persönlich ein lieber Freund war, für seine einzig dastehende Stiftung ein ›Habe Dank‹ in die Ewigkeit nach.›»

Artur Schubert, Die Kunst des Skatspiels, 1922, S. 75

Einem Kartenspiel wurde wohl kaum irgendwo auf der Welt ein Denkmal gesetzt, außer in Altenburg/Thüringen.

Während des 2. Weltkriegs wurden 1942 die 56 Zentner schweren Bronze-Buben eingeschmolzen. Den traditionsbewußten Altenburger Bürgern ist es zu verdanken, daß am 27. November 1954 die Wiedereinweihung des Skatbrunnens vorgenommen werden konnte.

Seite 100 links oben:
Darstellung des Skatbrunnens auf einer Postkarte, um 1920.

Seite 100 links unten:
Albert Steudemann, geb. 19. 1. 1842 in Altenburg, gest. 14. 7. 1897 in Altenburg, Stifter des Skatbrunnens. Aus: Der Alte, 1927, S. 138.

Seite 100 Mitte:
Karikatur zum Preisausschreiben für den Skatbrunnen, um 1900.
DSM

Oben links:
Der Skatbrunnen. Radierung von M. Mann, 1937.
DSM

Oben rechts:
Einweihung des Skatbrunnens am 29. September 1903. Neben dem Oberbürgermeister Oßwald, dem Künstler Prof. Pfeifer aus München und dem Vorsitzenden des Deutschen Skatverbandes, Robert Fuchs, nahmen noch viele andere honorige Herren an der Zeremonie teil.

Seiten 102 und 103:
Skatspiel-Szenen von Otto Andres, mit Gedichten von Richard Schmidt-Cabanis, erschienen im Skat-Album, Leipzig 1894.

Seite 102 oben:
«Damenskat».
unten:
«Mancher lernt's nie!»
Seite 103 oben:
«Letzte Runde»
unten:
«Gestörtes Grand»

Heil Euch, Ihr lieblichen, süß-wangengrüblichen,
Theilweis' studirenden, federkielführenden,
Andrerntheils strickenden, männer-beglückenden,
Kochenden, bratenden, ab und zu skatenden,
Himmlischen Frauen!

Seid, Ihr belebenden, karten-vergebenden,
Zwischendurch sprechenden,
Vorzeitig stechenden, minnig beseelenden,
Stiche verzählenden, Herzen erfrischenden,
Zweifelhaft mischenden,
Gern immer «fragenden»,
Trumpfmangel-klagenden,
Irrig «tournirenden», Points mehr notirenden,
«Reizenden», lockenden,
«Wimmelnden», «brockenden»,
Gegner belauernden, unentwegt «mauernden» –
Seid mir gegrüßt! – – Glaubt denn der mächtige,
Stärkergeschlechtige, nachmitternächtige
Herr und Gebieter unserer Welt
Sich nur zum Hüter des Kartenspiels bestellt?!
Ihr auch emphatisch – Eilt jetzt zum Skattisch,
Die, uns zum Wohl, o, lieb Ihr und hold –
Alles – nur «Solo» spielen nicht sollt!
Freilich: vermeiden läßt es sich schwer –
(Wenn's auch dem Skat nicht frommt!),
Daß Ihr vom «Schneiden»
Mal auf die Schneid'rin kommt;
Oder bei «Grün» und «Roth»
Folgt nicht des Spiels Gebot,
Sondern nur darauf seht: Ob wen'ger oder mehr
Die oder die Couleur besser Euch steht!
Auch ist's natürlich, daß unwillkürlich
Hier durch ein Kochrecept die Frau Directorin
Flüsternd den «Grand» verschleppt
Der Frau Inspectorin; und die Majorin schlau
Stört dort den «Ramsch» der Frau
Consistorialrath, wenn sie bemerkt: ihr Sohn
Sitz' mit fünf Jahren schon
Stramm auf dem Stahlrad! Oder die Excellenz
Mitten im Lauf des «Nulls»
Von Hofraths Nichten ein paar Geschichten
Weiß zu berichten, drüber der Residenz
Stockt fast der Puls; oder Frau Baurath, weh!
Statt der vier «Wenzel», den ihrer Küchenfee
Meldet, den sie versteckt –
Potz Schwenzelenzel! –
Kürzlich im Schrank entdeckt ...
Doch das sind Dinge, die sich von selbst verstehn
Und durch geringe Störung den Reiz erhöhn! –
Fühlt sich der matte, nörgelnde Gatte,
Der sie mitangehört, dadurch in seiner Ruh'
Etwa gestört, stopfe mit Watte
Er beide Ohren zu
Innerlich ist der eitle Philister
Ja nur von Neid verzehrt,
Daß Ihr mit Ungestüm
Lieber nicht noch nach ihm
Als nach dem Skat begehrt,
Weil instinctiv er fühlt:
Das schönere Geschlecht
Glänze erst wahrhaft echt,
Wenn es – mit Männern spielt!

R. Schmidt-Cabanis

Auch hier wurde das Spielen mit der französischen Karte untersagt – eine Hartnäckigkeit und geradezu Borniertheit, die wir heute kaum verstehen können, mit der man aber glaubte, sowohl seine deutsche wie antifranzösische Gesinnung dokumentieren zu können. Der Erste Weltkrieg war eine blutige Folge solchen Denkens. Auch in Magdeburg nahm man es in Kauf, daß wegen des Verbotes der französischen Karte viele Besucher dem Kongreß fernblieben. Und dies, obwohl schon Karten vorlagen, die versuchten, beide Systeme zu verbinden.

Nach Karl Buhles Tod am 9. Juli 1898 wurde Artur Schubert der führende Kopf der Skatpublikationen. In der «Deutschen Skatzeitung» erschienen häufig seine Artikel zum guten Skatspiel. Artur Schubert war es auch, der damit beauftragt wurde, eine Neufassung der Deutschen Skatordnung zu erarbeiten. 1902 wurde der Schubertsche Entwurf vom fünften Kongreß zur Erprobung freigegeben; die Skatordnung erschien als Anhang zum «Liederbuch des fröhlichen Skaters», somit Geselliges mit Organisatorischem verbindend. Als man sich

Es geht eine dunkle Kunde
Von einem Vier-Männer-Skat,
Dem einst zu unmöglicher Stunde
die «letzte Runde» genaht –
Von drei gewaltigen Recken
– Der vierte war nicht mehr zu wecken! –
Und ihrer unglaublichen That!

Es geht eine alte Sage,
Daß nach durchspielter Nacht
Die drei beim dämmernden Tage
Das Riesenwerk vollbracht:
Daß sie – von Heimatsehnen
Gepackt – unter Aechzen und Gähnen
Von selber «Schluß gemacht»!

Es geht eine alte Märe,
Die klingt wol fabelhaft:
Dies nächtige Kleeblatt wäre
Erstanden aus eigener Kraft,
Und bei dem Glimmen hätte
Der letzten Cigarette
Zum Fortgeh'n sich's aufgerafft!

Wol thürmten schon an den Wänden
Sich Stühle zu schwankendem Hauf;
Geführt von fleißigen Händen
Der Besen begann seinen Lauf;
Des Glühlichts Strahlen, die bleichen,
Sie mußten der Siegerin weichen:
Die Sonne ging lächelnd schon auf!

In Ohnmacht war gesunken
Der letzte Kellner dahin,
Die letzte Flasche vertrunken;
Und mit umnebeltem Sinn,
Mit Schmunzeln und Sträuben und Sperren
Einscharrte der frommste der Herren
Den «schnöden Spielgewinn»! – –

Doch was auch mit flüsterndem Munde
Die Menschheit, die arge, spricht
Von jener «letzten Runde»:
Ich selber sah sie noch nicht!
An Hexerei zu gläuben,
Werd' ich mich ewig sträuben,
Bis einst der Weltbau bricht.

Ich will euch ein Wahrwort vertrauen,
Darauf ihr schwören könnt:
Die «letzte Runde» zu schauen,
Ist Sterblichen nimmer vergönnt!
Wohin eure Blicke gehen,
Stets werdet ihr jene nur sehen,
Die man die «vorletzte» nennt!

Die für des Skates Mysterien
In heiliger Brunst ihr entglommt
Vom Nordcap bis Algerien –
Vernehmet hier, was euch frommt:
Im irdischen Skatenbunde
Gibt's gar keine «letzte Runde» –
Weil «immer noch eine» kommt!!

R. SCHMIDT-CABANIS.

1903 in Altenburg im September zum sechstenmal traf, wurde die «Neue Allgemeine Deutsche Skatordnung» in Kraft gesetzt; sie war im Verbandsblatt vorher reiflich diskutiert worden.

Doch der Altenburger Kongreß weihte vor allem ein: Mit einem großen Festakt enthüllte man den Skatbrunnen, der in Altenburg nach einer Stiftung des verstorbenen Skatfreundes Albert Steudemann fertiggestellt worden war.

Arthur Schuberts Hobby war die Eindeutschung der Fachausdrücke im Skat. Auch vor dem Wort «Kongreß» macht er nicht halt, er wollte es in «Hauptversammlung» umgeändert wissen. Wie mit manch anderer Eindeutschung hat er sich auch hier nicht durchgesetzt, und so blieb es auch in Leipzig beim «Zehnten Deutschen Skatkongreß». Dazu Julius Benndorf: «Da sich Guckispiele und ‹Paßt mir nicht› immer mehr eingebürgert hatten, lud der Geschäftsführende Vorstand alle Skater zu einer freien Aussprache darüber auf dem Kongreß ein.»[183] Genausowenig wie der Ramsch seien diese Spiele restlos zu verwerfen, obwohl sie nicht Bestand der Skatordnung sind.

Artur Schubert, geboren am 20. Juli 1872 zu Leipzig, gestorben dort am 17. Mai 1927. Verfasser zahlreicher Skatlehrbücher, u.a. der Kunst des Skatspiels, der Allgemeinen Deutschen Skatordnung, der Leipziger Skatordnung, des Liederbuches für fröhliche Skater, des Skatwettspiels. Mitarbeiter an zahlreichen Zeitschriften. Vorstandsmitglied des Deutschen Skatverbandes. Spieltechnischer Schriftleiter an der Monatsschrift für Freunde des Kartenspiels. «Der Alte».

Das elfte Treffen, das nach Dresden schon für das Jahr 1910 einberufen war, fand nicht statt. Benndorf führt dies darauf zurück, daß 1910 die Deutsche Skatzeitung eingegangen war, das habe die «Gleichgültigkeit gegenüber den skatlichen Belangen des Verbandes gefördert»[184].

Mit dem Ersten Weltkrieg fand die Zeit des kaiserlichen Hurrapatriotismus, der auch das Skatspiel nicht verschont hatte, ein jähes Ende. Nun waren Schützengräben des Krieges, wo man entweder wartete oder kämpfte, die Orte, an denen mehr Skat gespielt wurde als sonstwo. Die Spielkartenfabrikation wurde zur kriegswichtigen Industrie erklärt. Militärisch geprägt sind nun auch die Spielkarten: Es war die Zeit der «Deutschen Kriegskarte», die in immer neuen Auflagen mit jeweils aktuellen, im Kriegsverlauf orientierten Änderungen erschien. Mit dem modernen Krieg fiel auch die Entscheidung für den modernen Skat, der unter der Bedrohung der industrialisierten Massenvernichtung zur Ablenkung gespielt wurde. Benndorf bleibt im Bild, wenn er – mit einem Anflug von Zynismus – schreibt: «Der Schützengrabenskat untergrub die Stellung der Farbenreizer weiter. Die Zahlenreizer blieben siegreich auf der ganzen Linie.»[185] Tatsächlich entsteht im Ersten Weltkrieg der Skat, den wir im wesentlichen noch heute spielen; auch hier ist das ebenso konsequente wie fürchterliche Ende des Kaiserreichs eine Zäsur.

Der Name des neuen Skats, der teilweise schon um 1900 entsteht, ist «Guckiskat». Schubert, der ihn eigentlich ablehnt, aber in seinem hervorragenden Buch «Die Kunst des Skatspiels» von 1922 sachlich genug ist, ihn sorgfältig zu beschreiben, erklärt, daß Guckiskat von «gucken» kommt[186]. Beim Grand werden hier die Skatblätter zu Hilfe genommen, man guckt hinein. Der konsequente Guckiskat kennt nur Spiele, bei denen man den Skat aufnimmt, also in den Skat guckt, und Spiele aus der Hand, bei denen der Skat liegen bleibt. Das war im wesentlichen nicht neu; Schubert weiß zu berichten, daß schon Hempel einen Grand kannte, der unter Zuhilfenahme der Skatblätter gespielt wurde. Neu war die hohe Bewertung der Spiele mit 9, 10, 11 und 12 Einheiten. Der Grand wurde mit 20, der offene Grand mit 30 bewertet. Null kostete 23, offen 46, Null aus der Hand 25 und offen 50. «Es wird teils ohne Ramsch – also mit Einpassen – teils mit Ramsch, und zwar sowohl mit einfachem als auch mit Schiebe- und Augenramsch gespielt.»[187] Gereizt wird immer nach Werten.

Schubert, der in seinem Buch den «Leipziger Skat oder reinen Guckiskat» unter dem Abschnitt «Abweichungen vom Altenburger Skat» behandelt, sieht nicht, daß mit dem Guckiskat zwar die «Wende» aus dem Skatspiel beseitigt ist

Postkarten mit Skatspielszenen, Lithographie, um 1900. DSM

«Dem Soldaten ist sein Magen und seine Verdauung ein vertrauteres Gebiet als jedem anderen Menschen. Drei Viertel seines Wortschatzes sind ihm entnommen, und sowohl der Ausdruck höchster Freude als auch der tiefster Entrüstung findet hier seine kernige Untermalung. Es ist unmöglich, sich auf eine andere Art so knapp und klar zu äußern. Unsere Familien und unsere Lehrer werden sich schön wundern, wenn wir nach Hause kommen, aber es ist hier nun einmal die Universalsprache.

Für uns haben diese ganzen Vorgänge den Charakter der Unschuld wiedererhalten durch ihre zwangsmäßige Öffentlichkeit. Mehr noch: sie sind uns so selbstverständlich, daß ihre gemütliche Erledigung ebenso gewertet wird wie meinetwegen ein schön durchgeführter, bombensicherer Grand ohne viere. Nicht umsonst ist für Geschwätze aller Art das Wort ‹Latrinenparole› entstanden; diese Orte sind die Klatschecken und der Stammsitzersatz beim Kommiß.

Wir fühlen uns augenblicklich wohler als im noch so weiß gekachelten Luxuslokus. Dort kann es nur hygienisch sein; hier aber ist es schön.

Es sind wunderbar gedankenlose Stunden. Über uns steht der blaue Himmel. Am Horizont hängen hellbestrahlte gelbe Fesselballons und die weißen Wölkchen der Flakgeschosse. Manchmal schnellen sie wie eine Garbe hoch, wenn sie einen Flieger verfolgen. Nur wie ein sehr fernes Gewitter hören wir das gedämpfte Brummen der Front. Hummeln, die vorübersummen, übertönen es schon.

Und rund um uns liegt die blühende Wiese. Die zarten Rispen der Gräser wiegen sich, Kohlweißlinge taumeln heran, sie schweben im weichen, warmen Wind des Spätsommers, wir lesen Briefe und Zeitungen und rauchen, wir setzen die Mützen ab und legen sie neben uns, der Wind spielt mit unseren Haaren, er spielt mit unsern Worten und Gedanken.

Die drei Kästen stehen mitten im leuchtenden, roten Klatschmohn. –

Wir legen den Deckel des Margarinefasses auf unsere Knie. So haben wir eine gute Unterlage zum Skatspielen. Kropp hat die Karten bei sich. Nach jedem Null-ouvert wird eine Partie Schieberamsch eingelegt. Man könnte ewig so sitzen.

Die Töne einer Ziehharmonika klingen von den Baracken her. Manchmal legen wir die Karten hin und sehen uns an. Einer sagt dann: ‹Kinder, Kinder ...› oder: ‹Das hätte schiefgehen können ...›, und wir versinken einen Augenblick in Schweigen. In uns ist ein starkes, verhaltenes Gefühl, jeder spürt es, das braucht nicht viele Worte. Leicht hätte es sein können, daß wir heute nicht auf unsern Kästen säßen, es war verdammt nahe daran. Und darum ist alles neu und stark – der rote Mohn und das gute Essen, die Zigaretten und der Sommerwind.»

Erich Maria Remarque, Im Westen nichts Neues, 1. Aufl. Berlin 1928

Skatspieler im 1. Weltkrieg: oben: Postkarte (Privatbesitz), unten: Armateurphoto, um 1915, Historisches Museum Frankfurt.

(also ein Moment des Hasardierens weniger), sondern damit die scheinbare Alternative, entweder einfache Farbspiele (also doch die Altenburger «Frage») oder Ramsch nicht mehr besteht. Der Ramsch, der bis heute – trotz Guckiskat – kein Bestandteil der Skatordnung ist, beseitigt also nicht automatisch das einfache Farbspiel. Das einzige Problem bleiben die hohen Punktgewinne oder -verluste, zu denen es im Gucki kommen kann: «Gucki ist ein schönes Spiel, Wer's verliert, dem kostets viel!»[188] Das hat dazu geführt, daß man nicht unbedingt um ganze, sondern auch um Zehntelpfennige spielt. Auch Artur Schubert weist beiläufig darauf hin, daß «im Felde, wie mirviele Kriegsteilnehmer bestätigten, fast ausschließlich Guckiskat gespielt wurde».

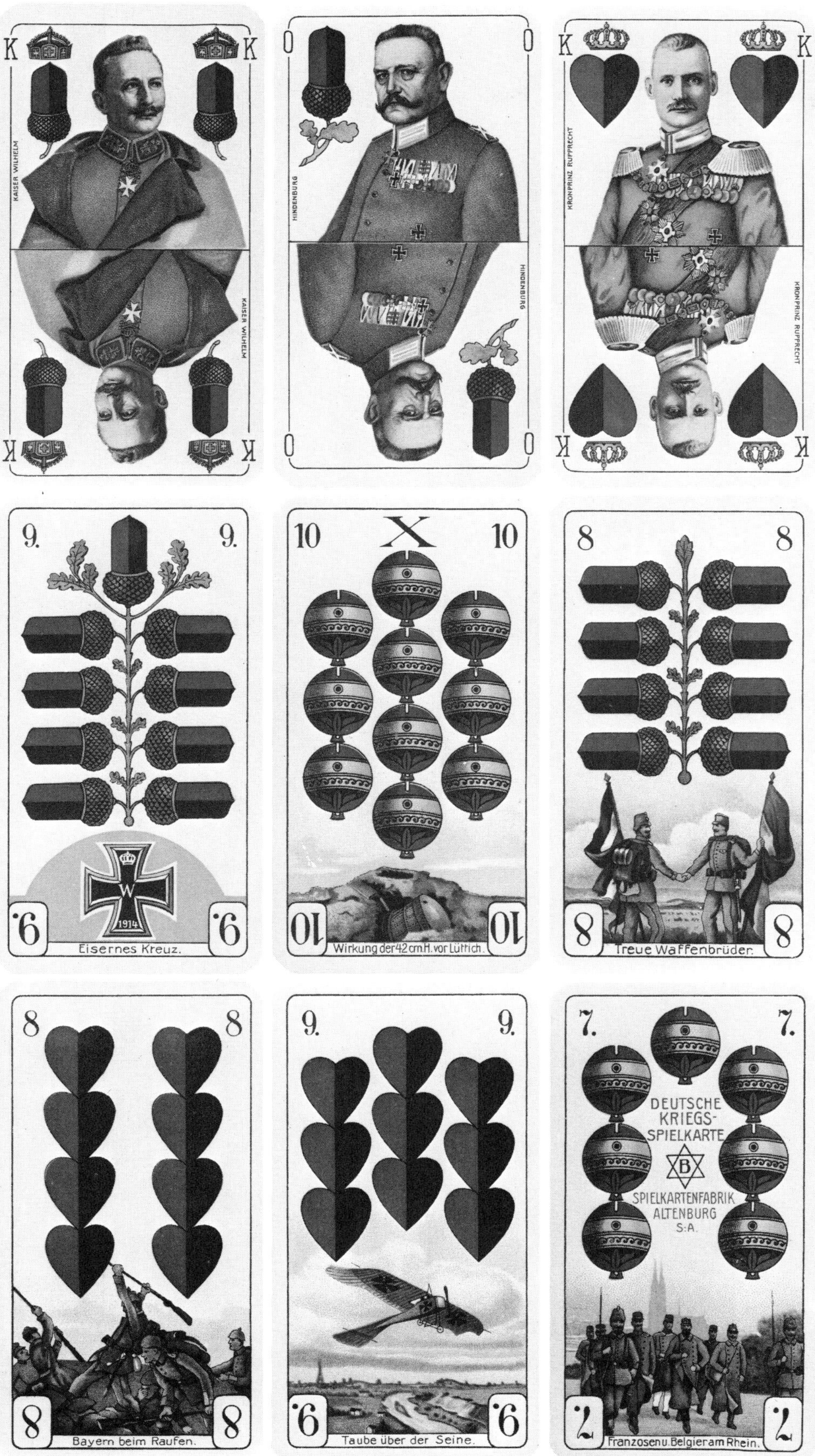

«Kazmierzak ist in seinen Mantel endlich einquartiert, behängt sich mit dem Gewehr, einer altmodischen Flinte, in die ein neumodisches Schloß eingebaut ist, und meint, da sei was dran. Revolution komme drüben, das mache eben auch die hiesigen Rußki singen. Das sei etwas zum Nachdenken auf Posten von acht bis zehn, lange auch noch von zwei bis vier. Kazmierzak wagt sich mit seinen Gedanken nicht weiter vor. Er hat was Polnisches in seiner Abstammung, wie sein Name sagt, und die Erfahrung von Kriegsbeginn her hat die preußischen Soldaten mit polnischen Namen mißtrauisch gemacht – nun, gegen das Unbestimmte. Sie werden noch ein bißchen schärfer behorcht als die anderen, Elsässer ausgenommen. Und obwohl Heppke Kamerad und seit Jahren Dienstgenosse ist, hält Kazmierzak mit seinen Empfindungen vorsichtig zurück. Aber um der Gesellschaft willen begleitet er den Abgelösten zum Wachtlokal, denn er hat jetzt zwei Stunden lang Zeit für sich, und da schwatzt es sich ganz gut noch ein paar Minuten. Und Heppke ist mit Mitteilung geladen. ‹Ich brauch' mir nichts als mein Zuhause›, sagt er, ‹wieder Schlosser Heppke sein in Eberswalde und sonntags ins Waldschlößchen und dann ein Helles, und der Junge schaukelt und Mutter strickt und erzählt sich eins mit der Roberten: und ich mit Robert und Wicke beim Skat – ach Gott, wo doch Robert vorige Woche im Lazarett mit Flecktyphus abgekratzt ist! Nee, nee, man wird konfuse, wenn man so geht und steht und denkt ins Dunkle hin und hat so gar nichts, was einen stärkt.›»

Arnold Zweig, Der Streit um den Sergeanten Grischa, 1. Aufl. 1927

Deutsche Kriegs-Spielkarte, Altenburger Spielkartenfabrik. 1915 erschien die erste Auflage, 1916 hatte sie bereits die Zahl 500-Tausend erreicht. DSM Inv.-Nr. B 378, Zur Nr. 50/61

Unten: Die drei mächtigsten Gegner Deutschlands im 1. Weltkrieg werden hier von Karl Arnold beim Skat gezeigt. Diese Karikatur erschien wie viele andere erst in der Kriegszeitung, dann als Postkarte 1915. – Der Franzose: «Ah, voilà, der Russe hat keinen Trumpf mehr, den legen wir schoen herein.» Der Russe: «Dummer Franzos merkt sich nicht, wie er wird hintergangen.» Der Engländer: «Very well! Die beiden glauben zu mogeln und werden bemogelt!»

K
D
B
K
KRONPRINZ WILHELM
O
TIRPITZ
9.
Österr. 30cm. M. vor Antwerpen.

Der Einheitsskat 1918 bis 1945

«Der moderne Mensch aber ist durch die Notwendigkeit des auf höchstes Tempo gebrachten Kulturlebens, durch die Erfordernisse des täglichen Kampfes ums Dasein in weit höherem Maße angewiesen, geschult und gewöhnt, alles in den Bereich seines Interesses und seiner Kräfte Kommende bis zur letzten Möglichkeit sich dienstbar zu machen und auszuwerten.» So beschreibt Richard Burkhardt im Dezember 1934 «Wesen, Werden und Wert des deutschen Einheitsskats»[189].

Diese Kulturphysiognomie ist nicht nur von Zeitgenossen als Ursache für den Skat benannt worden, der «Kampf um das Dasein», der Ansporn, immer neue Leistungen zu erbringen, gehört zu den Stereotypen der frühen dreißiger Jahre. «Wohl jeder Beruf stellt heute bedeutend höhere Anforderungen an den Einzelnen, als es früher der Fall war. Der Wirkungsbereich ist bedeutend erweitert und vertieft und die Intensität des Arbeitsprozesses ist allerorten zum höchsten Maße gesteigert.»[190]

In Beziehung zu einer so beschriebenen Gegenwart setzt Burkhardt die Entwicklung des Skatspiels: «Gleichlaufend mit der Umgestaltung des ernsten Berufs-, Wirtschafts-, Verkehrs-, politischen und gesamten öffentlichen Lebens vollzog sich natürlich auch eine Wandlung des Geschmackes in bezug auf Erholung, Vergnügen und Genuß im Leben [...]. So erklärt sich meines Erachtens auch, daß der moderne Mensch, insbesondere derjenige der Kriegs- und Nachkriegszeit, zu einem anderen Verhältnis zum Altenburger Skatspiel kam [...]. Der Guckiskat [...] gab ihm die wesentlich erweiterte Bewegungsmöglichkeit in der Spielwahl. Er wahrt außerdem das Geheimnis des Skates vollständig, da beide Blätter desselben den Gegnern immer verborgen bleiben. An dieser größeren Freiheit in den Entschlüssen fand die große Schar begreiflicherweise Gefallen und entschied sich darum für den modernen Guckiskat.»[191]

In der Verkoppelung der Analyse der Gegenwart mit dem Skatspiel seiner Zeit können wir Burkhardt im Prinzip zustimmen, allerdings sind sowohl in der Genesis als auch in der Bewertung teilweise andere Akzente notwendig, als er sie setzt. Sichtet man die Geschichte des Skatspiels, so wie wir dies im vorhergehenden getan haben, dann muß einer Irrlehre widersprochen werden, der die meisten Autoren anhängen. Es wird immer wieder behauptet, der Altenburger Skat wäre zu einem bestimmten Zeitpunkt der Skat schlechthin gewesen. Das trifft allenfalls für die ersten Jahrzehnte der Entwicklung zu, als der Altenburger Skat nur in seiner Heimatstadt gespielt wurde, jedoch vieles noch nicht kannte, was seine spätere Physiognomie ausmacht, etwa die Wende.

Die Geschichte des Skatspiels in der zweiten Hälfte des 19. Jahrhunderts wird vom Gegensatz zwischen Farb- und Zahlenreizen durchzogen; man hat sich hier nie geeinigt, keine Version war zu irgendeiner Zeit das Skatspiel par excel-

Skat

«Sie hocken, ihre Socken schweißgetränkt,
Den Leib bedeckt mit braven Jägerhemden.
Sie dulden keinen zugereisten Fremden,
Und jeder Groschen wird verschämt gesenkt.

Der Blick am Blatt steil wie am Galgen hängt.
Man teilt. Ein scheuer Jude flüstert: ‹Wemm
denn?›
Ein Turnvereinler preist den Kreuzer Emden,
Indem er feurig seine Röllchen schwenkt.

Zwei Herrn erbleichen, weil sie stark verlieren
(So zwei Mark achtzig, wenn ich richtig sah.
Mir geht das Spiel beträchtlich an die Nieren,

Beziehungsweise die es spielen ...) ‹Tja›,
Strahlt der Herr Apotheker ‹Grand mit Vieren›
Und fühlt als Sohn sich der Germania.»

Klabund (d.i. Alfred Henschke), 1890–1928, Auszüge aus Sonette des Spielers, erschienen vermutlich in der Harfenjule, Berlin, Verlag die Schmiede, 1927

Seite 108:
Handgezeichnete Karten aus der Kriegsgefangenschaft. Zeichner: Aug. Schön, in russischer Kriegsgefangenschaft in Usa, 1916. Im Vergleich zu der gedruckten «Deutschen Kriegs-Spielkarte» verwendet Schön zwar die deutschen Farben, jedoch gibt er seinen Figuren die französische Bezeichnung König, Dame, Bube.
DSM Inv.-Nr. A 1049

50 Stadt Altenburg 50
Schiller
Oberbürgermstr.
Pix
Pf.
Ausgegeben: 1921. Dieser Schein verliert die Gültigkeit 1 Monat nach Aufruf.
Pf.
DRUCK: J. A. SCHWARZ, LINDENBERG i/ ALLGÄU

Notgeld der Stadt Altenburg
50 Pf.
50 Pf.
Ausgegeben 1921. Verfalltag: Ein Monat nach Aufruf.
Der Stadtrat
Oberbürgermstr.
Bürgermstr.
Altenburger Spielkartenfabrik vorm. Schneider & Co.

50 Pfg.
50 Pfg.
Der Ort des Sächs. Prinzenraubes a. D. 1455/
in heutiger Gestalt aus der Vogelschau.
50
50
Schloss Altenburg

Altenburger Bauern.
50 Pf.
Frauen im Mantel u. Kopffleck.
50 Pf.

50 Pfennig
50 Pfennig
Kunz von Kaufungen u. Wilhelm von Mosen rauben in der Nacht zum 8. Juli
1455 im Schlosse zu Altenburg die beiden Kurfürstl. Prinzen Ernst u. Albrecht.
50
50
Pix
Sächs. Prinzenraub.

Altenburger Bauern.
50 Pf.
in der Ernte.
50 Pf.
Pix

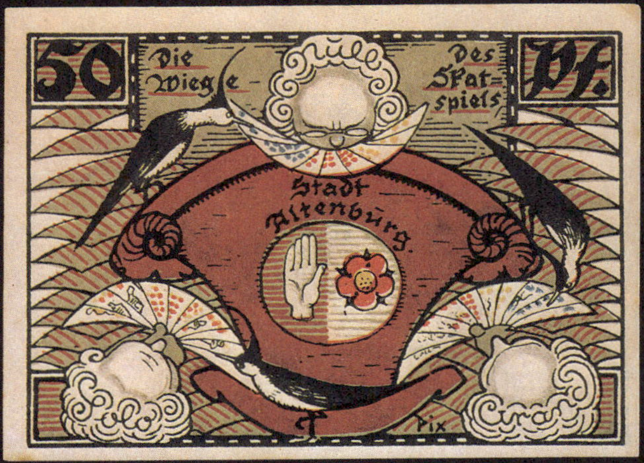

Notgeldzauber (Vom Eichelalten)

«Pudelnärrisch ist die Welt:
Druckt Papier und nennt das – Geld!
Damit scheucht nun Schulz und Meyer
Stetig auf den Pleitegeier,
Der jahrein und der jahraus
Drohend kreischt ums deutsche Haus.
Notenstösse – bergehoch!
Doch sie füllen nicht das Loch.

Ja, es dreht sich auf der Welt
Alles bloss ums liebe Geld!
Ist's Papier auch nur und Papp',
Wird's gebraucht, – und nicht zu knapp!
Fluchbeladen, segenschwer
Flattert's hin und pendelt's her,
Tore öffnet's, jed' Gelass,
Tränen stillt's, es züchtet Hass.

War ein Goldstück bei euch Gast
Früher, war es oft auch Last,
Und um einen Kassenschein
Trugt ihr es zur Bank hinein.
Heut' ist alles umgetauscht!
Scheine habt ihr, aufgebauscht!
Leider ist die Bank nicht hold,
Umzuwechseln sie in Gold.»

Altenburger Skatkalender, 1922

Notgeld. Sowohl im 1. Weltkrieg als auch in der Inflationszeit gaben viele Städte ein eigenes Notgeld heraus. Die Altenburger nannten es «Skatgeld der Skat-Stadt Altenburg».

Otto Pech hat außer der Skatgeldserie noch zwei weitere Serien gezeichnet: «Altenburger Bauern» (Seite 110 rechts) und den «Sächsischen Prinzenraub» (Seite 110 links).

Die Wiege (auf dem 50-Pfennig-Schein) wird in Bewegung gesetzt durch die Spielformen des Skatspiels: Frage, Wende, Handspiel, Großspiel, Null und Ramsch (S. 111).

«STROH (*ruft*): Neunundfünfzig. Haben Sie denn keinen König mehr zum Reinschmeißen? Neunundfünfzig ohne vier! kostet ein Vermögen!

DER JUSTIZRAT (*zum Kammersänger*): Sehr fein gespielt, daß Sie Pique nicht brachten! (*Zu Stroh*) Du hättest dieses Spiel nicht gewonnen!

ROBERT (*behaglich*): Ach, so ein Skätchen ist ein Genuß, die einzige Erholung nach Musik!

DER KOMMERZIENRAT (*spottend*): Besonders, wenn die Frau recht weit weg ist!

ROBERT (*gutmütig*): Na ja, Sie wissen: ich habe meine Frau sehr gerne, nur beim Skat ist es angenehm, wenn keine Damen im Nebenzimmer.

DER KOMMERZIENRAT: Alle Augenblicke steckt eine den Kopf zur Tür herein: ‹Sind die Herren schon bald fertig?› ‹Gleich, mein Engel›, sagt er – hol dich der Satan, denkt er. Oder: ‹Gewinnen die Herren?› Nur ein Vorwand, um schnell nachzusehen, ob der Gatte verliert oder gewinnt, und zu Hause dann, au wei!

ROBERT: Na, so schlimm ist's nicht. Null auf dem Pferde!

DER JUSTIZRAT: Ich gebe Kontra.

KAMMERSÄNGER: Bei Null ouvert?

ROBERT: Rekontra. Nicht zu fassen! (*Legt die Karten auf.*)

DER KOMMERZIENRAT: Das ist aber doch kein Kontra, ich bitte Sie!

DER JUSTIZRAT: Mit zwei Sieben?

DER KOMMERZIENRAT: Trotzdem, Sie sehen ja!

ROBERT: Keine Leichenreden! Aufschreiben! Zweihundert Gute für mich! Sie geben!

DER KAMMERSÄNGER: Wie lange bleiben Sie diesmal, Meester?

ROBERT: Vier Wochen. Noch zwei Konzerte ohne das übrige. (*Zum Kommerzienrat*) Sie reizen.

DER KOMMERZIENRAT: Gleich, ich habe noch nicht ausgepackt. Zehn!»

RICHARD STRAUSS, Auszug aus: «Intermezzo», London 1924

Oben:
Skat-Quartett. Zeichnung zu Richard Strauß «Intermezzo» von Ernst Klausz.

Seite 113:
«Der Sonntagsskat» von Georg Siebert, 1932. (Reproduktion im DSM).

lence. Wenn die meisten Autoren, immer voneinander abschreibend, behaupten, in der Zeit von 1870 bis 1880 sei eine Verwilderung des Skatspiels eingetreten[192], dann übersehen sie, daß es kein «zahmes» Skatspiel gab, das verwildern konnte. Hertefelds Skatkodex[193] dokumentiert einige sehr unterschiedliche Spielweisen, seine Sammlung berechtigt jedoch in keiner Weise, von Verwilderung zu sprechen. Noch viel weniger erfolgte nach dem ersten Skatkongreß in Altenburg 1886 eine Vereinheitlichung des Skatspiels – wir sahen ja, daß man auf dem dritten Kongreß in Halle 1899 zerstritten wie eh und je war. Insofern hat Stein[194] mit seiner Unterscheidung in Traditionalisten aus dem Herkunftsgebiet des Skats und – wie man sagen könnte – Rationalisten aus den Gebieten im Norden und Westen, die den Skat neu übernommen hatten, völlig recht. Diese

Differenzierung wird nur deswegen nicht recht deutlich, weil Stein, der ein Parteigänger des Farbenreizens ist, in diesem entscheidenden Punkt den Traditionalisten zustimmt.

Das alles ist aber auch positiv zu beurteilen: Die Leute, welche das neue Spiel übernahmen, änderten es sich nach Lust und Laune; da es sich hier nicht um staatliche Belange, sondern um ein Spiel handelte, kann man ihnen dies auch nicht übelnehmen. Wie jeder Skatspieler auch heute weiß, ist die Klärung der Regeln (mit oder ohne Ramsch, Kontra, Re usw. Wie wird der Grand gespielt?) ohne Probleme möglich.

Die fortschreitende Industrialisierung brauchte jedoch Normierung, nur so läßt sich das Anfertigen großer Stückzahlen bewerkstelligen. Die Systematisierung der industriellen Fertigung beginnt mit der Gründung eines deutschen Einheitsstaates. Deutschland ist damit später dran als seine Nachbarn. Wenn auch die nationalistischen Parolen das Problem überlagern: Im Kampf um die einzige Karte, mit der Skat zu spielen ist, geht es auch um die Normierung und gegen die Vielfalt. Tatsächlich hat sich das französische Bild der Vereinigten Altenburger-Stralsunder Spielkartenfabriken durchgesetzt, zur gleichen Zeit, in der man um die deutsche Karte stritt.

Der industrialisierte Krieg treibt diese Notwendigkeit der ökonomischen Ent-

wicklung, daß der Mensch sich den Normen industrieller Fertigung anzupassen habe, bis zur letzten Konsequenz voran. Das Lebensgefühl, das Burkhardt 1934 beschreibt, entsteht als Nachfolgeerscheinung des Ersten Weltkriegs. Ein Autor wie Ernst Jünger hat gnadenlos den Anpassungsprozeß des Menschen an die Gegebenheiten des industrialisierten Krieges beschrieben und die Selektion durch Technik gutgeheißen. Bezogen auf unser Spiel ist es einleuchtend, daß sich die rationalste Form durchsetzt. Während die Soldaten zu Beginn des Krieges noch mit Leuten aus ihrer Region zusammen waren, nahm die Mobilität, der Vermischungsvorgang im Laufe der militärischen Auseinandersetzungen immer stärker zu. Auch die starke psychische Belastung, der die Soldaten selbst in ihrer «Freizeit» ausgesetzt waren, verlangte ein klar gegliedertes Spiel: Das war der Guckiskat. Die anhand der Bombenkarte schon beschriebenen Vorteile des französischen Blattes kamen nun vollständig zum Tragen.

Wie der Krieg, so schuf auch die Inflation für die Kartenhersteller günstige Bedingungen. Es wurden sehr viele Spiele verkauft. Erst nach der Inflation war es wieder möglich, sich um die Organisation der Skater zu kümmern. Jetzt, wo die industrielle Entwicklung das gesamte Leben der Menschen bestimmte, begann man auch, diese Tatsache zu überdenken. Die neue Organisation der Skater, das heißt die wiedererweckte alte, der Deutsche Skatverband, sowie die

Der Kiebitz

«Es geht wohl immer einer neben dir,
Er sieht dir in das aufgeschlagne Blatt,
Er läuft am Wagen als das fünfte Rad,
Und trinkt mit dir aus einem Glase Bier.

Er ist dein Schatten, und du bist sein Tier.
Was du auch schlingst, er sagt sich niemals satt.
Dein ganzes Dasein scheint ihm schal und matt
Und er verlangt sein Leben, ach, von dir.

Wohin du auch die müden Schritte lenkst,
Wie eine Bremse schwirrt er stets um dich.
Und was du tust und was du auch bedenkst:

Er zehrt von deinem Ansehn brüderlich.
Wenn du dich in des Todes Masse mengst:
Er bleibt am Leben: geil und lüderlich.»

KLABUND (d.i. Alfred Henschke), 1890–1928, Auszüge aus Sonette des Spielers, erschienen vermutlich in der Harfenjule, Berlin, Verlag die Schmiede, 1927

Moderne Spielkarten der 20er Jahre. Sport-Karte, Entwurf: Pix (= Otto Pech), Hersteller: Vereinigte Stralsunder Spielkarten-Fabriken AG., Abt. Altenburg, 1928, Chromolithographie, DSM Inv.-Nr. 1976–5. Dieses Spiel erschien anläßlich der Olympischen Spiele in Amsterdam 1928.

Seite 115: Bergbau-Karte. Entwurf: Pix (= Otto Pech). Werbespiel für «Anhaltische Kohlenwerke, Werschen Weissenfelser Braunkohlen A.-G., Halle a/S.» Hersteller: Vereinigte Stralsunder Spielkartenfabriken AG., Abt. Altenburg, 1925. Chromolithographie, DSM Inv.-Nr. A 592.

Z.K.
GLÜCK—AUF
K
Oberberghauptmann 1826
U
Bergsänger um 1766
Pix
Cecilie
7
U
Freiberger BergKnappe 1900

«Der Skatmaler» Otto Pech (Pseud.: Pix), Maler, Bildhauer und Dichter, geb. 9. September 1882, gest. 3. August 1950, Altenburg. Die Geschichte des Skatspiels wäre unvollständig, würde der Skatmaler Otto Pech nicht erwähnt. 1903 hatte er sich an der Preisausschreibung für den Skatbrunnen beteiligt. Er erhielt einen Preis, der Auftrag ging an den Münchner Prof. Ernst Pfeifer. 1914, zur Weltausstellung für Buchgewerbe und Graphik in Leipzig, sollte der «Altenburger Skatkalender» in besonderer Aufmachung erscheinen. Pech erhielt den Auftrag, dazu ein Kommentar aus dem Altenburger Skatkalender von 1924:

«‹Der Künstler erledigte seine Aufgabe in überraschender Weise. Ein neuer Geist sprach aus den so leblosen Kartenbildern, die Figuren lebten und widerspiegelten die gute, behäbige Lebensweise des bürgerlichen Philistertums und die Freude am Skatspiel ....› Damit ist Pix der Durchbruch gelungen, er findet in der Altenburger Spielkartenfabrik einen Mäzen und Auftraggeber. Die Titelblätter des ‹Altenburger Skatkalenders› zeigen zum Teil Pix's Handschrift, so auch der Kalender für das Jahr 1923: die Kartenspielenden Wenzel zeigen auf das Altenburger Schloß, in dem das Spielkartenmuseum eingerichtet wurde. Pix hat dort die Wände mit Geschichten zum Skatspiel und zur Geschichte des Skatspiels ausgeschmückt. Von Pix stammt der Name ‹Skatheimat›, für das Spielkartenmuseum.»

Zum 12. Skatkongreß im Juli 1928 wurde das Bühnenstück «Skat» uraufgeführt. Otto Pech schrieb den Text und war sowohl für die Kostüme als auch für das Bühnenbild verantwortlich.
Der Alte, 1928, S. 185.

Skat

Spiel in zwei Akten und einem Zwischenspiel von Otto Pech
Inszenierung und Spielleitung: Martin Homburg

Fritz Junge, ein skatungeübter Verliebter. Kurt Reutlinger
Annie König, seine Herzdame . . . . . . Ilsabe Dieck
Maurus König, ihr Vater, ein Skater . . Hermann Wedding
Martin Ober, ein alter Altenburger Bauer Kurt Steinbach
Marje, seine Frau . . . . Maria Worch

Die 4 Wenzel:
Der Eichelalte . . . . Alex Wilhelm
Der Grünwenzel . . . . Hugo Spannaus
Der Rotjunge . . . . Wilhelm Dammann
Der Schellenbube . . . . Albertus Kinkel

Im Zwischenspiel:
Festzug der Spielkarten. Damen und Herren aus der Stadt

Spielt in der „Skatheimat" Altenburg am Vorabend eines Skatkongresses

Bühnenbild und Kostüme: Otto Pech
Bühnenmusik: Städtisches Orchester
Bühneninspektion: Ludwig Mönch

Kongresse stehen nun ganz unter dem Mäzenatentum des Herstellers, der (fast) das nationale Monopol hatte. Auch hier zeigt sich konsequent eine Entwicklung, die wir in ihren Anfängen schon beschrieben haben.

Eine Kuriosität bestätigt unsere Analyse:

Im Jahr des elften Skatkongresses in Altenburg, über den noch zu berichten sein wird (1927), gründete ein Bonner Bürger, dessen Namen Julius Benndorf nicht überliefert, einen unabhängigen «Allgemeinen Deutschen Skatverband». Diese neue Organisation ließ auch ein Fachblatt erscheinen, die «Allgemeine Deutsche Skatzeitung, Verbandsblatt des Allgemeinen Deutschen Skatverbandes Bonn am Rhein». Das ganze Unternehmen scheiterte. Interessant für uns ist die Begründung, mit der dieser «unabhängige» Verband gegründet

Folgende Spielkarten hat Pix entworfen: Die Bergbau-Karte (1924/25), Altenburger Keglerkarte (1926), Sport-Karte (1929) und das – bis heute noch heißgeliebte «Schwarzer Peter»-Spiel (1926), häufig genannt «Pix Peter». In der Inflationszeit erschienen drei Serien Notgeld von Pix (vgl. S. 110/111).

Von Pix' schriftstellerischen Fähigkeiten zeugt sein Festspiel «Skat», es wurde anläßlich des 12. Deutschen Skatkongresses am 26. Juli 1928 uraufgeführt. Dazu ein Kommentar aus dem Altenburger Skatkalender von 1929:

«Erwartungsvolle, frohe, schweißgebadete Gesichter schoben und drängten lange schon vor Beginn durch die kaum geöffnete Einlaßpforte. In den festlich erleuchteten Rängen und Logen hob ein Raunen und Flüstern an, das erst der Taktstock des Kapellmeisters zum Schweigen brachte, als ein Musikstück die Feier einleitete. Sonderbarerweise war den – Begrüßungsreden der Schluß des Abends eingeräumt worden. Ob man damit etwaiger Langatmigkeit vorbeugen wollte? So stand im Mittelpunkt des Abends denn der ‹Skat›, ein allerliebstes Lustspiel mit einem Zwischenspiel, dem Festzug der Spielkarte beider Fraktionen, der Eichel und der Treff. In solcher Art sind die bunten Kartenbilder, von denen man weiß, daß sie ihre originellen Kleidertrachten den Großen der Erde zu deren Lustbarkeiten schon oftmals leihen mußten, wohl noch nicht über die Bretter der Schaubühne gegangen! Bildähnlich ist zu wenig, wenn wir die Meisterschaft kennzeichnen wollen, mit der der Skatmaler die Treue der Kostüme und Gesichtszüge aller Personen und Figuren wiedergab. Der Gedanke des Stückes war sofort klar erkennbar, wenn man die Personen aus dem gediegenen Festbuche herauslas: Fritz Junge, ein skatungeübter Verliebter, Anni seine Herzensdame und Tochter des Maurus König, eines skatversessenen und dadurch vergessenen, zum Skatkongresse eingetroffenen Vaters. Der die Tochter will, liebt leidenschaftlich und der die Tochter hat, spielt leidenschaftlich und darf natürlich bei einem Skatkongresse nicht fehlen. Da nun die Liebe erfinderisch macht und bunte Flügel hat, ist der Liebe jedes Mittel recht und sie treibt die Liebenden in die ‹Skatheimat›, unter die Bewohner des Kartenstaates, wo die vier Wenzel als Schutzengel dem scheinbar aussichtslos liebenden, skatungeübten und liebestollen Herzjungen im Gewahrsam der Skatwiege in einer Nacht den Skat ‹einbläuen›. Viel buntes und lustiges Beiwerk, wie prächtigstes vom Skatmaler entworfenes und ausgeführtes Bühnenbild und die Gestalten eines Altenburger Bauernpaares, trug zum ausgesprochen großen Erfolge bei.»

Zug des Kartenstaates aus der «Skatheimat»; Altenburger Skatkalender, 1924.

1923 wurde das Altenburger Spielkartenmuseum im Schloß zu Altenburg eingerichtet. Da ein Raum dem Skatspiel gewidmet war, nannte man es – sicher angeregt durch das Titelblatt des Altenburger Skatkalenders von 1923 – «Skat-Heimat». Die Skatheimat wurde zum «Mekka» vieler Skat- und Spielkartenfreunde. Wie es zur Gründung und Einrichtung des Museums kam, berichtet BENNO DIRF:

«In meinem Kopfe spann ein Ding! Zu greifbarer Gestalt verdichtetem flüchtigen Gedanken wurde Verwirklichung: die Errichtung der ‹Skatheimat› an der Geburtsstätte des schönsten deutschen Kartenspiels.

Die Novemberereignisse von 1918 brachten auch in der Heimat des schönen Skatspiels einen Herzogsthron ins Wanken und weiter in die Bodenkammer. In den prunkvollen Gemächern seines fürstlichen Inhabers schufen nun zielbewußte deutsche Männer mit selbstloser Hingabe ein Spiegelbild entschwundener, behaglicher Jahrhunderte: das Heimatmuseum des Altenburger Landes, ein Ehrenmal für unserer Väter Kunstsinn und Gewerbefleiß, und eine Mahnung es ihnen gleichzutun an unsere Jugend und die kommenden Geschlechter, denen Deutschlands Zukunft anvertraut ist.

Lag da nicht der Gedanke nahe, auch dem im Altenburger Lande seit mehr als einem Jahrhundert in hoher Blüte stehenden Spielkartengewerbe und dem in Altenburgs Mauern geborenen Skatspiel eine würdige Heimstätte zu bereiten? Alles das zu sammeln und liebevoll aufzubewahren, was uns Kunde gibt von der Väter Tun und Treiben nach Tagesmühe und Arbeit, wenn an den Spieltischen des Gasthauses und des Dorfkruges die Kartenblätter ihr Recht forderten und die deutsche Gemütlichkeit Wunderblüten entfaltete, deren Duft einzuatmen man heute vergeblich trachtet! Sollte es nicht Beifall finden, jenen schon halbverwischten Spuren nachzugehen, die durch liebevolle Erkundung der Geschichte der Spielkarte und des Skatspiels, als Kulturdokument betrachtet, unschätzbare Dienste leisten könnten? Gehört es doch zu dem unvertilgbaren Bedürfnis der Menschen zu ergründen, aus welchem Erdreich und unter welchen Bedingungen der Baum wuchs, in dessen Schatten er Rast und Labe findet. Zwar fließen die Quellen nur noch spärlich und Vorhandenes bedarf der Ergänzung, aber rastloser Ausdauer muß es gelingen Lücken auszufüllen und viel dem Verfalle Geweihtes noch rechtzeitig für die im Entstehen begriffene Sonderabteilung des Heimatmuseums, in die ‹Skatheimat›, zu retten.»

Im Zusammenhang mit der Demontage deutscher Betriebe im Jahre 1946 wurden nicht nur die Einrichtung der Altenburger Spielkartenfabrik, sondern auch die Bestände des Spielkartenmuseums in die Sowjetunion verbracht. Sie sind seitdem verschollen.

Die Stadt Altenburg trug nach dem Krieg eine

wurde: «Der Deutsche Skatverband», so hieß es, «müsse von der einschlägigen Industrie erlöst werden.» Das heißt, der Initiator sah auch die allzu intensive Verflechtung von Skatveranstaltung mit den Interessen der Spielkartenindustrie. Sein Irrtum bestand lediglich darin, anzunehmen, die Skater würden dies der «einschlägigen Industrie» übelnehmen. Skater spielen um jeden ausgesetzten Preis – wer auch immer der Spender ist –, solange man sie nicht am Spielen hindert. Insofern sind sie durchaus gegen manche Einflüsse resistenter, als der Gründer glaubte[195].

Nachdem die deutschen Spielkarten stark normiert waren, sorgten die werbende Wirtschaft und das Bedürfnis nach Absatz für Vielfalt, oder – wie man sagt – für «ästhetische Innovationen». Wie die Abbildungen im vor-

liegenden Buch zeigen, sind in den zwanziger und frühen dreißiger Jahren viele neue Spielkarten gezeichnet und gedruckt worden. Werberückseiten mit teils traditionellen, teils neu gezeichneten Bildern prägen den Spielkartenmarkt entscheidend. Immer intensiver werden äußere Anlässe, die allemal großes öffentliches Interesse beanspruchen, auch für die Spielkarten genutzt, wie etwa die Olympiade in Amsterdam 1928.

In dem Skatmaler Pix[196] war nun auch jemand gefunden worden, der seine gestalterischen Fähigkeiten voll in den Dienst des Skatspiels stellte. Er entwarf den «Kopf» und den «Kiebietz» der seit März 1926 erscheinenden Skatzeitschrift «Der Alte»[197]. Diese Zeitschrift hätte ohne die Hilfe der Vereinigten Altenburger und Stralsunder Spielkartenfabriken nicht erscheinen können. Schon vorher war der offizielle Skat Gast in dem von der Altenburger Firma herausgegebenen «Skatkalender»[198]. Auch hier finden wir Zeichnungen von Pix, aber auch wichtige Beiträge von Artur Schubert sowie viele Gedichte über des Skaters Freud und Leid. «Der Alte» wurde in einer ersten Auflage von 10 000 Exemplaren gedruckt; schon diese Zahl war ohne einen Mäzen nicht denkbar. Verschickt wurde er auch an alle Abnehmer der Altenburger Spielkarten, was durchaus eine Rolle in der Werbestrategie der Firma spielte. Aber noch einen anderen Grund scheint die Firma gehabt zu haben, die Zeitschrift zu unterstützen: Vielen, die Skat spielten, schien nach dem Krieg die Existenz eines «Deutschen Skatverbandes» unbekannt zu sein. Wenn sie Fragen hatten, schrieben sie, da sie es nicht anders wußten, an die Vereinigten Altenburger und Stralsunder Spielkartenfabriken, die mit dem Skat und der Stadt Altenburg genauso identifiziert wurden wie in Österreich die Spielkarte mit «dem Piatnik», der Wiener Spielkartenfabrik.

neue Sammlung zusammen, die heute im Altenburger Schloß besichtigt werden kann.

In Westdeutschland verfolgten die übergesiedelten «Vereinigte Altenburger und Stralsunder Spielkartenfabriken AG (ASS)» zielstrebig den Aufbau einer neuen Spielkartensammlung, die zunächst als «ASS-Museum» bekannt wurde. In Bielefeld wurde am 9. Januar 1955 auf der Sparrenburg das «Deutsche Spielkartenmuseum in Bielefeld e.V.» eröffnet. Richard Kaselowsky, Inhaber der Bielefelder Spielkartenfabrik, hatte seine Privatsammlung alter Spielkarten dem Verein zur wissenschaftlichen Auswertung zur Verfügung gestellt.

Teilansicht des Deutschen Spielkarten-Museums in Leinfelden-Echterdingen.

1972 erwarb die Firma ASS die Bielefelder Spielkartenfabrik und die Sammlung. Das Deutsche Spielkartenmuseum siedelte nach Leinfelden-Echterdingen über und wurde mit den Beständen des ehemaligen «ASS-Museums» vereinigt. Am 30.5.1974 wurde das «Deutsche Spielkarten-Museum e.V.» in der Grundschule Leinfelden-Süd von Leinfelden-Echterdingen eröffnet.

Am 18.8.1982 verkaufte die Firma ASS das Museum an das Land Baden-Württemberg. Ein Teil des Museums übernahm die Stadt Leinfelden-Echterdingen, die auch die Kosten für das Museum trägt.

Oben links:
Titelblatt der «Illustrirten Zeitung» vom 26. Juli 1928 nach einem Entwurf von Streller.

Oben rechts:
«Wenzel sticht». Offsetdruck nach einem Gemälde von E. Belger, um 1925.
DSM Inv.-Nr. 1982–8

Unten links:
«Das Lied vom Skat», gedichtet von Benno Dirf. Titelblatt einer Sonderausgabe von Pix, um 1925.
DSM

Unten rechts:
«Der Vierte beim Skat». Werbeplakat für «Haake-Bier», um 1932.
DSM Inv.-Nr. 1982–9

Zur Entwicklung Altenburgs als Zentrum der Spielkarte gehört auch die Gründung eines Spielkartenmuseums 1923, das den bezeichnenden Namen «Skatheimat» erhielt. In der Werbung, die damals immer wieder im «Alten», und im «Altenburger Skatkalender», aber auch in Prospekten der Stadt Altenburg betrieben wurde, sieht man die vier Wenzel beim Skatspiel. Der vierte verweist auf das Museum im Herzogsschloß zu Altenburg, wo man die Geschichte der Skatkarten studieren kann.

Äußeres Merkmal der Konzentration des Skatspiels auf sein altes Zentrum Altenburg und die dort ansässige Spielkartenindustrie ist der elfte Skatkongreß, der im Mai 1927 nach 15 Jahren Pause dort stattfand. Auf dieser Zusammenkunft wurde eine Entwicklung, die schon vor dem Ersten Weltkrieg beginnt, formal abgeschlossen: Unter der Bezeichnung «Leipziger Skatordnung» erklärte man den Guckiskat zur offiziellen Skatregel. Der Kongreß beschloß, diese Skatordnung ein Jahr zu erproben, um dann mit den gesammelten Erfahrungen 1928 erneut darüber abzustimmen. Ein «Skatordnungsausschuß» wurde gewählt, um diese «Probezeit» zu überwachen.

Tatsächlich war das Guckiskatgesetz schon angenommen worden, bevor es zur Abstimmung kam. Die Vereinheitlichung hatten die Spieler schon vollzogen; die in Altenburg Versammelten folgten diesem Beispiel. Deswegen war die Gründung eines «Skatgerichts» nur konsequent, da zum erstenmal eine Skatordnung bestand, die alle Skater akzeptierten. In gut hundert Jahren hatte sich ein Spiel entwickelt, das nun eine verbindliche Regel für die meisten Spieler aufzuweisen hatte. Skat ist – vielleicht nur noch mit dem Bridge vergleichbar – ein Spiel, dessen einheitliche Regeln die Gesamtheit der Spieler annahm. Diese

Der «Skat-Dichter» Julius Benndorf (Pseud.: Benno Dirf), geb. 6.3.1872 in Gerstenberg, Kreis Altenburg, gest. 5.9.1947 in Altenburg. Herausgeber des Altenburger Skatkalenders und Schriftleiter der Monatsschrift «Der Alte», Verfasser unzähliger Skatgedichte und -geschichten.

Widmung für den Skatkalender 1916

«Büchlein, Glück zur Reise,
auf zum Jahreslauf!
Such' in frohem Kreise
Alte Freunde auf.

Such' sie, die zerstreute
Rauhen Krieges Tück',
Such' die tapfern Leute
Auf im Grabenstück.

Dring' nach West und Osten
Auf mühsel'gem Pfad,
Wo die Südwacht Posten,
Eifre die zum Skat.

Eine treulich wieder,
Was der Krieg zerstreut,
Tönt vom Turme nieder
Friedensfestgeläut.

Lukaschi, 23.11.15, Gouv. Minsk.
Benno Dirf (Utffz. 7/225.)»

Altenburger Skatkalender, 1916

Postkarten von Arthur Thiele, um 1938. DSM

Karikatur von H. Ludwig, um 1930 erschie-in einer Illustrierten. Aus einem Klebeband zum Thema Skat, DSM

Kleiner Wartesaal bei Nacht

Um ein Uhr ging der Ober Paul
Laut Dienstvorschrift zu Bett.
Die letzten Fliegen nippen faul
Den Zucker vom Tablett.

Der Händler Schulze schnarcht und
An einem Eichenstamm, (sägt
Der Dame, die Patiencen legt
Sind schon die Finger klamm.

Der Wartesaal entschlummert sanft,
Der Tag war lang genug.
Durch seine Träume pfeift und dampft
Ein später Güterzug.

Jedoch er schläft bis fünf Uhr drei,
Dornröschengleich und brav —
Dann kommt ein D-Zug-Prinz vorbei
Und küßt ihn aus dem Schlaf.

Titelblatt zu P. A. Höfges: «Das Skatgericht entscheidet». Wiesbaden, 1965. In der BRD hat das Skatgericht seinen Sitz in Bielefeld. Es besteht aus 3 Sachverständigen. In der DDR tagt das Skatgericht in Altenburg mit 7 Sachverständigen.

Anläßlich des 11. Skatkongresses in Altenburg (10. bis 12. Juni 1927) wird das «Skatgericht» gegründet. Den Urteilen des Skatgerichts liegen die Bestimmungen der Skatordnung zugrunde. Die gefällten Urteile des Skatgerichts werden kostenlos veröffentlicht im Verbandsorgan «Der Alte».

Das
Altenburger Skatgericht
erteilt kostenlose
Auskunft in allen Zweifelsfällen des Skatspiels

Die Entscheide finden Veröffentlichung im monatlich erscheinenden Verbandsblatte des Deutschen Skatverbandes E.V. „Der Alte"
(Jährl. RM 3.- für Vereine Einzelmitglieder RM 4.-)

Wenn sofortiger Entscheid gewünscht wird, ist der Anfrage Rückporto beizufügen

Anfragen sind zu richten an den Geschäftsführer Julius Benndorf Altenburg, Thür., Oststraße 5

Übereinstimmung ermöglichte eine «höchstrichterliche» Interpretation der Spielregeln. Wie im sportlichen Wettkampf besteht gegen die Entscheidungen des Schiedsrichters keine Einspruchmöglichkeit.

Doch der elfte Kongreß ist auch in seinen Turnieren epochemachend gewesen: Artur Schubert hatte noch kurz vor seinem Tod eine Wettkampfregel ausgearbeitet, um den «Deutschen Skatmeister» zu ermitteln. Dies war nicht so einfach, wie es dem Leser erscheinen mag. Im Gegensatz zum Schach, der hier mit seinen Meisterschaften ein – wohl unerreichbares – Vorbild war, finden die Wettkämpfer, die sich miteinander messen, nicht automatisch gleiche Bedingungen vor. Die Blätter, die an jedem Tisch gemischt und verteilt werden, sind unterschiedlich. Tatsächlich könnte einer Skatmeister werden, bei dem sich unerhört viele Glückszufälle gehäuft haben würden. Deswegen arbeitete Artur Schubert schon seit 1905 an einem System, mit dem alle Spieler dieselbe Ausgangsposition erhalten sollten. Dabei – das war sein Gedankenansatz – sollten die Karten an alle gleich mit Hilfe des Zufalls verteilt werden. In seinem Lehrbuch von 1922 geht er ausführlich auf diese Frage ein: Das Problem der Chancengleichheit bei der Kartenverteilung, so berichtet er, hätten Deutschamerikaner in den Mississippistaaten gelöst.

«Wie mir ein Herr aus Detroit mitteilte, der mich auf seiner längeren Urlaubsreise besuchte, sind einige Vorstandsmitglieder des Amerikanischen Skatverbandes durch den dort beliebten Duplikatwhist (Whist an zwei Tischen mit gleicher Kartenverteilung) auf den Gedanken gekommen, etwas Ähnliches auch für die Skatturniere zu schaffen. Nach einigen Fehlschlägen fanden sie auch ein in der Tat überaus einfaches Verfahren, das sie Komparationsskat nannten, die New Yorker Skatfreunde aber recht treffend mit Vergleichsskat bezeichneten.

In diesem Vergleichsskat treten nicht sämtliche Teilnehmer miteinander in Wettbewerb, sondern nur die Ersten unter sich, die Zweiten unter sich usw. Die Art der Kartenverteilung aber macht man sich am besten in folgender Weise klar:

Zunächst teilt Platz I am ersten Tische eine neue Karte in gewöhnlicher Weise aus. Ehe aber mit Spielen angefangen wird, werden die Karten von Platz II, ohne daß den anderen die Bildseiten zu Gesicht kommen, zweimal, die Karten von Platz III dreimal, und die Karten von Platz IV viermal gelocht, während die beiden Skatkarten gar nicht gelocht werden. Dann wird in gewöhnlicher Weise gereizt und gespielt.

Nach dem Spiel aber werden die Karten einem anderen Tische (etwa Tisch 4, weil Tisch 2 und 3 etwas vom Reizen oder Spielgang gehört haben könnten) übergeben. An diesem neuen Tische teilt nun Platz I die Karten in der Weise aus, daß er alle Karten mit 2 Löchern Platz II, alle Blätter mit 3 Löchern Platz III und die mit 4 Löchern Platz IV gibt, die ungelochten aber in den Skat legt. An diesem Tische macht vielleicht Platz II Null, während am ersten Tische Platz II paßte und Platz III wendete. Ist dann Tisch 4 mit dem Spiel fertig, so gibt er seine Karten nach einem beliebig anderen Tische, etwa nach Tisch 7 weiter usf.»[199]

Er versucht nun, dieses System auf deutsche Verhältnisse zu übertragen, meint jedoch, daß das Lochen der Karten zu hohe Kosten (zumal 1922 in der Inflationszeit) verursachen würde. Er schlägt vor, die Kartenverteilung vorzunehmen, sie aufzuschreiben und dann 45 Spiele entsprechend der Kartenmischung zu ordnen und an die Spieler zu verteilen.

1926 tauchten Skat-Kampfspiele nach dem System Peters (Copyright 1926 by

Peter Peters, Hamburg-Fuhlsbüttel, Erdkampsweg 46) auf. Diese Spiele – ob frei erfunden oder Schubert kopierend, mag für uns ohne Bedeutung sein – waren in Wettkampfsätzen gleich verpackt, Peters verlieh sie gegen Entgelt. Seine Idee ließ er sich urheberrechtlich schützen. Allerdings hat man außer einigen Inseraten nie wieder etwas von ihm gehört. Schließlich konnte ja auch ein gewähltes Gremium in jedem Verein die Spielsätze gewissenhaft und sachgerecht zusammenstellen.[200]

Auf dem Elften Deutschen Skatkongreß wurde nach Schuberts System ein deutscher Meister ermittelt.

Das zwölfte Treffen fand wie alle weiteren wieder in Altenburg statt. Erörtert wurde, ob man nicht nach Leipzig gehen solle, da 2000 amerikanische Skater im Anmarsch seien und Altenburg nicht in der Lage wäre, diese Menschenmengen aufzunehmen. Aber die Ankündigung von 2000 amerikanischen Skatern stellte

«Es ist doch zum Auswachsen mit dem Kerl! Die ersten drei Jahre hat er überhaupt nichts begriffen und jetzt mogelt er schon mit de Beene!» Zeitungsausschnitt aus einem Klebeband zum Thema Skat, DSM

Das Skatgericht tagt. Das Illustriertenbild der dreißiger Jahre wurde dem Klebeband Franz Laudans, «Unsterblicher Skat», entnommen. Foto: Fotoklub Leinfelden

Titelblatt von Pix für die Festschrift zum XI. Deutschen Skatkongreß 1927 in Altenburg.

Ganz selten bekommt ein Skatspieler ein «Traumblatt» auf die Hand; es ist Brauch, die seltenen Glücksfälle der Vergessenheit zu entreißen. Deswegen klebt man das siegreiche Blatt auf, hält Ort und Spieler fest. Hier ein Beispiel, das in die Sammlung des DSM gelangt ist.

«Ein Herold sang mit wohltönender Stimme den ‹Willekumm›:

Gut Blatt allhier! Gut Blatt allhier! Gut Glatt
allhier zum Skatturnier!
Blätter grünen, Schellen klingen, Eicheln reifen,
Herzen springen!
Willekumm zum Skat allhier in der Skatheimat!
Auch die andre Farbensippe: Treff und Eckstein,
Herz und Schippe
Aus dem Kartenstaat – Willekumm, willekumm
zum Skat!
Gut Blatt allhier zum Skaterfest, Ihr Spieler aus
Nord, Süd, Ost, West!
Zweiunddreißig bunte Karten auf die Wenzelritter warten,
Alle sind parat zum Skatspiel früh und spat!
König, Dame, Ober, Unter – alle rufen sie Euch
munter
Auf zum edlen Skat allhier in der Skatheimat!
Gut Blatt! Gut Blatt! Gut Blatt der Stadt, die
uns das Spiel gegeben hat!
Wenn die Wenzel Trümpfe brechen und die
schweren Däuser stechen,
Grüß Euch Ros' und Hand beim Skat im Osterland!
Wenn die blanken Zehnen fliegen, mög' im Skat
Euch Herzas liegen:
Altenburg, die Stadt. Gut Blatt! Gut Blatt!
Gut Blatt!»

Aus einer Beschreibung des 11. Deutschen Skatkongresses 1927 (Altenburger Skatkalender 1927)

100 Jahre Altenburger Spielkarten!

Im Jahr 1932 feierten die Vereinigten Altenburger und Stralsunder Spielkartenfabriken ihr 100jähriges Bestehen. Im Laufe des Jahrhunderts hatte sich in den Daten der Firmengeschichte ein Fehler eingeschlichen, so daß einige Gratulanten bereits 10 Jahre zu früh – also 1922 – dem Unternehmen gratulierten. Auf diesen Druckfehler spielt die Karikatur an. Der Alte, 1932, S. 101.

Die Skatkarte des 20. Jahrhunderts.
Entwurf: Ulla Siebe; Hersteller F. A. Lattmann, Goslar, um 1925.
DSM Inv.-Nr. 1975–8
In Anlehnung an den Stil der «neuen Sachlichkeit» zeigen uns hier die Könige, Damen und Buben was in den zwanziger Jahren modern ist: Garçonne mit Bubikopf, Autofahrer, Tennisspieler, aber auch Bergsteiger und Herrenreiter.

sich als weit übertreiben heraus, und so blieb es bei Altenburg. Während diese Stadt der feste Veranstaltungsort der Kongresse wurde, hielt man die Verbandstage an unterschiedlichen Orten ab. Erinnert werden muß noch in unserem Zusammenhang an den dreizehnten Kongreß, der 1932 stattfand und geprägt wurde durch das hundertjährige Firmenjubiläum der Vereinigten Altenburger und Stralsunder Spielkartenfabriken AG, die diesen Kongreß mit «300 Jubiläumsgaben»[201] förderten.

Die Zeit des Nationalsozialismus wird in organisatorischen Maßnahmen deutlich: Auf dem 14. Skatkongreß im September 1937 wurde Erich Fuchs zum Vorsitzenden gewählt; diese Wahl fand nach dem «Führerprinzip» statt, denn der Verbandsvorstand hatte einen Antrag eingereicht, daß der 14. Deutsche

Der Skatklub

«Das machen sie alle Jahre so –
da halten sie ihren Parteitag
in Magdeburg oder Gütersloh
von Montag bis aufn Freitag.
Der Hilferding lehrt; der Wels, der dröhnt;
der Heilmann wird peinlich hitzig;
Müller liest was vor, und Breitscheid klöhnt
(für Gütersloh äußerst witzig).
Den Vorsitz führt ein redlicher Mann,
der mit der Geschäftsordnung gaukelt,
und dann setzt ein Kollege das Schlußwort an –
das ist alles schon eingeschaukelt.
Es werden dieselben Bonzen gewählt,
die alten Zirkuspferde;
es werden dieselben Sprüche erzählt ...
Hat dafür Bebel gearbeitet –?
Es braust ein Land in Unmut und Not –
die bewilligen ganze Flotten;
die schießen den Mann auf der Straße tot
und hausen wie Hottentotten.
Die werfen Milliarden zur Reichswehr hinaus
und küssen dem Papst die Hände –
die vertun unsere Zeit im Reichstagshaus –
Habt ihr vergessen, daß ihr Arbeiter vertretet –?
Ihr Funktionäre in Gummischuhn!
Sieht man euch so parlamentieren,
dann frag ich mich: Was muß man tun,
um euer Vertraun zu verlieren?
Verrat. Die Steuern. Reichswehrbetrug.
Zörgiebel, Kreuzer. Noch nicht genug.
Die Stunde rennt.
Ihr pennt.
Aber das machen sie alle Jahre so –
da halten sie ihren Parteitag
in Magdeburg oder Gütersloh
von Montag bis aufn Freitag.
Und das kämpft für den Zukunftsstaat –!
Flaschen könnt ihr spüln. Aber nicht Skat.»

Theobald Tiger (d.i. Kurt Tucholsky), Der Skatklub, erschienen in: Die Weltbühne, 1929, 1. Halbjahr

Skatkongreß beschließen solle: «Der Verbandsvorstand wird mit der Ausarbeitung einer neuen Satzung, die auf dem Führerprinzip aufgebaut ist und der Jetztzeit entspricht, beauftragt [...].»[202]

Doch nicht nur mit der Einführung des Führerprinzips folgte der Deutsche Skatverband der nationalsozialistischen Ideologie, auch die rassistische Politik der NSDAP wurde voll übernommen. Dieser vierzehnte Skatkongreß war «offen für jeden arischen Skater und jede arische Skaterin»[203]. Anwesend war der Thüringer Landesstellenleiter des Reichsministeriums für Volksaufklärung und Propaganda.[204]

1938 werden alle Vereine gleichgeschaltet; in der ersten Nummer des «Alten» heißt es dazu: «Wichtig für die Ortsgruppen! Alle Ortsgruppen firmieren ab

Schwarze Liste

«Der Verband führt seit einiger Zeit eine sogenannte ‹Schwarze Liste›, in der alle die Spieler geführt werden, die aus besonderen Gründen an den Veranstaltungen des Verbandes nicht mehr teilnehmen dürfen. Unsere Klubs und Vereine, die Interesse haben, können die Anschriften von uns erhalten.
Heil Hitler!
Deutscher Skatverband (Erich Fuchs, Verbandsleiter)»

Der Alte 1938, S. 1

Antrag von Oberpostrat a. D. Heinecke, Berlin

«Es ist dahin zu streben, daß alle Veröffentlichungen des Deutschen Skatverbandes und wenn irgend möglich auch die Verbandszeitung mit deutschen Druckbuchstaben gedruckt werden und daß nur solche Anzeigen aufgenommen werden, die sich von entbehrlichen Fremdwörtern frei halten. Auch die Wörter ‹Grand›, ‹ouvert›, ‹pique›, ‹Matadoren› usw. sollen sowohl in der Skatordnung wie in allen Mitteilungen (auch in den Anfragen der Urteile) usw. in der Verbandszeitung grundsätzlich vermieden werden.

Begründung: Die deutsche Druckschrift ist klar, künstlerisch schön und leicht lesbar, während der Lateindruck von allem das Gegenteil ist; vor allem aber entspricht sie der deutschen Eigenart und Wesensheit, während der Lateindruck wesentlich von den Juden gefördert worden ist. Der leider manchmal gehörte Einwand, daß die Rücksicht auf die Ausländer den Lateindruck verlangt, ist durchaus hinfällig; denn erstens lesen die Ausländer deutsche Sprache durchaus gern, auch in deutscher Schrift [...]»

Festschrift zum 14. Deutschen Skatkongreß am 26. September 1937 in der Skatstadt Altenburg, S. 23

Skatspieler auf der Fahrt zum Reichsparteitag 1935 in Nürnberg. Aus: Illustrierter Beobachter, 1935.

Antrag vom Wittenberger Skatverein «Gut Blatt»

«Der Kongreß wolle beschließen, nachstehenden Antrag an geeigneter Stelle in die Skatordnung aufzunehmen: ‹Da im Dritten Reiche alle Nichtarier (Juden) keinen Anteil an der Volksgemeinschaft haben, ist es eine Selbstverständlichkeit geworden, daß Skatspieler, die Juden sind, weder dem Deutschen Skatverbande noch einem Skatverein angehören dürfen und demzufolge auch von Skatwettspielen jeglicher Art auszuschließen sind.» Aus: Festschrift zum 14. Deutschen Skatkongreß am 26. 9. 1937 in Altenburg.

National-Karte. Hersteller: Elsner & Co., Görlitz, um 1935. Propagandaspiel der NSDAP. DSM Inv.-Nr. A 562

Pour le Mérite
DEUTSCHLAND HOCH IN EHREN
DEUTSCHLAND DEUTSCHLAND ÜBER ALLES
Urlaubszug für zwangsweis Beurlaubte
DEUTSCHLAND
ERWACHE
JANUAR
30
Es war höchste Zeit !
HÜTE, DEUTSCHER ADLER, DEUTSCHES VOLK UND LAND!
DEUTSCHE SITT UND ZUNGE DEUTSCHE STIRN UND HAND!
Eisernes Kreuz
SIEG-HEIL
FRONT-HEIL

Kartenhalter für Einarmige. Aus: Der «Alte», Nov. 1942, S. 32.

«Mit diesem Spiel vertrieben wir uns die Zeit. Als es Winter wurde, waren die Karten schon derart abgegriffen, daß man ein Kreuz-As nicht mehr von einem Karo-König unterscheiden konnte. Bei aller Vorsicht – das Spiel war nicht mehr zu gebrauchen.

Wie gesagt, ich war den Kameraden dankbar, die sich mit mir beschäftigten. Und ich wollte ihnen zu Weihnachten eine Freude machen.

Auf der Baustelle, an der wir eingesetzt wurden, organisierte ich Fetzen von Zementsäcken, schmuggelte sie ins Lager und begann, sie mit dem stumpfen Taschenmesser eines Kameraden in gleichgroße Stücke zu schneiden. Die 32 Zettelchen bemalte ich mit einem Kopierstift-Stummel: von Karo Sieben bis Kreuz-As. Es war eine mühselige Arbeit.

Aber am Heiligen Abend konnten wir wieder Skat spielen! Und wir machten ein richtig scharfes Spiel mit Einsatz und Gewinn. Wir spielten um Tabakskrümel und rohe Kartoffeln. Und wer gewann, hatte etwas zu essen und eine Pfeife voll zu rauchen.

Seit jener Zeit – wie gesagt – spiele ich Skat. Und nun werden meine Freunde verstehen, warum ich das Skatspiel nicht über alles liebe: Es erinnert mich halt zu sehr an die mieseste Zeit meines Lebens. Hin und wieder ein Spielchen – einverstanden! Aber an erster Stelle steht bei mir doch das Singen.»

Gerhard Wendland über das Skatspiel in russischer Gefangenschaft; aus: H. H. Röll, Hallo, Skatfreunde, Leinfelden 1969

1. Januar 1938 einheitlich: Ortsgruppe... im Deutschen Skatverband. Briefbogen, Postkarten und Umschläge sind kostenlos vom Verband anzufordern. Die Verwendung selbstbestellter Formulare muß mit Beginn des neuen Jahres aufhören [...].»[205] Im Mai-Heft des «Alten» 1939 führt ein Teilnehmer an dem Berliner Meisterschaftsturnier (fand im Herbst 1938 statt) Beschwerde:

«Dann kommt noch der Typ ‹getarnter Jude›. Wohl ist nach den Grundsätzen des D. Sk. V. die Teilnahme von Nichtariern bei allen Verbandsveranstaltungen untersagt. Man darf auch voraussetzen, daß bei den Turnieren des Verbandes und der angeschlossenen Vereine kein verantwortlicher Leiter seine Sorgfaltspflicht verletzt. Doch genügt nicht etwa der gedruckte Hinweis auf dem Festprogramm, daß ‹nicht zugelassene Personen eines möglicherweise erworbenen Preises verlustig gehen›, sondern es muß ausdrücklich bestimmt werden, daß Juden das Mitspielen verboten ist. Unterzeichneter hat in mehreren Fällen bei fremden Berliner Skatturnieren Teilnehmer gesehen, die nach Aussehen und Gebaren Semiten waren. Den kleinen ‹wilden› Preisskatveranstaltern kommt es offensichtlich mehr darauf an, ihr Unternehmen anzukurbeln, als nach bestem Wissen und Gewissen Ordnung zu halten. Vielleicht wissen sie auch keinen rechten Weg, diese Frage der getarnten Unerwünschten restlos zu klären.

Zum Schluß noch der Typ ‹Schwarze Liste›. Es gibt in Berlin ein Verzeichnis von solchen Spielern, die entweder des Falschspiels überführt oder doch verdächtig sind. Diese Leute beschränken sich keineswegs auf abseits gelegene ‹Arbeitsplätze›, sondern drängen sich manchmal frech in Großveranstaltungen der Harmlosen. Auch beim Herbstturnier des D. Sk. V. sind einige von ihnen aufgetaucht. Sie wurden natürlich entfernt. Auch unter ihnen waren Juden. Als Unterzeichneter im vorigen Sommer auf einen erlebten Fall des Kartenzinkens Bezug nahm – die beiden alten Jungen waren bald nach Spielbeginn aufgewölbt (vgl. ‹Der Alte› Juli 1938) –, stellte sich nachträglich heraus, daß der vermutliche Urheber der Kartenkenntlichmachung Jude war und auf der schwarzen Liste stand. Nicht jeder Veranstalter eines Preisskates hat die Befähigung oder den guten Willen, für absolute Sauberkeit seines Unternehmens zu sorgen.»

Doch das Vereinsleben kam mit Ausbruch des Zweiten Weltkriegs 1939 zwangsläufig zum Erliegen.

Im «Alten» ergeht zum 40. Verbandsjahr 1940 folgender Appell: «Die seit 40 Jahren gesteckten Ziele weiter zu verfolgen, da, wie sich aus dem Einsatz unseres Verbandes im ersten Kriegsjahr zeigt, sein Ziel, Skateinheit und Skatreinheit innerhalb Großdeutschlands Grenzen noch nicht voll erreicht ist, aber erreicht werden muß. Die Mitarbeit an diesem großen und erstrebenswerten Ziele ist daher Ehrenpflicht jedes rechtschaffenen Skatfreundes, vor allem aber der Mitglieder des Verbandes. Drum auf zur Tat!»[206]

Daß es in Wirklichkeit etwas anders aussieht, erfahren wir im «Alten» von 1942 aus einem Artikel über «Kartenhalter für Einarmige»: Invaliden können mit Hilfe eines am Spieltisch zu befestigenden, speziell entwickelten Kartenhalters auch mit einem Arm spielen. Das Mischen der Karten ist mit einer sogenannten Mischmaschine (RM 200,–) möglich. Um jedoch den Spielern diese Kosten zu ersparen, wartet die Schriftleitung mit Änderungen der Ausführungsbestimmungen für die Spielregel auf: «Am besten ist hier die kameradschaftliche Hilfe der Spielkameraden, indem immer einer der Mitspielenden die Karten für den verwundeten Kameraden mischt und dessen rechter Nachbar dann abhebt. Die Verteilung der Karten kann der verwundete Kamerad selbst vornehmen, indem er den Kartenpack in 2 Teile teilt, weil alle 32 Blätter sich schlecht mit einer Hand verteilen lassen.»[207]

Handgezeichnete Spielkarten aus dem 2. Weltkrieg. Dieses Spiel wurde in amerikanischer Kriegsgefangenschaft mit Kopier- und Rotstift auf Verpackungskarton gezeichnet. 24 Blatt konnte der «Hersteller», Dr. med. dent. Th. Zimmermann, bei der Entlassung in die Heimat mitbringen; er schenkte sie dem Deutschen Spielkarten-Museum.
Inv.-Nr. B 1211
Foto: Fotoklub Leinfelden

Skat unter dem Druck der Freizeitindustrie

Wie in vergangenen Zeiten, so werden auch in den fünfziger Jahren das Kartenspiel und der Skatausdruck «Contra» als Mittel zum Ausdruck einer politischen Meinung benutzt. «Wir sagen Contra» war ein Plakat der Nationalen Front in der DDR zur Wahl am 23. Juni 1957.

Daten wie der 8. Mai 1945 (Deutschland kapituliert) spielen in der Skatgeschichte keine Rolle. Skat steht für eine entspannte Form von Freizeit, manchmal aber auch für besiegte Langeweile. Das letztere trifft für Skat im Krieg zu. Hier überbrückte das Spiel jene Stunden und Tage zermürbenden Leerlaufs, in denen nicht gekämpft oder marschiert wurde. Auch in der Gefangenschaft spielten deutsche Soldaten Skat.

Das von den Alliierten besetzte Deutschland wurde schnell den Interessensphären der Siegermächte zugeordnet: Altenburg, die Hauptstadt des Skats, lag in der sowjetisch besetzten Zone. Mit der Gründung zweier deutscher Staaten wurde der durch die Besetzung präjudizierte Zustand fixiert. Bedeutete dies das Ende der so mühsam errungenen Skateinheit? Tatsächlich hielten die Skater an ihrem gemeinsamen Grundsatz fest, oder besser: Sie akzeptierten ihr Grundgesetz, die Skatordnung, jedoch nicht peinlich genau, vielmehr mit Varianten wie Kontra und Re-kontra, allen Formen von Ramsch. Vielleicht verbindet in Zeiten, in denen alles ganz genau genommen wird und im politischen Leben minuziöse Sprachregelungen Unerreichbares ersetzen wollen, der lockere Umgang mit ausgetüftelten Spielregeln.

Im Juli 1978 ging eine AP-Meldung mit einer erfreulichen Bilanz durch die Zeitungen: «Skat feiert Jubiläum».[208] In einer Presseverlautbarung hatte der Deutsche Skatverband darauf hingewiesen, daß in Deutschland nunmehr seit fünfzig Jahren Einheitsskat gespielt werde, da im Juli 1928 der Zwölfte Deutsche Skatkongreß die «neue deutsche Skatordnung» verabschiedet habe. Tatsächlich ist wohl das eigenartige Verhältnis zwischen «offiziellem» Skat, wie er auf allen Turnieren und Wettbewerben üblich ist, und des «inoffiziellen» Skats, der in vielen Kneipen, Wohnzimmern, Eisenbahnabteilen usw. gespielt wird, sehr gut. Der offizielle Skat wird genau nach den Regeln gespielt, der inoffizielle weicht davon ab – jedoch immer nur ein wenig, mit dieser oder jener Variante. Dieses sehr tolerante Verhältnis zweier Skatwelten sollten die Puristen, die den Schieberramsch als Verstoß gegen die «reine Lehre» betrachten, schätzen lernen.

Doch zurück in die Nachkriegszeit. Mit der Währungsreform und dem im Westen damit verbundenen Gefühl, daß es nun wieder aufwärts ginge, faßten auch die Aktivisten des Deutschen Skatverbandes wieder Mut. Ein Bremer Skater, Franz Laudan, der bereits seit 1936 der Verbandsleitung angehörte und der in einem Spiel, in dem es doch auf die Buben ankommt, den doch bescheidenen Titel «Skatkönig» führte, gehörte zu den ganz Rührigen. Aus seinem Nachlaß, von dem sich einiges im Deutschen Spielkarten-Museum in Leinfelden-Echterdingen befindet, gehen die intensiven Vorbereitungen von damals hervor. Die Chronistin, Kläre Kaminski, läßt den neuen Anfang mit dem 30. November 1949 beginnen: «Der Weser-Kurier brachte Artikel vom Skatkönig.»

Am 3. April 1950 erhält der Skatkönig Besuch von einem Generalvertreter der Firma E. Gundlach in Bielefeld, die unter dem Namen «Bielefelder Spielkarten» auch Karten herstellte. Am 16. Mai 1950 heißt es stolz: «Die Prominenten von Bielefeld in Bremen! [...] Essen im Ratskeller, anschließend Besuch in der Skatklause! Der Skatkönig kredenzt Kallstadter ‹Herrenmorgen›.» Am 14. Juni fährt der Skatkönig nach Bad Hersfeld zur Kur. Am 4. Juli berichtet die ‹Hersfelder Zeitung› in einem Artikel, daß sich mehrere Städte Westdeutschlands um den Skatkongreß bemühen. Wenn das keine gute Pressearbeit ist! – Am 17. Juli kehrt der «König» aus der Kur zurück; sein Heimweg führt über Bielefeld. Bielefelder Boden wird – laut Chronik – durch den Skatkönig am 17. Juli zum erstenmal betreten. Am 18. Juli finden sich die entscheidenden Eintragungen:

Die «vier» Skatfreunde hier spielten 1951 um die Deutsche Skatmeisterschaft. Glänzende Pokale waren damals als Preise nicht interessant, statt dessen Gebrauchsgegenstände: eine Nähmaschine, ein Fahrrad, ein Reisekoffer und Lebensmittel.

«Besichtigung des Archivs der Fa. E. Gundlach A. G. Um 9 Uhr teilt Direktor P. O. Schumann den Herren mit, daß der Oberbürgermeister Arthur Ladebeck sich bereit erklärt hat, die Schirmherrschaft für den 15. Skatkongreß zu übernehmen! Um 11 Uhr Aussprache mit Pressechef der Stadt Bielefeld Herrn J. Fuchs. Der Skatkongreß steigt vom 3.–5. November 1950 in Bielefeld!»

Damit sind die Weichen gestellt. Am 5. August wird die Öffentlichkeit informiert; in der Chronik liest sich das so:

«Empfang des Skatkönigs im Rathaus zu Bielefeld! Vor der gesamten Presse, Rundfunk, Vertreter der Eisenbahn, Post, Industrie- & Handelskammer, Handwerkskammer, Gaststättengewerbe begrüßt der Oberbürgermeister der Stadt, Arthur Ladebeck, Franz Laudan und enthüllt das Geheimnis [...] der Startschuß erfolgt [...]!»

Skatuhr von Pix

Franz Laudan hat seine Freizeit dem Skat verschrieben, davon zeugt die «Skatuhr», die der Skatmaler Pix für den Skatkönig malte. Laudan hatte eine Vorliebe für Pix, der schon 1933 das Werbebild für den Bremer Skatklub «Fuchs» (ehemals «Skat-Klub Grand over») mit den skatspielenden «Bremer Stadtmusikanten» gemalt hatte. So bildet auch diese Gruppe das Herzstück der Skatuhr, die als Gemälde für ein Rauch-

Am 25. August reist Laudan in die Ostzone, am 28. August ist er in Leipzig und sondiert mit alten Skatern, dazu kommentiert die Chronik: «Frenzel erhält im Garten einen ‹Grand ouvert›.» In Altenburg spricht er mit dem Leiter des Spielkartenmuseums, dem Studienrat Kurt Bachmann. Man verabredet ein Wiedersehen in Bielefeld. Ost und West sollen sich keine Konkurrenz machen; Bielefeld will nicht an die Stelle Altenburgs treten. Man vereinbart Toleranz und ist diesem Grundsatz bis heute treu geblieben.

In der Chronik wimmelt es nun von vielen weiteren Aktivitäten; der Stolz des Königs, Hof zu halten, ist nicht zu übersehen, aber irgendwie muß er auch für seine Mühen entschädigt werden. Es bedurfte eben, wie wir die gesamte Skatgeschichte hindurch gesehen haben, einiger Aktivisten, die sich der Organisation widmen. Denen es Freude macht, wenn die Dinge laufen, die es sich allerdings auch wirtschaftlich leisten können, solche Aufgaben zu übernehmen.

In den Annalen des Deutschen Skatverbandes[209] wird hier auf manche Eigenmächtigkeit verwiesen: Die Organisation hätte in den Händen von Otto Hold, dem späteren Vorsitzenden gelegen.

Der Skatkongreß selbst verläuft erfolgreich, der deutsche Meister wird ermittelt, die deutschen Skater haben wieder einen Titelinhaber. Für Laudan scheint die Veranstaltung mit großen Enttäuschungen geendet zu haben, er «fährt still und leise heimwärts». Vielleicht sind deswegen seine Verdienste um

das Zustandekommen des ersten Nachkriegskongresses so wenig gewürdigt worden. Natürlich können solche Dinge immer aus verschiedener Sicht betrachtet werden. In unserem Zusammenhang ist dies auch nicht entscheidend. Maßgeblich ist vielmehr, daß wir aus Laudans Geschichte entnehmen können, daß der Deutsche Skatverband sich auch nach dem Krieg an eine Spielkartenfabrik anlehnt – es geht eben nicht ohne Mäzen, besonders bei einem Volksspiel wie Skat, wo die einzelnen Mitglieder nicht das nötige Geld aufbringen können, um einen Neuanfang zu organisieren.

Diese Rückendeckung fehlte der Stadt Altenburg. Das Spielkartenmuseum wurde zwar wieder eröffnet, aber – wie die «Altenburger Nachrichten» schreiben – «nur ein Spielkartenkongreß wird die Traditionen Altenburgs als Skatstadt wieder lebendig werden lassen. Schon pocht man von außen an die Mauern des Dornröschenschlosses, da sich in ihm noch nichts regt.» Unter der Bezeichnung «Deutscher Skatverband e.V., Sitz Altenburg/Thür., gegründet 1899» hat Franz Laudan mit dem Sitz in Bremen die westdeutsche Skatbewegung wieder aufleben lassen. Anläßlich des fünfzehnten Kongresses wurde Erich Fuchs in Bielefeld zum Vorsitzenden des Deutschen Skatverbandes gewählt. Er sollte die Vereins- oder Spieltischchen gedacht war. Die zwölf Ziffern der Uhr zeigen «Skat-Erlebnisse» Laudans an unterschiedlichen Orten, etwa die Ziffer «zwölf» das Wappen von Hannover:

«In Hannover habe ich meine Jugendzeit verbracht. Ich ging in Wahrenwald zur Schule und absolvierte meine kaufmännische Lehre von 1909 bis 1912 in einem Putz en gros. Anschließend besuchte ich 5 Semester die Städtische Handels-Hochschule. Fußball und Leichtathletik betrieb ich bei Eintracht Hannover ... Man sieht neben dem Wappen die Spielkarte Pik 7. Von Hannover wurden wir zum ersten Mal zu einem Klub-Kampf aufgefordert. Mit 12 ‹Füchsen› fuhren wir zur Leine-Stadt.»

Ziffer «neun», Wappen von Nürnberg:

«Am 13. Juni 1939 war ich Gast der Nürnberger Skat-Gesellschaft im Hotel Reichshof. Alle Prominenten der Stadt [...]»

Ziffer «zehn», Wappen von Verden an der Aller:

«In der Reiter- und Dom-Stadt fand am 1. Sept. 1934 das große Skat-Heide-Treffen statt. Die ‹Fuchs›-Familie war mit 40 Personen erschienen ...»

So Laudan in seinen «Erläuterungen zu der Skat-Uhr».

Am Schluß dieser Erläuterungen, die Laudan wohl kurz vor seinem Tode aufgezeichnet hat, schreibt er: «Wo die wertvolle Skatuhr einst bleibt, vermag ich heute noch nicht zu sagen, ob im Skatmuseum in Altenburg oder Stuttgart oder bei meinem Neffen Siegfried Laudan.» Das Deutsche Spielkarten-Museum e.V. in Leinfelden-Echterdingen bekam die Skatuhr im Jahr 1978 vom Skatklub «Fuchs» Bremen, der den Nachlaß Laudans ordnete. Die Uhr hat inzwischen die Aufmerksamkeit vieler Kartenspieler gefunden.

Links: Franz Laudan, «Der Skatkönig», geb. 25. Mai 1895, gest. 16. Nov. 1976. Franz Laudan war seit 1936 im Vorstand des Deutschen Skatverbandes, Sitz Altenburg. Nach dem 2. Weltkrieg war es nicht zuletzt seiner Initiative zu danken, daß der Skatverband zum Neubeginn startete. Beim 15. Deutschen Skatkongreß, 3. bis 5. Nov. 1950 in Bielefeld, wurde er Vorsitzender des Landesverbandes Nord, er war bis zu seinem Tod Ehrenvorsitzender des Skatklubs «Fuchs» in Bremen. Wie er zu dem Titel «Skatkönig» kam, berichtet er in seinen «Erläuterungen zur Skatuhr»: «An dieser Stelle möchte ich erklären, wie ich zu dem Beinamen ‹Skatkönig› gekommen bin: Im Jahre 1934 feierten wir unser sechsjähriges Vereinsjubiläum. Anläßlich dieses Stiftungsfestes erhielt ich gegen Mitternacht ein Festtelegramm mit folgendem Wortlaut: Seiner Hoheit, Franz dem Dicken, Skatkönig von Bremen und den umliegenden Dörfern. Gut Blatt mit Schiebung eines Grand-over! Die guten Kiebitze. Über das Stiftungsfest und das Telegramm erschien im ‹Alten› ein Bericht. Das war die Geburtsstunde des ‹Skatkönigs›.»

Unten links:
Der Kreuzbube, die höchste Karte im Skat, wird auch in der politischen Karikatur verwendet, um zu kennzeichnen, daß jemand «der höchste Trumpf» sein will. Das «Stern» Titelbild von 1961 benutzt die Spiegelachse des Kartenbildes, um die beiden Kandidaten, Konrad Adenauer (der alte Kreuzbube) und Willy Brandt (der junge Herzbube) gegeneinanderzustellen.

Unten rechts:
Auf dem «Spiegel»-Titel von 1976 sind die Köpfe von Helmut Kohl und Franz Josef Strauß in das Kartenblatt des Treffbuben montiert. Mit dem «oder/statt» wird die unterschiedliche Reaktion der Wahlslogans bei CDU und CSU zitiert. Auf der Karikatur bezieht sie sich auf die Köpfe der beiden um die Spitzenkandidatur rivalisierenden Politiker.

geschicke von Altenburg aus lenken. Es wird ein Landesverband Nord gegründet – Franz Laudan ist dessen Vorsitzender –, den Landesverband West übernimmt P. A. Höfges.

Franz Laudan, der als westdeutscher Delegierter am Deutschen Nationalkongreß in Berlin teilgenommen hatte, knüpft während eines Messebesuchs in Leipzig erneut Verbindungen zu Altenburger Repräsentanten des Skatspiels an und spricht die Erwartung aus, daß Altenburg im Jahre 1951 den 16. Skatkongreß in der alten Skatstadt, die zu ihrer ehemaligen Bedeutung aufsteigen müsse, durchführen werde.[210]

Der Kongreß in Altenburg hat nicht stattgefunden. Erich Fuchs verließ Altenburg und siedelte im Januar 1953 nach Bielefeld über. Dies war das äußere Zeichen dafür, daß eine gemeinsame Organisation der Skater aus der BRD und der DDR nicht zustande kam. Doch Skat existiert eben nicht nur in Organisationen, und beim Zustandekommen von Spielrunden trennt die Grenze Skater eben nur so viel wie alle anderen Bürger auch. Die Gründung eines Landesverbandes Ost war unterblieben; das Verhältnis der in der DDR Regierenden zum Skat blieb ungeklärt; auf jeden Fall hatte man Berührungsängste.

In Altenburg traf jedoch Post aus aller Welt ein. Skatspieler schrieben an ein – noch nicht wieder eingesetztes – Skatgericht mit der Bitte, Schiedssprüche zu fällen. 1962 wurde das Altenburger Skatgericht wieder eingesetzt, die Mitglieder werden vom Rat der Stadt benannt. Die Berührungsangst überwand der damalige Präsident der Volkskammer, Johann Dieckmann. Bei sich selbst

Seite 139:
Vom 3. bis 5. November 1950 fand der 15. Deutsche Skatkongreß in Bielefeld statt. Die Teilnehmer kamen aus beiden Teilen Deutschlands. Die Abbildung zeigt das Titelblatt der Festzeitschrift.

Festschrift
XV.
3.-5. NOV.
1950
Deutscher Skatkongreß
IN
BIELEFELD

brauchte er allerdings die Ängste nicht zu überwinden, da er ein leidenschaftlicher Skatspieler war[211]. Seit seiner Wiedereinsetzung gibt das Skatgericht Mitteilungen heraus, in denen sowohl Turniertermine bekannt gemacht als auch Entscheidungen des Gerichts veröffentlicht werden. Im Februar 1981 erschien die 25. Nummer dieser Mitteilungsblätter. Die Entscheidungen des Skatgerichts werden zudem in der Presse veröffentlicht, etwa in der «Sächsischen Volkszeitung». Skatturniere erfreuen sich in der DDR genauso großer Beliebtheit wie in der Bundesrepublik. Das erste Turnier fand in Apolda 1961 statt. Die Preise, die ausgesetzt werden, sind stattlich: Im Oktober 1977 gewann die Siegerin eines Turniers in Karl-Marx-Stadt einen Kleinwagen Marke Trabant 601. Es wurden 6059 Teilnehmer gezählt.

Auch das Skatgericht West, Sitz in Bielefeld, hat Arbeit. Seine Sprüche weichen nicht von denen der östlichen Richterkollegen ab. Die Abstimmung wurde 1963 vereinbart. Damals war eine Delegation des Deutschen Skatverbandes vom Rat der Stadt Altenburg zum Turnier in die Skatmetropole eingeladen worden. Offizielle Skattreffen mit Spielern aus der DDR und der BRD finden allerdings nicht statt; nach Auskunft von Vertretern der DDR scheitern die Begegnungen daran, daß zwischen beiden deutschen Staaten kein Kulturabkommen besteht.[212]

Mit Beginn der fünfziger Jahre sterben Richard Burkhardt, Rudolf Portal und Willi Frenzel, der Vorsitzende der ehemaligen Verbandsgruppe Leipzig; sie

Richard Burkhardt, geb. 23. 3. 1888, gest. 9. 3. 1952 in Altenburg. Verfasser der «Neuen Deutschen Skatordnung des Deutschen Skatverbandes», 1932. Spieltechnischer Leiter des «Skatgerichts» seit 1927 bis zu seinem Tod. Das Foto zeigt Richard Burkhardt bei der Prüfung der eingegangenen Lösungen zur ersten Skat-Rundfunkaufgabe am 10. März 1935 (siehe Seite 148).

Vor wenigen Tagen erst wurde eine „denkwürdige Schlacht" geschlagen. Erfreulicherweise einmal ohne Tote und ohne Gewehre. An schlachtgewohnter Stätte, am Fuße des Hermann-Denkmals, mitten im Teutoburger Wald, fast 2000 Jahre, nachdem Hermann das Seine getan, endete hier der „15. Deutsche Skat-Kongreß" mit einer „denkwürdigen Skat-Schlacht". Eine „neue deutsche Skat-Ordnung" würde geschaffen und „Fragen der Skat-Rechtsprechung" diskutiert. So wirklich und wahrhaftig geschehen in diesen, unseren Tagen mitten im manöverdurchfurchten Westdeutschland. Eine nicht unerhebliche Anzahl ausgewachsener Menschen aller Altersklassen vertrieben sich ihre Zeit sorglos mit solchem Firlefanz und glaubten, durch die alberne Wahl des Hermann-Denkmals noch sinnbildlich gehandelt zu haben. Merken diese Leute wirklich nicht, daß uns Deutsche heute noch ganz andere Sorgen belasten? Schade, daß sie nicht einen Tag später ihren Kongreß in Berlin abgehalten haben. Hier hätten sie sehen können, worum es heute auf Kongressen geht, und sie hätten die Diskussionen um wirkliche Sorgen fortschrittlicher schaffender Menschen miterleben dürfen.

Karikatur aus dem Klebeband von Franz Laudan, «Unsterblicher Skat», erschienen zur Zeit des 15. Deutschen Skatkongresses in Bielefeld im November 1950.

war vor dem Krieg die größte Gruppe. Damit lebte von den Skatveteranen, die selbst schon ein Stück Skatgeschichte darstellten, nur noch Erich Fuchs. Er kandidierte 1958 aus Altersgründen nicht mehr für den Vorstand des Deutschen Skatverbandes.

Mit der Verbandszeitschrift «Der Skatfreund» erhielt der DSKV 1956 ein eigenes Mitgliederblatt, das anders als der «Alte» vornehmlich an dem Austausch unter den Mitgliedern interessiert war. Die Kongresse folgen nun im Rhythmus von zwei bis vier Jahren.

Anfang der sechziger Jahre haben wir also in beiden deutschen Staaten einen funktionierenden, organisierten Skat. In der DDR werden die Turniere unter der Aufsicht des Skatgerichts veranstaltet; Initiatoren sind meist Gaststätten am Ort. In der Bundesrepublik bildet der Deutsche Skatverband den organisatorischen Rahmen für die offiziellen Turniere. In Bielefeld tagt das Skatgericht West, das unabhängig vom Skatverband ist. Anfang 1980 zählte der Deutsche Skatverband ungefähr 23 000 Mitglieder, unterteilt in acht Landesverbände und 56 Verbandsgruppen. Mag auch die Zahl von 23 000 Mitgliedern hoch erscheinen, sie ist klein im Vergleich zu der – geschätzten – Zahl von elf bis zwölf Millionen Skatspielern. Daß diese Zahl viele, die um Absatz ringen müssen, als Zielgruppe reizt, ist verständlich.[213]

Wir sind bisher bewußt nicht auf die Wettkampfregeln eingegangen. Um die Struktur der gegenwärtigen Probleme begreifen zu können, müssen jedoch einige Fakten diskutiert werden. Verwiesen hatten wir schon auf den von Artur Schubert entwickelten Vergleichsskat. Es ist die durchdachteste Form eines Turniers, in dem das Glück auf ein Minimum, die spielerische Geschicklichkeit auf ein Maximum gebracht werden sollen. Alle Bewerber um die Titel haben die

Willi Frenzel (links), Vorsitzender der Verbandsgruppe Leipzig, die vor dem Krieg zu den größten des Verbandes gehörte. Auf dem 15. Deutschen Skatkongreß in Bielefeld leitete Frenzel die großen Allgemeinen Wettspiele. 1953 in Altenburg verstorben.

Seiten 142 und 143:
Standard-Skatspiele aus der Produktion der Firma ASS, Leinfelden-Echterdingen. Passionierte Skatspieler bevorzugen das übliche Standardbild. Es ist ihnen geläufig.

SKAT
Club
Die echten
Altenburg-
Stralsunder
32 Blatt
1010/6
ASS

SKAT
SACHSISCHES BILD
Die echten Altenburg-Stralsunder
32 Blatt
1040/0
ASS
Schwerdter-Karte.
Vereinigte Altenburger u. Stralsunder Spielkartenfabriken AG. Stuttgart
Schwerdter-Karte.
ASS
10

gleichen Karten, dieselben Voraussetzungen durch den Zufall – was bleibt, ist ein Vergleich des Könnens. Die Entwicklung des Vergleichsskats ist von dem Ziel Schuberts bestimmt, das Skatspiel auch in seinem Sozialprestige dem Schachspiel ebenbürtig zu machen.

Doch Schuberts Vergleichsskat hatte sich kaum durchgesetzt. Man spielte vielmehr nach verschiedensten Punktsystemen. In der Leistungsbewertung des Spielers wies die Skatgruppe des Berliner Werkvereins (unter Leitung von Otto Seeger) der BEWAG neue Wege. Für jedes Spiel gab es 50 Punkte, die je nach Gewinn oder Verlust des Spiels den üblichen Spielpunkten zu- oder abgeschrieben werden. Im Juli 1936 bekannten sich die Verbandsmitglieder bei einem Turnier in Wesermünde zu diesem System.

Erich Fuchs, geb. 17.8.1890, gest. 8.11.1975. Verbandsleiter des Deutschen Skatverbandes seit 1937 (Nachfolger von Rudolf Portal) in Altenburg und ab 1950 bis 1958 Vorsitzender des Deutschen Skatverbandes mit Sitz in Bielefeld.

Bei den Skatmeisterschaften 1938 in Berlin gab es nach diesem System drei Konkurrenzen: Mannschaften, Herren, Damen.

Johannes Fabian baute nach dem Krieg das Seegersche System aus. Er bestraft den Alleinspieler, der über den Wert seiner Karten gereizt und verloren hat, indem er den Gegenspielern Punkte gutschreibt. 1962 wurde dieses System allgemein angenommen. Die Bewertung versucht somit immer stärker ein adäquates Verhalten der Spieler zu erzwingen.

Frauen sind seit dem Elften Deutschen Skatkongreß, 1927, bei offiziellen Wettbewerben zugelassen. Im Skatkalender 1927 lesen wir dazu: «Dem Zuge der Zeit folgend, werden diesmal auch dem anderen Geschlechte die Pforten des Turniersaales geöffnet sein. Es ist dies für Deutschland eine Neuerung, die seit langem schon in den Vereinigten Staaten besteht [...].»[214] Beim Skatkongreß 1937 spielen Männer und Frauen an getrennten Tischen; es werden Meisterschaften für Männer und Frauen ausgetragen[215] – wofür es ja eigentlich keinen Grund gibt. Es mag aber den Skatern zur Ehre gereichen, daß sie, nachdem Frauen in der Weimarer Republik das Wahlrecht erhalten hatten, diese nun auch – wenn auch erst gegen Ende der Republik – als gleichberechtigte Mitspielerinnen anerkannten. Die studentischen Verbindungen, von deren sozialen Verhaltensweisen die ersten Skatkongresse stark beeinflußt waren, haben ihre Männerbündnerei teilweise bis heute nicht aufgegeben. So mag es manchem Skatschriftsteller und Journalisten verziehen werden, wenn er immer wieder den Kalauer der «reizenden Damen» niederschreibt oder skattechnische Ausdrücke wie etwa «drücken» in bezug auf Damen angewendet werden. Diese Witze entstammen dem bierseligen Männerbund von ehedem.

Dabei hat der Skat nun auch die goldenen siebziger Jahre voll erreicht. Die Freizeitindustrie und der Ferntourismus haben sich seiner bemächtigt, die Kneipenspielerei der alten Zeit soll verdrängt werden. Hiermit meinen wir die Gründung eines «Internationalen Skatverbandes», der ISPA (International Skat Players Association).

Einen Kompromiß zwischen den unterschiedlichen Farbsystemen bilden die 1969 in Altenburg verlegten Skatkarten. Die deutschen Farbzeichen (Schelle, Herz, Eichel) werden mit den französischen Figuren (König, Bube, Dame, vgl. S. 90f.) kombiniert. Seit 1964 wurde – nach Entwürfen von W. Kraus – in unterschiedlichen Auflagen in der DDR mit einer neuen Skatkarte experimentiert. Im Anschluß an die Karten der Französischen Revolution stellte man die Könige unsympathisch dar. Die Buben richten ihren Blick heldisch in die Zukunft.

Doch bevor wir im einzelnen darauf eingehen, noch kurz einige Bemerkungen zur Internationalität des Skats: Er ist in seinem Werdegang, aber auch in seinem Selbstverständnis das «Nationalspiel» der Deutschen, wie etwa Jass das Nationalspiel der Schweizer ist. Seit es Nationalstaaten gibt, ist die Übertragung von beliebten Spielen von einem auf das andere Land selten. Das liegt weniger an den Spielregeln als vielmehr am Habitus der Spieler: Wie man was beim Spiel redet, ob man überhaupt redet – das alles bestimmt den Charakter eines Spiels genauso wie die Spielregeln.

Nun gibt es einige Ausnahmen, etwa das L'Hombre. Es kam von Spanien über Frankreich nach Deutschland, England und andere Länder. Es wanderte jedoch nicht von Nation zu Nation, sondern innerhalb der in Europa damals herrschenden Klasse des Adels. Das Bürgertum war wenig international gesonnen, es sei denn, man will die allgemeine Verbreitung des Whist und des Bridge auf die Dominanz des englischen Bürgertums Ende des 18. Jahrhunderts in Europa zurückführen. Beherrscht eine Nation eine andere für einen längeren Zeitraum, ist es ebenfalls möglich, daß das besetzte Land ein Spiel der Okkupanten übernimmt. Meist wird ein Spiel bei der Übernahme verändert. Die Verbreitung des Pokerspiels gehört beispielsweise in diesen Zusammenhang.

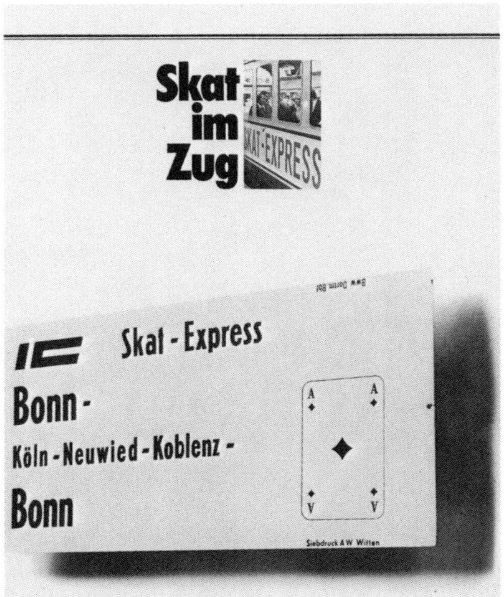

Aus: Skat-Magazin, Nr. 3, 1978.

Wandert jedoch jemand aus seinem Heimatland aus, dann nimmt er Teile seiner Heimatkultur mit in das Gastland, dessen Bürger er vielleicht wird. So gibt es in aller Welt dort Skatspieler, wohin Deutsche übersiedelten, auswanderten: in den USA, Kanada, Australien, Südafrika, Namibia oder Chile (um nur einen südamerikanischen Staat zu nennen). Skatspieler gibt es auch dort, wo vormals Deutsche herrschten, etwa in Polen. Die wackersten Skatspieler außerhalb des deutschen Sprachgebiets finden wir in den USA; hier gibt es einen eigenen Regelkodex, eine Vereinigung von Skatspielern, die North American Skat League, die schon seit dem 19. Jahrhundert existiert und sich rege an den deutschen Streitigkeiten über Farben- und Zahlenreizen, Kontra und Re beteiligte. Ihre Formulare und Einladungen waren zweisprachig[216]. Skater gibt es auch in Ländern, die an Deutschland angrenzen. Hier gehen Menschen über die Grenze – teilweise täglich –, um zu arbeiten; so ist denn auch ein enger kultureller Austausch möglich, nicht nur in Sachen Kartenspiele.

Die Gründung eines internationalen Skatverbandes faßt also zunächst einmal die Deutschsprachigen in aller Welt zusammen. Doch der Anspruch ist höher: Da es in aller Welt Skater gibt, müßten sie auch eine Möglichkeit haben, sich miteinander zu messen. Es ist nicht zufällig, daß diese Idee vom «Dreiländereck» Aachen ausging, das ja mit Glücksspiel und renoviertem Badewesen versucht, Menschen in seine Stadt und damit Geld in den Stadtsäckel zu bekommen.

Da dies jede Stadt versucht, ja es die Aufgabe von gewählten Körperschaften ist, Attraktionen aus dem besagten Grunde in ihre Mauern zu ziehen, hat auch Bad Oeynhausen versucht, sich als «Mekka der Kurgast-Skater» zu profilieren. 1967 wurde dort intensiv für ein Skatdenkmal gesammelt. Skat war eben auch ein Mittel zur Entspannung im Rahmen der «leisen Therapie».

Nach einem hausbackenen Anfang der ISPA mit der Zeitschrift «Skat», einer Mischung zwischen Kulturblatt, Klatschpostille und Fachblatt – Nr. 1 erschien 1976 –, kam dann das heute noch erscheinende ISPA-Organ «Skat-Magazin» heraus. Aufmacher der Hefte sind die Orte der «Weltmeisterschaften», so die erste Weltmeisterschaft in Las Vegas, die zweite in Sydney, die dritte 1982 in Kanada. Dazwischen kommen noch die Bundesligabegegnungen und die Europameisterschaften. Der Fußballzirkus wird auf den Skat übertragen.

Manche dieser Hefte gleichen einem Prospekt für Ferntouristik; auf Heft 2/1980 sehen wir einen Jet der «Philippine Airlines», mit dem man nach Sydney reisen will. Konsequenterweise wird schon im Heft 1/1980 ein «Zusatzprogramm Philippinen» angeboten. Heft 3/1981 bietet eine Reise zum Gründungsturnier nach Südafrika an, die «Skatreise des Jahres». Im Spielkasino des Holiday-Inn von Maseru werden «Erinnerungen an Las Vegas wach». Die ISPA kommt im Zeitalter des Ferntourismus dem Bedürfnis nach, am Zielort Freunde und Bekannte zu finden. Dies ist natürlich nur den Leuten möglich, die solche Reisen auch bezahlen können – alle zwei Jahre also mehrere tausend Mark.

Auch die Organisation solcher Unternehmungen kann kein Vorstand ohne Unterstützung machen: Bier-, Limonaden-, Zigarettenhersteller bieten ihre

Das Skatspiel im Ausland

«Die in der RSA Skat-spielenden Menschen sind hauptsächlich deutscher Herkunft oder Abstammung, aber vereinzelt kann man auch auf Spieler treffen, die der Deutschen Sprache nicht mächtig sind. Gespielt wird in Deutschen Klubs und Vereinen, seit dem Jahre 1977 werden Skatturniere abgehalten, dazu treffen sich Skatspieler aus allen Teilen des südlichen Afrika.»

F.J. Hamers, Vorsitzender des «Protea»-Skatklubs in Johannesburg, Republik Südafrika

Auf dem Foto links: R. Held, Vizepräsident der ISPA; rechts: T.J. Hamers, Vorsitzender des Protea-Skatclubs und Präsident der ISPA in der Republik Südafrika (RSA).

Infrastruktur an; sie fördern einzelne Clubs in der Hoffnung, diese gewinnen in den Ausscheidungsspielen, damit der Name ihres Produkts möglichst häufig und erfolgreich erwähnt wird. Auch Illustrierten sind mit von der Partie sowie ein kommerzieller Radiosender. Im Kern bleibt man dann doch unter sich: Die ersten 33 Plätze der zweiten Weltmeisterschaft belegen Deutsche; nur ein Franzose – Charles Bousch – hat sich auf Platz 13 dazwischengeschoben. Auch auf den restlichen Rängen bis Platz 314 plazieren sich Deutsche.

Bis jetzt hat der Deutsche Skatverband das Unternehmen ISPA ignoriert; auch «Das große Buch vom Skat» schweigt sich darüber aus. Doch die Leute von der ISPA sind rührig; vor allem haben sie überhaupt keine Probleme, sich von der werbenden Wirtschaft fördern zu lassen und dann als «Pepsi-Team» nach Sydney zu jetten. Hier unterscheiden sich die Skater nicht von anderen Sportlern, die wesentlich von der Freizeitindustrie leben. Einige Ideen zu Spielregelveränderungen tauchten bei der ISPA auch schon auf, eigentlich nur Kleinigkeiten. Aber genausowenig, wie die überzeugten Spieler sich von Farbenreizen und Zahlenreizen kaum beim Spiel irremachen ließen, ebensowenig werden sie es für notwendig halten, nach Sydney zum Skaten zu fliegen. So haben die siebziger Jahre mit ihrer anfänglichen Hochkonjunktur auch einen «Jet-Skat» entstehen lassen. Die Realität der Spieler wird dies kaum verändern. Sie haben auch eine weitere Attacke der letzten Jahre auf ihre Spielgemeinschaft abgewiesen: den Skatcomputer. Mit diesem Gerät konnte man Skat allein spielen, statt der markigen Ausdrücke der Mitspieler piepten die elektronischen Partner.

Seite 149: Lösung der ersten Funkskataufgabe, gesendet am 10. März 1935. Aus: «Der Alte», 1935, S. 51/52.

Wie immer, wenn sich etwas etablieren soll, ließ man den Computer von Prominenten testen. Da es unter den Abgeordneten des Deutschen Bundestags einige Skater gibt, wandte man sich mit diesem Anliegen an sie. Der Präsident des Bundestages, Richard Stücklen, ein leidenschaftlicher Skatspieler, fand, der Rechner sei «eine tolle Sache». Auch der Vorsitzende des Deutschen Skatverbandes, der Bochumer Ingenieur Richard Münnich, nannte den Computer einen «ernst zu nehmenden Partner»[217] für Deutschlands Clubspieler. Auch die Zeitungen standen wie so oft sorglos auf der Seite der Freizeitindustrie. Das «Hamburger Abendblatt» sprach dem Computer die Fähigkeit zu, wie ein Weltmeister zu schnibbeln, zu reizen, zu drücken und zu schmieren; die «Frankfurter Allgemeine Zeitung» schrieb, der Rechner «Champion» sei «eine wahre Freude für Skatspieler». 398 Mark kostete der Computer, wollte man allein mit ihm spielen. Sollte er nur den dritten Mann ersetzen, dann brauchte man ein Zusatzgerät für 198 Mark.

Das Magazin «Spiegel»[218] zählte: Der Alleinspieler hat vom Aufnehmen des Skats bis zum ersten Stich mindestens elfmal Tasten zu drücken. Auf einem Fenster muß man lesen, welche Karten fallen: «Cz – H9 – Pb» heißt dann zum Beispiel, daß der eine Spieler die Kreuzzehn ausgespielt, der andere die Herzneun abgeworfen und der dritte mit dem Pikbuben gestochen hat.

Diese Kurzsprache – dem Schach nachgebildet – hat im Skat eine lange Tradition: bei den Skataufgaben. Sie erschienen zum erstenmal 1882/83 in der Zeitschrift «Über Land und Meer». Sie fanden reges Interesse und gehörten zum eisernen Bestand der Spiel- und Rätselecken vieler Tageszeitungen. Die ersten Skataufgaben hat A. Hertefeld gestellt,[219] den wir schon als Verfasser des Skatkodex kennengelernt hatten.

1922 erschien beim Otto-Maier-Verlag in Ravensburg ein Buch «Hundert Skataufgaben mit Lösungen» von Otto Cato. Die deutschsprachige Skaterwelt wurde jedoch in Taumel versetzt, als am 10. März 1935 zwischen 17.20 und 17.50 Uhr aus der Skatstadt Altenburg sich der Rundfunk meldete. Herzstück dieser halben Stunde war die Übertragung einer Funkskataufgabe.[220] Über 1500 Einsendungen folgten, ungefähr sieben Prozent waren richtig. Natürlich war der Skat hier auch ein Mittel, um den Rundfunk, der für die zentral gesteuerte Propaganda der Nationalsozialisten von großer Bedeutung war, volkstümlich zu machen. Benno Dirf wird in seinem Bericht nicht müde, nationalistische Töne anzustimmen: «Die rege Beteiligung der Auslandsdeutschen an der Lösung hat den Wert unseres schönen Skatspiels als Mittler des völkischen Zusammenhalts jenseits der Reichsgrenzen im strahlendsten Lichte gezeigt. Klänge von dorther rühren an die Seele der reichsdeutschen Skater und lassen Hochachtung für die Pioniere des Deutschtums aufkommen [...].»[221]

Vorhand hatte:

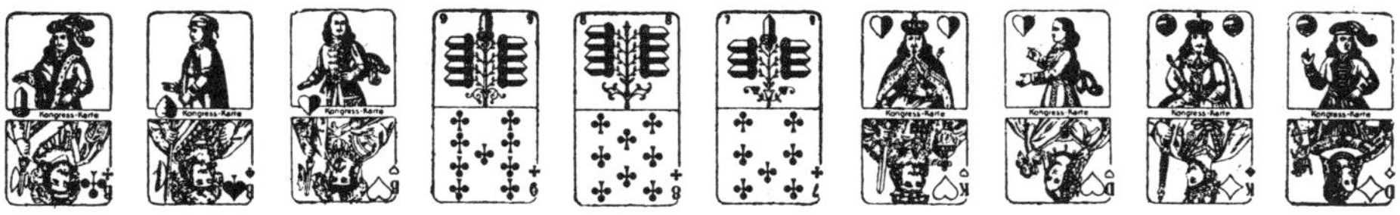

Mittelhand hatte:

Hinterhand hatte:

Im Skat lagen:

Die Skataufgabe – deren Höhepunkt jene Radiosendung war – wurde immer mit jenen Kürzeln formuliert, die auch der Computer benutzt. Trotzdem kann sie mit dem Computer nicht verglichen werden: Sie ist so etwas wie ein Rätsel, eine besondere Problemstellung, die es verlangt, daß der Knobler alle 32 Karten im Kopf hat und die Verteilung der Karten so imaginiert, daß das in der Aufgabe genannte Ergebnis herauskommt. Der Computer will jedoch das Spiel ersetzen, Zug für Zug. Wie dieses Spiel aussieht, das karikierte der «Stern»-Reporter Hans Nogly[222]:

«Titititititititititititi. Ich bin allein in der Nacht mit dem Geräusch. Titititititi. Ob das reicht? Ich drücke die Taste ‹ENTER›. Immer wenn man ‹ENTER› drückt, hört titititititi auf. Lämpchen leuchten, winziger und vielfarbiger als die

Erfreulich war die Beteiligung des Auslandsdeutschtums an der Lösung der Funk-Skataufgabe. Danzig und das Memelgebiet, Holland, Italien, Jugoslawien, Luxemburg, Österreich, Polen, Tschechoslowakei, Schweiz und Ungarn sind unter den Lösungen vertreten. Der Inhalt der Briefe brachte außer der Lösung rührende Zeugnisse inniger Verbundenheit der Stammesbrüder außerhalb der Grenzen mit dem Reiche, verriet Freude und Zustimmung zum guten Einfall des Reichssenders Leipzig, das Skatspiel als Brückenpfeiler zur Heimat zu benutzen. «Als meine Frau gestern durch Radio mit der lieben Heimat in Verbindung stand, stürzte sie auf einmal in mein Zimmer mit dem Rufe: ‹Skat! Skat! Komm schnell!› Und dann hörte ich ...»

Die Lösung erfolgte in verschiedener Art: humoristisch, optimistisch, pessimistisch, poetisch, plastisch, zeichnerisch in höchster Vollendung, idealistisch und materialistisch, vielseitig falsch und zu ungefähr 7 % richtig. Auf originelle Lösungen wird gelegentlich zurückgegriffen werden. Der Posteingang erfuhr täglich Steigerung. Von 75 Eingängen des ersten Tages stieg die Kurve am 15. März, dem Vortage des Terminablaufs, auf über 1500.

Nach dieser noch unvollständigen Zusammenfassung der Auswirkung der 1. Funk-Skataufgabe des Reichssenders Leipzig bringen wir sie nachfolgend im Wortlaut:

«Hinterhand spielt Grün (Pik) ohne 6 Spitzen (Matadore) mit nur 4 Trümpfen und gewinnt haushoch, zwangsläufig mit Schneider. Die Gegner spielten fehlerfrei. Vorhand hat zwei Drittel der Augenzahl von Mittelhand. Wie waren die Karten verteilt?»

Als lästiger «Kiebitz» hatte sich auch der Druckfehlerteufel eingeschlichen. In Tagesblättern, die die Aufgabe wiederholten, vertauschte er Mittelhand mit Hinterhand und brachte dadurch manchen Bewerber um den Preis. Ihn trifft der Fluch der bei uns eingehenden Proteste.

Wir verkünden nunmehr in Druckerschwärze der Skaterwelt die einzig richtige, den knappen Bedingungen der Aufgabe voll entsprechende Lösung bildlich und wörtlich, um den zahlreichen Anfragen gerecht zu werden, die es mit Goethe halten: «Denn was man schwarz auf weiß besitzt, kann man getrost nach Hause tragen».

Vorhand hat an Trümpfen die drei höchsten Buben oder Wenzel blank, in erster Farbe 7, 8, 9 und in beiden Restfarben je König und Ober (Dame) = 20 Augen.

Mittelhand hat den jüngsten Buben oder Wenzel nebst Trumpf-As, -10 und -Leerblatt, ferner König und Ober (Dame) der in Vorhand erstgenannten Farbe, dazu 2 Leerblätter der beiden Restfarben = 30 Augen.

Hinterhand hat 2 Leerblätter in Trumpf, weiter As und 10 von in Vorhand erstgenannter Farbe, von den beiden Restfarben je As, 10 und Leerblatt.

Im Skat Trumpf-König und Trumpf-Ober (Dame).

«Viel Spaß beim Skat unter Palmen». Neckermann-Reisedienst (NUR). Gestaltung: Werbeagentur Admenting, Frankfurt/M. Druck: H. Schwarz & Co, Nürnberg, 1977.
DSM Inv.-Nr. 1978–36

Seite 151:
Glas-Skat. Entwurf: Arne Leihberg. Werbespiel des Informations-Zentrum Glas GmbH (IZG), Düsseldorf. Hersteller: ASS, Leinfelden-Echterdingen. 1. Aufl. 1978.
DSM Inv.-Nr. 1979–17

Altglas
ist
Rohstoff
Man verpackt in Glas . . .
. . . weil es verbrauchernützlich ist!
Man verpackt in Glas . . .
. . . weil es umweltfreundlich ist!
Schon die Form der Glasflasche signalisiert den Inhalt glasklar!
Leichtglasflaschen: Ein Weg, der Kosten spart beim Abfüllen!
Die gläserne Verpackung zeigt, daß sie nichts zu verbergen hat!
Wirtschaftliche Glas-Kosmetika durch hohes Abfüll-Tempo!
Aromadicht im „Glas-Tresor" – Glas bewahrt den Inhalt sicher!
Wirtschaftliche Konserven in kostengünstigem Konserven-Glas!

Zu Beginn des Jahres 1981 macht er von sich reden, der «Skat-Computer». Statt der altbewährten Spielkarten und zweier lebendiger Partner nun Tasten sowie elektronisch gesteuerte Lämpchen und Signale. Aus: «Stern» vom 8. Jan. 1981.

Hintern von Glühwürmchen. Wenn alle Lämpchen gleichzeitig leuchten würden, flimmerten da drei grüne, drei gelbe und achtundsiebzig rote. Dazu kämen noch sechs rote Striche, die sich zu roten Zahlen oder roten Buchstaben formen können.

Ich bin allein. Meine beiden Partner stecken im Computer. Ich habe noch einmal ‹ENTER› gedrückt. Beim zweitenmal macht ‹ENTER›: tö. Wir sind nicht auf Raumfahrt, keineswegs. Wir sind bei mir daheim. Wir spielen Skat, und ich habe mit dem tö achtzehn gereizt. Tätätät. Damit hat der eine im Computer gepaßt. Wenn ich, der Mensch, gepaßt hätte, wäre zwar auch tätätät zu hören gewesen, aber ich hätte zuvor die Taste ‹Passe› drücken müssen. Logisch. Die Kameraden im Computer machen alles ohne Drücken ab.

Titi-tö. Ich habe Pik-As ausgespielt. Haben Sie's gehört? Dann kommt: Ti – ti. Das erste ti ist die Pik-Sieben, das zweite die Pik-Dame von den Computer-Kumpels, die bedient haben, wie es sich gehört. Ich meinerseits mache wieder mal tö und kassiere damit den Stich. Titi-tö.»

Der «Spiegel» attestierte dem Computer zudem keine Bestleistung: «Nach 50 Spielen stand fest: Der Skat-Computer spielt zumeist befriedigend, gelegentlich auch gut, wenn er einer der beiden Gegenspieler ist, aber macht er selbst das Spiel, so versagt er häufig [...]. Allzuoft wiederholen sich etliche Fehler [...]. Und anders als üblich gibt der Computer, wenn er selbst spielt, keine Antwort auf die häufigste Spielerfrage: Was denn im Skat gelegen hat.»[223]

Skat ist heute gleichermaßen ein Spiel für Frauen wie für Männer; das Foto zeigt einen Tisch während der Deutschen Skatmeisterschaften in Hannover, 1978.
Funkbild: dpa/upi.

Alles in allem: Diese Herausforderung der Skatspieler liegt hinter uns, der Skat-Computer wird nicht mehr gebaut. Man braucht wieder drei Spieler zum Skatspiel.

1972 wurde der damalige Bundespräsident Gustav Heinemann zum Skatspiel interviewt[224]. Mit einigen seiner Sentenzen wollen wir unseren Gang durch die Geschichte des Skatspiels schließen:

Frage an Heinemann: Wie würden Sie sich als Skatspieler charakterisieren?

Antwort: Ich will spielen! Und nicht mich aufregen! Und vor allen Dingen: Wenn ein Spiel gespielt ist, dann ist es gespielt, dann ist es vorbei. Diese ewigen Nach-Reden sind mir zuwider.

Frage: Was reizt Sie nun mehr beim Skatspielen? Das Risiko, das man bei manchen Spielen eingeht? Die Vielfältigkeit der Spielmöglichkeiten? Oder einfach die Geselligkeit?

Antwort: Das Risiko – und im übrigen natürlich die Geselligkeit. Denn es wird ja auch beim Skatspiel, wenn es sich in der «Rheinlust» abspielt, also unter Kollegen der eigenen Fraktion des Bundestages, immer noch Politisches zwischendurch erörtert.

Frage: Es gibt Skatspieler, die behaupten, daß sie beim Spiel geradezu Spitzenleistungen an Denkvermögen vollbringen können; und andere wiederum finden im Skatspiel die ideale Entspannung. Wie reagieren Sie?

Antwort: Ich spiele nur zur Entspannung.

Micky-Maus-Skat. Entwurf: nach Walt Disney Productions. Hersteller: F.X. Schmid, München. 1. Aufl. 1978. DSM Inv.-Nr. 1978–38.

Seite 155: Häschen-Skat. Entwurf: B. Fahrenholz. Hersteller: ASS, Leinfelden-Echterdingen. 1. Aufl. 1977. DSM Inv.-Nr. 1978–24

Häschen-SKAT
Die echten Altenburg-Stralsunder
32 Blatt
1077/7
ASS
Hattu Omaspiel verloren? – Bittu Anfänger!
Hattu Kontra-Blatt? – Rein was Beine hat!
Hattu Durst? – Muttu Bierlachs spielen!
Hattu Karo? – Muttu bellen!
Hattu Probleme? – Hattu falsche Dame gedrückt!
Hattu Dame falsch bedient? – Bittu Anfänger!
Hattu 4 Buben? – Bittu fleißiger Vater!
Hattu Bauern? – Kanntu mauern!

Das Skatspiel im Bild

Der Deutsche Skatverband e.V. ist in Landesverbände gegliedert, diese in Verbandsgruppen, denen sich wiederum die entsprechenden regionalen Skatklubs anschließen können. Für die Mitglieder des Deutschen Skatverbandes gibt es eine feststehende Turnierordnung und einen Wettspielplan.

Seite 156, unten links:
Deutschland-Pokal 1979 in Osnabrück – von links nach rechts: H. Münnich, Präsident des Deutschen Skatverbandes, D. Scheer, Vorsitzender der VB Osnabrück und Oberbürgermeister Weber.

Seite 156/157 (Bild mit Pokal), und Seite 156 unten:
Skatturnier mit über 7000 Teilnehmern in der Dortmunder Westfalenhalle, 1979.

Seite 157, rechte Spalte unten:
Deutsche Skatmeisterschaft 1980 in Bremen.

Seite 157 linke Spalte unten:
Deutsche Skatmeisterschaft 1981 in Neustadt an der Aisch.

Fotos: H. Münnich, Präsident des Deutschen Skatverbandes e.V.

Skatturnier der Welt

DEUTSCHE

Skat-Ephemera aus der Sammlung Schleich, Hanau. Fotos: Joachim Sändig, Wiesbaden.

Der Traum aller Skatspieler
Der Traum aller Skatspieler

Revolution
7. Deutsche
Skatmeisterschaft
im Mannschaftskampf

Oben und Mitte:
Aus Skat-Magazin Nr. 3, 1978

Alle übrigen Abbildungen Sammlung Rudolf Schleich, Hanau.

Pfarrer Krämer, aus: Skat-Magazin; Nr. 1, 1976.

Tuch zur Erinnerung an den 1. Deutschen Skatkongreß 1886, DSM.

Seite 163
Oben: Plan der Skat-Stadt Altenburg, um 1960.
Unten links: Wenzel-Unter, Preis aus einem Skat-Turnier, um 1930.
Unten rechts: Schmuckteller zum 50jährigen Jubiläum des Deutschen Skatgerichts, 1977.
alle: Sammlung Schleich, Hanau. Fotos: Joachim Sändig, Wiesbaden.

Altenburg
SKATSTADT
Großer Teich

1977
50 Jahre Skatgericht
Stadt Altenburg

Nachwort

Die Bibliographie, die der vorliegenden Geschichte des Skatspiels beigefügt ist, legt die Frage nahe, ob ein neues Skatbuch denn wirklich einem allgemeinen Bedürfnis entspricht. Ein genauerer Blick in die Bücher macht deutlich, daß die Skatliteratur zum überwiegenden Teil aus Einführungen in das Spiel selbst besteht. Anleitungen sowohl für den Anfänger als auch für den Fortgeschrittenen. Die Autoren – meist erfahrene Skatspieler – versäumen es nicht, darauf zu verweisen, daß man Skat eigentlich nur beim Spiel erlernen könne. Die Übung macht's.

Solche Bücher aber sind selbst schon wieder Geschichte. Die Regeln unseres Spiels haben sich seit seiner Entstehung ständig verändert, die Regelbücher halten den mehr oder weniger aktuellen Diskussionsstand fest. Manche Autoren haben engagiert in die Diskussion um die Fassung der Skatregeln eingegriffen, sie argumentieren, ihre Begründungen lassen ihre Motive erkennen. Die reichhaltige Skatliteratur macht ein Buch wie das unsere erst möglich, denn wir wollten keine neuerliche Skatanleitung schreiben. Im Mittelpunkt unseres Buches steht die Geschichte des Skatspiels. Die Geschichte eines Spiels ist undenkbar ohne die Menschen, die es gespielt haben. Ihnen gilt unser Interesse, ihrer Freude am geselligen Leben, ihren Querelen, Schwächen und Fehlern. Mit all dem stehen sie nicht nur in ihrer Zeit, sie formen sie auch. So wird die Geschichte des Skatspiels zwangsläufig zu einem Stück Kulturgeschichte.

Unser Buch selbst hat auch seine Geschichte. Den Anstoß gab eine Jahreszahl: 1982. In diesem Jahr begehen die Vereinigten Altenburger und Stralsunder Spielkartenfabriken (ASS) ihr 150jähriges Jubiläum. Da die ASS in Leinfelden-Echterdingen das Deutsche Spielkarten-Museum zum überwiegenden Teil unterhielt, fanden gemeinsame Überlegungen statt, wie man dieses Jubiläum mit einer besonderen Ausstellung begehen könnte. Bisher waren die Ausstellungen immer bestimmten Spielkarten gewidmet, niemals einem Spiel. Das Jubiläum der ASS wollten wir mit einer Ausstellung über das Skatspiel würdigen, das mit der Geschichte der Firma in engem Zusammenhang steht.

Die umfangreichen Vorbereitungen machten jedoch deutlich, daß die Ausstellung allein dem gewählten Thema nicht gerecht werden könnte. So planten wir ein die Ausstellung begleitendes Buch. Der Verlag C.J. Bucher (München, Luzern) war bereit, diesen Band in seine kulturgeschichtliche Reihe aufzunehmen, allerdings als ein der Ausstellung gegenüber selbständiges Buch. Die Vorgespräche mit dem Verlag führten zu der vorliegenden Form, in der bildliche und textliche Dokumentation sowie zusammenhängende Darstellung eine vielfältige Einheit bilden. Die Darstellung verlangt von demjenigen, der nicht Skat spielt, ein ruhiges, konzentriertes Lesen. Der Bild- und Dokumentationsteil nimmt nicht nur auf den heutigen, diagonal lesenden Benutzer von Sachbüchern Rücksicht, er versucht auch durch ein reiches Bildmaterial mögliche eigene Erinnerungen wachzurufen.

Die Vorbereitung von Ausstellung und Buch erfolgte von uns gemeinsam, wie bei vielen Publikationen zuvor. Bei der endgültigen Niederschrift übernahm Margot Dietrich den dokumentierenden, Detlef Hoffmann den historisch-systematisierenden Teil.

Die Jahre der Vorbereitung für die Ausstellung waren für das Museum schwierige Jahre. Zeiten der wirtschaftlichen Krise erschwerten das mäzenatische Engagement, das die Firma ASS über viele Jahre hatte. Am 18. August 1982 ging das Museum in den Besitz der öffentlichen Hand über. Das Land Baden-Württemberg erwarb den größten Teil der Sammlung, die nun Bestandteil des Württembergischen Landesmuseums in Stuttgart ist. Einen kleineren Teil der Sammlung übernahm die Stadt Leinfelden-Echterdingen, in deren Mauern das Deutsche Spielkarten-Museum seine Bleibe behalten wird. Die Stadt trägt auch die Betriebskosten des Museums. Sie ermöglicht dadurch, daß es seine Arbeit wie bisher fortsetzen kann. In Zeiten, in denen allzuleicht im Kulturhaushalt gestrichen wird, haben die Stadt Leinfelden-Echterdingen und das Land Baden-Württemberg nach der Einsicht gehandelt, daß Kultur ein entscheidender Bestandteil dessen ist, was man Lebensqualität nennt. Buch und Ausstellung belegen dies.

Darüber hinaus sollen all diejenigen genannt werden, die uns mit Auskünften und Hinweisen unterstützt haben. Beginnen wollen wir mit einem Dank an die Mitarbeiter der Bibliotheken. Sie haben uns bei den schwierigen Suchaktionen geholfen. Ihre mühselige Arbeit geschieht im Verborgenen, vielleicht wird deswegen ihr Etat gegenwärtig von besonders hohen Streichungen betroffen. Ohne die Arbeit und den Fundus der Bibliotheken würde manches Bild, manches Argument, mancher Text fehlen.

Besonders danken wir auch zwei Kollegen aus der DDR: Herrn Peter Weise, Direktor des Schloßmuseums in Altenburg und Wolfgang Suma, Spielkartensammler und -kenner in Leipzig. Auf der Suche nach Bildern und Texten zum Schafkopf hat uns Wolf Kehrer, Eggenfelden, geholfen. Dr. Günther Mahal, Direktor des Faustmuseums und -archivs in Knittlingen, gab uns Hinweise auf das Skatspiel in der Literatur. Herr Rudolf Schleich in Hanau, leidenschaftlicher Skatsammler, scheute keine Mühe, uns Informationen zu besorgen. Stücke seiner Sammlung sind in unserem Buch abgebildet.

Ein Buch wie dieses kann nicht ohne die Hilfe der traditionsreichen Organisation entstehen, welche die Skatspieler vereinigt, dem Deutschen Skatverband e.V. Herr Hermann Münnich, der Präsident, versorgte uns mit Fotos und Daten. – Wie aus unseren Ausführungen hervorgeht, wurde vor einigen Jahren eine weitere Vereinigung der Skatspieler gegründet, die ISPA (International Skat Players Association). Auch die Arbeit der ISPA wird in diesem Buch behandelt. Die ISPA stellte uns ebenfalls Fotos und Informationen zur Verfügung.

Besonders zu danken haben wir der Firma ASS. Ihr finanzielles Engagement gab uns die Grundlage zu unseren Recherchen. Besondere Ermutigung, in der begonnenen Arbeit fortzufahren, erfuhren wir durch die Stadt Leinfelden-Echterdingen, Herrn Oberbürgermeister Walter Schweizer sowie Herrn Bürgermeister Rainer Häussler und Herrn Prof. Dr. Zoege von Manteuffel, Direktor des Württembergischen Landesmuseums. Im Verlag C.J. Bucher schließlich fanden wir verständnisvolle Gesprächspartner – ein Buch wie das vorliegende macht allen Beteiligten erheblich mehr Arbeit als eine Routinepublikation.

Die Leser schließlich bitten wir um Rückmeldungen. Bücher und Ausstellungen sind Formen, in denen sich Menschen etwas mitteilen. Bei einem Thema wie dem unseren sind wir auf das Gespräch mit dem Praktiker angewiesen.

Leinfelden-Echterdingen,

den 20. August 1982

Detlef Hoffmann Margot Dietrich

Regeln zum Skatspiel

Vorwort zur Skatordnung

Die Skatordnung enthält die Spielregeln und bringt das Skatspiel getreu seiner geschichtlichen Entwicklung in ein geschlossenes System.

Im Jahre 1928 erschien die erste Auflage nach einem Entwurf des Oberlehrers Richard Burkhardt. Als lebendiges Regelwerk berücksichtigt die vorliegende Fassung der Skatordnung alle Änderungen, die durch die bisherigen Skatkongresse beschlossen worden sind.

Zweck der Skatordnung ist die Verbreitung der Spielregeln des Deutschen Skatverbandes, damit der Skat in aller Welt einheitlich gespielt werden kann. Die Skatordnung ist die Grundlage für die Entscheidungen des Deutschen Skatgerichtes.

Wir möchten allen Skatfreunden nahelegen, stets einen sauberen und fairen Skat zu spielen. Nicht ein fadenscheiniges Recht suchen, sondern durch eine sinnvolle Deutung trockenen Paragraphen Leben verleihen, ist unser Anliegen. Die Skatordnung kann dazu nur den Rahmen bilden.

Deutscher Skatverband e.V.

Die Verbandsleitung
Oktober 1978

Skatordnung

1.0 Allgemeines

1.1 Begriff des Skatspieles

1.11 Das Skatspiel ist ein Kartenspiel, das von drei oder mehr Personen gespielt wird. Die einzelnen Spiele werden von einem Alleinspieler und zwei Gegenspielern durchgeführt.

1.12 Das Skatspiel ist in Altenburg (Thüringen) im Beginn des 19. Jahrhunderts entstanden und hat sich aus älteren Kartenspielen in seiner heutigen Gestalt zum beliebtesten und verbreitetsten deutschen Kartenspiel entwickelt. Skat wird aber in aller Welt gespielt.

1.13 Zwei verdeckt, gesondert gelegte Blätter, kurz Skat genannt, gaben ihm den Namen.

1.2 Benennung und Zählwert der Karten

Die Skatkarte besteht aus 32 Blättern, und zwar aus je acht Blättern der nachstehend in ihrer Rangfolge angegebenen Farben:

Kreuz	(Treff, Eicheln)
Pik	(Schippen, Grün)
Herz	(Coeur, Rot)
Karo	(Eckstein, Schellen)

Jede dieser vier Farben hat folgende Blätter:

1. As	= 11 Augen	Abkürzung A
2. Zehn	= 10 Augen	Abkürzung 10
3. König	= 4 Augen	Abkürzung K
4. Dame	= 3 Augen	Abkürzung D
5. Bube	= 2 Augen	Abkürzung B
6.–8. Neun, acht, sieben		ohne Zählwert

1.3 Einteilung der Spiele

1.31 Sämtliche möglichen Spiele teilt man wie folgt ein:

Spiele mit Skataufnahme	Spiele ohne Skataufnahme	offene Spiele mit Skataufnahme	offene Spiele ohne Skataufnahme
a. Gattung: Farbspiele			
Karo Herz Pik Kreuz	Karo-Hand Herz-Hand Pik-Hand Kreuz-Hand		Karo offen Herz offen Pik offen Kreuz offen
b. Gattung: Grands			
Grand	Grand-Hand		Grand offen (ouvert)
c. Gattung: Nullspiele			
Null	Null-Hand	Null ouvert	Null ouvert-Hand

1.32 Der Skat steht in allen Fällen dem Alleinspieler zu.

1.33 Bei den Spielen mit Skataufnahme nimmt der Alleinspieler die beiden Skatblätter (SkO 2.26) auf, legt darauf zwei beliebige Blätter wieder weg (drückt oder senkt sie oder legt sie in den Skat) und bestimmt sodann das Spiel.

1.34 Bei den Handspielen bleibt der Skat während des Spiels unbenutzt; es stehen also dem Alleinspieler nur seine zehn Handkarten zur Verfügung.

1.35 Der Alleinspieler kann, gleichviel, ob er den Skat aufnimmt oder nicht, eine Farbe als Trumpf bestimmen, aber auch einen Grand oder ein Nullspiel melden.

1.36 Um zu gewinnen, muß der Alleinspieler bei Farb- und Grandspielen mindestens 61 Augen erreichen, bei Null-Spielen darf er keinen Stich bekommen.

1.37 Ein Stich besteht aus je einer Karte von Vor-, Mittel- und Hinterhand, die auch in dieser Reihenfolge zu spielen sind. Er ist vollendet, wenn alle drei Karten auf dem Tisch liegen. Er gehört demjenigen, von dem bei ausgespielter Farbe die höchste Karte dieser Farbe stammt, aber bei erfolgtem Einstechen unter Beachtung der Vorschriften über das Bedienen (SkO 3.21 und 3.22) demjenigen, der die höchste Trumpfkarte hingelegt hat (Trumpf geht über Fehlfarbe). Wird von vornherein Trumpf ausgespielt, so gehört der Stich dem Spieler, der die höchste Trumpfkarte gebracht hat.

1.38 Bei offenen Spielen muß der Alleinspieler noch vor dem ersten Ausspielen seine zehn Karten in ihrer ganzen Größe deutlich sichtbar auflegen, und zwar nach Farben und innerhalb der Farben der Höhe nach geordnet. Geschieht dies nicht, so sind die Gegenspieler berechtigt, die Ordnung selbst herzustellen.

1.39 Bei den offenen Farbspielen und beim Grand ouvert darf der Alleinspieler keinen Stich abgeben, weshalb bei diesen Spielen auch stets «Schwarz angesagt» gerechnet wird.

1.4 Bedeutung der Karten

1.41 Bei den Farbspielen wird immer eine Farbe Trumpf; die anderen Farben stehen dann untereinander im Range gleich.

1.42 Höchste Trümpfe sind bei Farb- und Grandspielen die Buben in der Rangfolge ihrer Farben; bei Grandspielen gibt es keine anderen Trümpfe, bei Farbspielen folgen die weiteren sieben Karten der Trumpffarbe im Zählwert ihrer Augen (1.2).

1.43 Bei den Nullspielen gelten auch die Buben als Farbe. Die Reihenfolge lautet: As, König, Dame, Bube (Bildkarten), dann erst die Zehn und endlich Neun, Acht und Sieben.

2.0 Einleitung des Spieles

2.1 Wahl der Plätze

2.11 Die Reihenfolge der Mitspieler wird durch das Los bestimmt. Der erste kann sich dann seinen Platz wählen, der zweite setzt sich ihm zur Linken usw.

2.12 Mit dem Spielen darf nur nach Beendigung einer Runde aufgehört werden, ebenso darf ein einzelner Mitspieler nur am Schluß einer vollen Runde zu spielen aufhören, wenn er dies vor deren Beginn erklärt hat.

2.13 Auch kann nur nach Beendigung einer Runde und nur unter Zustimmung aller Teilnehmer ein neuer Spieler hinzutreten. Falls er nicht für einen Ausscheidenden eintritt, muß er seinen Platz rechts vom ersten einnehmen, so daß er sofort zu geben hat.

2.2 Verteilung der Karten

2.21 Der erste Mitspieler muß auch zuerst die Karten geben – er gibt an –, d.h. er muß die Karten gehörig durcheinandermischen, diese dann seinem rechten Nachbarn zum einmaligen Abheben hinlegen und, nachdem er den Rest der Karten auf den abgehobenen Teil gelegt hat, die Karten an die drei Mitspieler verteilen.

2.22 Ist bei mehr als drei Teilnehmern der Abheber vorübergehend abwesend, so darf außer dem Kartengeber jeder andere Teilnehmer abheben, es sei denn, der Abwesende hätte sich dies bei seinem Weggang vorbehalten. Verzögert sich die Rückkehr, so daß das Spiel stockt, so scheidet der Abwesende so lange aus, bis er wieder am Abheben ist. Ein Recht zu willkürlichem Ausscheiden für eine oder mehrere Runden kann daraus aber nicht abgeleitet werden.

2.23 Beim zweiten Spiel hat der zweite Teilnehmer zu geben usw., so daß also der rechte Nachbar des ersten Mitspielers stets das letzte Spiel einer Runde zu geben hat, mithin auch das letzte Spiel überhaupt (SkO 2.12), er muß daher abgeben.

2.24 Es muß abgehoben werden, und zwar so, daß mindestens vier Karten liegenbleiben oder abgehoben werden.

2.25 Es müssen, beim linken Nachbarn beginnend, jedem Mitspielenden zunächst drei Blätter gegeben werden, dann jedem vier und im letzten Gang wieder jedem drei (SkO 2.26).

2.26 Nach dem ersten Gange sind zwei Blätter – kurz Skat genannt – gesondert zu legen.

2.27 Bei vier Teilnehmern erhält der Kartengeber selbst keine Karten – er sitzt –, bei fünf oder mehr Teilnehmern spielen die beiden linken Nachbarn des Kartengebers und der rechte.

2.28 Wird beim Geben, sei es durch Schuld oder bloße Mitschuld des Kartengebers, eine Karte aufgeworfen, so muß noch einmal gegeben werden.

2.29 Besieht während des Kartengebens ein Spieler den Skat, so ist er vom Reizen auszuschließen (SkO 3.26).

2.210 Wurde eines oder wurden beide Skatblätter nach ordnungsmäßigem Geben aufgeworfen oder vor beendetem Reizen aufgenommen, so ist der Schuldige ebenfalls vom Reizen auszuschließen; auch ist keiner der anderen Mitspieler an sein früheres Gebot gebunden (SkO 2.3).

2.211 Wurden die Karten ordnungsgemäß verteilt, so muß ein gültiges Spiel zustandekommen. Auch ein eingepaßtes Spiel ist ein gültiges Spiel.

2.212 Jeder Teilnehmer muß nach beendetem Geben die Zahl der empfangenen Karten prüfen und eine fehlerhafte Kartenverteilung vor dem Ende des Reizens melden. Wurden die Karten vergeben, d.h. der Zahl nach oder sonstwie unrichtig verteilt, so muß nur dann noch einmal gegeben werden, wenn die Beanstandung rechtzeitig erfolgt ist oder wenn beide Parteien eine fehlerhafte Zahl der Blätter haben.

Andernfalls treten die Bestimmungen von SkO 3.25 bereits vor Spielbeginn in Kraft.

2.213 Hatte ein Teilnehmer gegeben, der nicht an der Reihe war, so ist das gegebene Spiel immer ungültig, selbst wenn es zu Ende gespielt worden ist.

2.214 Bei Feststellung eines solchen Fehlers werden innerhalb der im Gang befindlichen Runde die Spiele vom Eintritt des Fehlers an wiederholt. Ist dieser bereits in vorhergegangenen Runden geschehen oder ist sein Zeitpunkt überhaupt nicht feststellbar, so bleiben alle abgeschlossenen Runden gültig, und es ist nur die im Gang befindliche Runde ungültig und zu wiederholen. Sofort nach Aufdeckung des Fehlers hat dann Platz 1 zu geben. Die Spielliste bleibt gültig. Eine Runde ist dann abgeschlossen, wenn deren letztes Spiel beendet ist.

2.3 Reizen

2.31 Nachdem die Karten verteilt worden sind, muß zunächst durch das Reizen oder Bieten festgestellt werden, wer Alleinspieler wird.

2.32 Im Skat wird nach Spielwerten (Punkten) gereizt. Dabei fordert Vorhand (der erste, der Karten erhalten hat) zunächst Mittelhand (den linken Nachbarn) zu reizen auf, d.h. sie veranlaßt diese, ihr zu sagen, welchen Wert das Spiel hat, das sie spielen will. Entsprechend dem niedrigsten Spielwert (Karo mit oder ohne eine Spitze, einfach gewonnen) beginnt dieses Reizen in der Regel mit 18.

2.33 Hat Vorhand nun ein Spiel mit dem gebotenen oder einem höheren Spielwert nicht selbst, so muß sie passen oder verzichten, und Mittelhand wird dann von Hinterhand (dem dritten Mitspielenden) in gleicher Weise gereizt.

2.34 Will jedoch Mittelhand kein Spiel wagen oder hält Vorhand den von Mittelhand gebotenen höchsten Wert, so muß Mittelhand passen; dann reizt Hinterhand Vorhand weiter.

2.35 Der Spieler, der zuletzt den höchsten Wert gehalten hat, wird der Alleinspieler. Er muß ein gleichwertiges oder ein Spiel von höherem Punktwert melden, gleichviel ob er den Skat aufnimmt oder aus der Hand spielt.

2.36 Die Erklärung des Passens ist unwiderruflich, ebenso das Bieten und Halten eines Wertes oder das Ansagen eines Spieles.

2.37 Will keiner der Mitspielenden ein Spiel wagen, so wird eingepaßt und der nächste gibt Karten. Niemals darf dann vom gleichen Kartengeber noch einmal gegeben werden.

2.38 Auch wenn der Alleinspieler sofort sein Spiel für verloren erklärt, sich legt (SkO 3.31), muß er ein bestimmtes Spiel ansagen, das dem gebotenen Wert und der Zahl der Spitzen entspricht (SkO 3.34).

2.39 Erreicht ein Handspiel die gereizte Punktzahl nicht, hat sich also der Alleinspieler überreizt, überboten, weil ein Bube oder weitere Spitzentrümpfe im Skat lagen (geringere Gewinnstufe), so gilt das Spiel für ihn verloren, selbst wenn er mehr als 60 Augen hat, und zwar muß er sovielmal den Grundwert des gewählten Spieles bezahlen, daß dadurch die gebotene Punkthöhe mindestens erreicht wird.

Wurden z.B. bei einem Herzhandspiel ohne 3 Spitzen 36 geboten, und liegt der Kreuz-Bube im Skat, so ist das an sich gewonnene Spiel nicht mit 36, sondern mit $4 \times 10 = 40$ Punkten zu bezahlen. Den gleichen Betrag müßte er zahlen, wenn er bis 40 gereizt hätte. Wurde also Herz gespielt, muß auch ein Herzspiel bezahlt werden.

2.4 Parteistellung

2.41 Die drei Spielenden bilden zwei Parteien: Alleinspieler (SkO 2.35) und Gegenspieler (Partner). Wer nach beendigtem Reizen das Spiel bestimmt hat, ist der Alleinspieler, die beiden anderen sind die Gegenspieler und als solche mit den übrigen Teilnehmern seine gemeinsamen Gegner.

2.42 Die Gegenspieler bilden somit mit den übrigen Teilnehmern eine Gemeinschaft; sie genießen daher alle gemeinschaftlich den Erfolg ihres Spielens, tragen aber auch gemeinschaftlich den Mißerfolg und die Folgen ihrer Versehen und Verstöße (gemeinsame Haftung).

2.43 Der Alleinspieler bekommt deshalb nicht nur von jedem der beiden Gegenspieler, sondern auch von den übrigen Gegnern den vollen Betrag für sein gewonnenes Spiel, muß aber bei Verlust auch an alle Teilnehmer zahlen.

3.0 Gang des Spieles

3.1 Ausspielen

3.11 Das eigentliche Spiel beginnt damit, daß Vorhand ausspielt (anzieht). Später wird stets von demjenigen ausgespielt, der den vorhergehenden Stich gemacht hat. Ein rechtmäßig ausgespieltes Blatt darf niemals zurückgenommen werden. (Was liegt, liegt.)

3.12 Hat jemand unberechtigt ausgespielt, so ist das Spiel für seine Partei mit den bis dahin eingebrachten Stichen und Augen beendet. Die andere Partei hat, wenn nicht die von ihr bis zum Fehler eingebrachten Stiche und Augen eine höhere Gewinnstufe bedingen, unter Berechnung der vorhandenen oder fehlenden Spitzen, einfach (nicht Schneider oder Schwarz) gewonnen. Beabsichtigt sie aber, eine solche zu erreichen, so kann sie verlangen, daß weitergespielt wird. Dann gilt der Fehler als überhaupt nicht begangen.

Wird unberechtigtes Ausspielen erst gerügt, nachdem der Stich – die drei Blätter von Vor-, Mittel- und Hinterhand – bereits aufgenommen worden ist, so gilt dies als rechtmäßiges Ausspielen.

3.13 Falsches Ausspielen zum letzten Stich eines Spiels ist unerheblich. (SkO 3.11, Satz 2 gilt aber auch in diesem Fall.)

3.2 Bedienen

3.21 Ist ausgespielt worden, so hat zunächst der linke und sodann der rechte mitspielende Nachbar des Ausspielenden eine Karte zuzugeben. Dabei muß stets, soweit dies möglich ist, Farbe oder Trumpf bekannt – bedient – werden, d. h. stets irgendein Blatt der ausgespielten Farbe oder, wenn Trumpf gezogen – gefordert – wurde, ein Trumpfblatt, gleichviel ob höher oder niedriger, zugegeben werden.

3.22 Wer die ausgespielte Farbe nicht hat, kann entweder Trumpf zugeben – stechen – oder auch ein Blatt einer anderen Farbe abwerfen, brocken oder wimmeln. Ebenso darf jedes beliebige Blatt zugegeben werden, wenn beim Fordern Trumpf nicht mehr bekannt werden kann.

3.23 Wurden vorstehende Regeln über das Bedienen verletzt, wurde also der geforderte Trumpf oder die verlangte Farbe, obwohl es möglich war, nicht zugegeben, mithin verleugnet, so gilt dies als falsches Bedienen. Dies liegt aber nicht vor, wenn von dem Rechte des Stechens, Abwerfens oder Wimmelns, auch versehentlich, nur ein unvorteilhafter Gebrauch gemacht wurde.

3.24 Falsches Bedienen beendet grundsätzlich, auch wenn es während des Spieles nachträglich festgestellt wird, das Spiel für die schuldige Partei mit den von ihr bis zum Begehen des Fehlers eingebrachten Stichen und Augen. Die Bestimmungen des Absatzes SkO 3.12 über Bewertung und mögliches Weiterspiel gelten entsprechend.

3.25 Hat jemand trotz regelrechter Kartenverteilung (SkO 2.2) im Laufe des Spiels zuwenig oder zuviel Blätter, sei es, daß doppelt oder gar nicht zugegeben, zuviel oder zuwenig weggelegt, eines oder mehrere Blätter verloren wurden, dann gilt das Spiel auf jeden Fall für die Partei mit der richtigen Zahl der Blätter als einfach gewonnen, unbeschadet des etwaigen Anspruchs auf eine höhere Gewinnstufe, wenn diese bereits erreicht war oder nachgewiesen werden kann, daß sie bei regelrechtem Spiel sicher erreicht worden wäre.

3.26 Besieht während des Spieles ein Mitspielender den Skat oder wird er von einem Teilnehmer aufgedeckt, so gilt das Spiel als beendet und für die andere Partei als einfach (nicht Schneider oder Schwarz) gewonnen, doch kann diese, wenn sie eine höhere Gewinnstufe erreichen will, verlangen, daß weitergespielt wird. Dann aber gilt das Versehen als überhaupt nicht begangen. Hatte jedoch die schuldige Partei das Spiel bereits gewonnen, so gelten für diese die bis dahin eingebrachten Stiche und Augen.

3.3 Abgekürztes Spiel

3.31 Im allgemeinen ist jedes Spiel zu Ende zu spielen, doch kann der Spieler sofort oder nach dem ersten Stich sein Spiel verloren geben, sich strecken oder legen; das Spiel gilt dann als mindestens dem Reizwerte entsprechend verloren (SkO 2.39).

Eine spätere Aufgabe des Spieles kann nur mit Zustimmung der Gegenspieler erfolgen.

3.32 Durch das Auflegen oder Vorzeigen der Karten ohne Abgabe einer Erklärung zeigt der Alleinspieler an, daß er alle weiteren Stiche macht. Trifft dies nicht zu, so gehören alle Reststiche der Gegenpartei.

3.33 Ein Gegenspieler darf nur dann offen spielen, wenn er selbst – sein Partner und der Alleinspieler mögen spielen, wie sie wollen – alle weiteren Stiche macht. Trifft das nicht zu, so gehören alle Reststiche dem Alleinspieler.

3.34 Bei einem Spiel mit Skataufnahme ist das Legen mit dem gebotenen Spielwert nicht gestattet, vielmehr muß vor dem Strecken stets ein bestimmtes Spiel angesagt werden.

3.35 Schenkt eine Partei der anderen ein Spiel, so können nach Einsicht in die Kartenverteilung und in den Skat nachträglich keinerlei rückwirkende oder das Schenken aufhebende Ansprüche geltend gemacht werden (siehe aber Spielbedingungen 5). Verlangt eine Partei bei Schenkungsangebot trotzdem Durchführung des Spiels, so ist dem ohne weitere Verpflichtung für den Spieler stattzugeben.

3.4 Grundregeln

3.41 Wer die nachstehenden Grundregeln verletzt, kann

im Wiederholungsfalle nach voraufgegangener Verwarnung vom Weiterspiel ausgeschlossen werden. Der durch diese Regelverletzungen bedingte Verlust eines Spieles gemäß den Bestimmungen der Abschnitte SkO 3.1–3.3 bleibt dadurch unberührt.

3.42 Das Geben (Mischen, Abheben und Verteilen) hat so zu geschehen, daß keinem Teilnehmer die Innen-(Vorder-)seiten der Kartenblätter sichtbar werden. Wird von einem Kartengeber die Karte beim Mischen gestochen oder geblättert, so ist sie vor dem Abheben noch einmal durchzumischen.

3.43 Jeder Mitspielende ist verpflichtet, seine Karten so aufzunehmen, daß keiner der anderen Spieler hereinsehen kann, wie es andererseits auch nicht gestattet ist, in die Karten anderer hineinzusehen oder sich deren Karten verraten zu lassen. Ebenso hat sich jeder Teilnehmer aller Äußerungen zu enthalten, die geeignet sind, die Verteilung der Karten zu verraten.

3.44 Der Skat darf nur von dem dazu Berechtigten (SkO 1.32; 2.29) angesehen werden, keinesfalls von den nicht spielenden Teilnehmern.

3.45 Während des Spiels darf über dessen Gang weder gesprochen noch irgendein Zeichen darüber gemacht werden; den Parteien ist auch das laute Zählen der Trümpfe und Augen nicht gestattet.

3.46 Vorwerfen, das heißt, eher bedienen als der erste Gegenspieler oder das herausfordernde Vorherziehen, ist dem zweiten nicht gestattet.

3.47 Das Wegnehmen der Stiche darf nur in einer Weise erfolgen, daß auch die zuletzt zugegebene Karte von allen Mitspielern deutlich gesehen und erkannt werden kann. Andernfalls muß der letzte Stich auch dann noch einmal gezeigt werden, wenn bereits wieder ausgespielt worden ist, während sonst der letzte Stich nur vor dem neuen Ausspielen nachgesehen werden darf bzw. auf Verlangen vorgezeigt werden muß.

3.48 Nachdem zum ersten Stich ausgespielt worden ist, darf der Skat nicht mehr eingesehen werden. Während des Spiels dürfen die abgelegten Stiche weder aufgedeckt und betrachtet noch vermischt werden.

3.49 Der Alleinspieler und die Gegenspieler müssen ihre Stiche selbst einziehen.

3.410 Jeder Teilnehmer ist verpflichtet, alle Bestimmungen der Skatordnung zu beachten und zu befolgen.

4.0 Bewertung der Spiele

4.1 Grundwerte

4.11 Jede Spielgattung außer den vier Nullspielen, die einen beständigen Spielwert haben, hat einen bestimmten Einheits- oder Grundwert.

4.12 Der Grundwert beträgt für:

Karo	9	Kreuz	12
Herz	10	Grand	24
Pik	11	Grand offen	36

4.13 Der Spielwert beträgt für:

Null	23	Null offen	46
Null-Hand	35	Null offen, Hand	59

4.2 Gewinnstufen

4.21 Man unterscheidet – außer bei Nullspielen – folgende Gewinnstufen:

Stufenzahl	**Klasse I**	Spiele mit Skataufnahme
1	Spiel einfach	gewonnen oder verloren
2	Schneider	gewonnen oder verloren
3	Schwarz	gewonnen oder verloren
Stufenzahl	**Klasse II**	Handspiele Spiele ohne Skataufnahme (Sie haben gegenüber Spielen mit Skataufnahme von vornherein die Gewinnstufe «Hand» voraus.)
2	Spiel einfach	gewonnen oder verloren
3	Schneider	gewonnen oder verloren
4	Schneider angesagt	gewonnen oder verloren
5	Schwarz	gewonnen oder verloren
6	Schwarz angesagt	gewonnen oder verloren
7	Offen	gewonnen oder verloren

4.22 Der Alleinspieler hat sein Spiel einfach gewonnen, wenn er einschließlich des Wertes der Skatblätter (SkO 1.32; 2.26) 61 Augen erlangt hat.

4.23 Schneider wurde die Partei, die nur 30 oder weniger Augen erreichte.

4.24 Schwarz wurde die Partei, die keinen Stich erhielt; bei einem einzigen Stich, auch ohne jedes Auge, wurde die Partei nur Schneider.

4.25 Der Alleinspieler kann bei allen Spielgattungen der Handspielklasse außer den Nullspielen vor dem ersten Ausspielen Schneider und Schwarz ansagen. Er meldet damit die zu erreichende Gewinnstufe vorher an. Erreicht er diese dann nicht, so gilt für ihn das Spiel mindestens in der gemeldeten Gewinnstufe verloren. Verliert er in einer höheren Gewinnstufe (wird er selbst Schneider oder Schwarz), so gilt für die Berechnung die höhere. Erreicht der Spieler aber eine höhere Gewinnstufe als die angesagte, so gilt diese bei der Berechnung (SkO 4.4).

4.26 Die Gewinnstufen «Schneider angesagt» und «Schwarz angesagt» werden nur dann gewertet, wenn die Ansage tatsächlich erfolgt ist.

4.3 Spitzen

4.31 Trümpfe in ununterbrochener Reihenfolge vom Kreuz-Buben an heißen Spitzen.

4.32 Hat der Alleinspieler den Kreuz-Buben selbst, so kommen seine Spitzen (er spielt mit Spitzen), hat er ihn nicht, so kommen seine fehlenden Spitzen in Betracht (er spielt ohne Spitzen). Farbspiele sind also höchstens mit oder ohne elf Spitzen (vier Buben und sieben Farbblätter), Grandspiele höchstens mit oder ohne vier Spitzen (vier Buben) durchführbar.

4.33 Farb- und Großspiele mit Spitzen haben bei gleicher Gewinnstufe denselben Wert wie Spiele ohne dieselbe Spitzenzahl.

4.6 Aufrechnung

4.61 Sämtliche gewonnenen und verlorenen Spiele werden in die Spielliste eingetragen, die für jeden Teilnehmer eine Postenreihe enthält. Neue Spiele werden nach ihren Punktwerten sofort zu- oder abgerechnet, so daß der Stand der Teilnehmer zueinander jederzeit einzusehen ist.

4.62 Bei Preisskaten und Wettspielen hingegen sind die Einzelspiele unter genauer Bezeichnung einzeln in besondere Listen einzutragen und laufend für jeden Teilnehmer aufzurechnen (Gewinnpunkte – Verlustpunkte).

4.63 Der Spieleinsatz wird vorher vereinbart; üblich liegt er zwischen $^1/_{10}$ bis 1 Pfennig je Wertpunkt. Bruchteile werden in der Regel nach oben aufgerundet. Bei Bargeldskat mit sofortiger Auszahlung wird der Betrag für verlorene Spiele mit Skataufnahme erst nach der Aufrundung verdoppelt.

4.64 Nach Beendigung der Partie sind Gewinn und Verlust durch Vergleichsrechnung zu ermitteln. Einfach und schnell ist die Ermittlung des Endergebnisses nach dem Quersummenverfahren. Das erste Beispiel wird angewandt, wenn die Endzahlsumme aller Teilnehmer ein Plus ergibt, das zweite, wenn die Minuspunkte überwiegen.

A, B, C und D sind die vier Teilnehmer. In der ersten Querreihe stehen die Endzahlen der Spielliste, während die zweite Querreihe (unter dem Strich) die vierfachen Endzahlen (bei vier Teilnehmern) nennt. In der dritten Querreihe wird die Endzahlsumme (Summe aller Plus abzüglich aller Minus) abgezogen oder zugezählt. In der letzten Querreihe ergeben die Minuspunkte die zu zahlenden, die Pluspunkte die zu empfangenden Beträge.

1. Beispiel:	**A**	**B**	**C**	**D**
	+196	+ 33	− 12	+ 85
	+784	+132	− 48	+340
	−302	−302	− 302	−302
	+482	−170	− 350	+ 38
2. Beispiel:	**A**	**B**	**C**	**D**
	+ 44	+ 33	− 420	+130
	+176	+132	−1680	+520
	+213	+213	+ 213	+213
	+389	+345	−1467	+733

Im 1. Beispiel sind die 302 Punkte (Endzahlsumme) gewissermaßen Schulden, die jeder einzelne an die drei anderen hat, die darum sein Guthaben vermindern und abgezogen werden müssen. Im 2. Beispiel jedoch sind die Minuspunkte (−213) nicht belastende Schulden, sondern gewinnerhöhende Forderungen, die darum praktisch zuzuzählen sind. Bei einem Spielsatz von $^1/_4$ Pf müssen selbstverständlich die Endzahlen der Spielliste vor der Abrechnung erst auf ein Viertel gebracht werden.

Anmerkungen zum Text

1 Vgl. hierzu Detlef Hoffmann, Ein Kartenspiel Alfred Rethels, Bemerkungen zum Verhältnis von Spielkarten und Historienmalerei, in: Schriften des Historischen Museums Frankfurt am Main, Heft XIII, 1972, S. 141–167, bes. S. 145, hier weitere und genauere Literaturangaben.

2 Die Geschichte der Spielgesellschaften ist bisher nicht erforscht worden. Sie gehören in den Zusammenhang bürgerlicher Clubs, Kränzchen, deren letzte Nachfahren die Stammtische sind. Solche Vereinigungen waren oft Zentren liberaler Ideen vor der Revolution von 1848.

3 J. F. L. H.: Das Scatspiel, Altenburg 1848; die Geschichte druckt neuerlich ab L. von Alvensleben, Encyclopädie der Spiele, Leipzig 1853, S. 460; die zweite Auflage, Leipzig 1855, ist identisch mit der ersten.

4 H.A. Pierer (Hg.), Encyclopädisches Wörterbuch der Wissenschaften, Künste und Gewerbe, Bd. 19: «S» bis «Schlüpfrig», Altenburg 1833, s. V. «Scat».

5 Vgl. Oskar Stein, Geschichte des Skatspiels, Berlin 1887, S. 4, und Benno Dirf, Die Spielkarten und ihre Beziehung zur Stadt Altenburg, in: Festschrift des XI. Deutschen Skatkongresses, 1927, S. 154–161, bes. S. 158f.

6 Nach Stein 1897 (Anm. 5), S. 4.

7 Aphorismen über den Kuß. Ein Weihnachtsgeschenk für die küßlustige und kußgerechte Welt von einem Spiritus Asper, Leipzig 1808 (Reprint im Insel-Verlag, 1980). Vgl. dazu auch Margot Dietrich, Detlef Hoffmann, Pikante Blätter, Dortmund 1982.

8 Ausführlich dazu: Detlef Hoffmann/Erika Kroppenstedt, Die Cottaschen Spielkarten-Almanache 1805–1811, Bielefeld 1968; Detlef Hoffmann, Die Kartenalmanache der J. G. Cotta'schen Buchhandlung, in: Anzeiger des Germanischen Nationalmuseums 1970, S. 118–134.

9 G. U. v. Enther: Das ganze der Kartenspiele, Quendlinburg und Leipzig 1842, nach Stein 1887 (Anm. 5), S. 3f.; wieder abgedruckt in: Altenburger Skatkalender, 1924, S. 37f.

10 Nach Stein 1887 (Anm. 5), S. 4f.

11 Osterländische Blätter, Herausgegeben von Spiritus Asper, Simplicissimus und Comp. Altenburg No. 30, den 25. Julius 1818, S. 238 u. 239; wieder abgedruckt in: Altenburger Skatkalender 1924, S. 34f.

12 Osterländische Blätter, herausgegeben von Spiritus Asper, Simplicissimus und Comp., Eine Wochenschrift für 1819, NF: Julius bis December 1819, Altenburg, S. 166f.; wieder abgedruckt in: Altenburger Skatkalender, 1924, S. 36.

13 Carl Friedrich Hempel, Sitten, Gebräuche, Trachten, Mundart, häusliche und landwirtschaftliche Einrichtungen der Altenburgischen Bauern, Dritte, gänzlich umgearbeitete Auflage der Kronbiegel'schen Schrift, Altenburg 1839, S. 79f.

14 Nach: Der Alte, 18, Februar 1943, S. 8–10, unter der Überschrift «Aus der Kinderstube des Skats».

15 Vgl. Maxine Brady, The Monopoly Book, Strategy and Tactics of the World's Most Popular Game, New York 1974, bes. S. 14–21.

16 Vgl. Detlef Hoffmann, Die Welt der Spielkarte, Leipzig bzw. München 1972, S. 12f.

17 Michael Dummett, The Game of Tarot, London 1980, S. 33–64.

18 Vgl. ebenda S. 8.

19 Hier ist die englische Unterscheidung von «matching-games» und «adding-games» (für Anlegespiele) genauer. Adding-games finden besonders bei Spielen mit lehrhaftem Charakter Anwendung, etwa bei Quartetten. Vgl. Gernot Prunner, Ostasiatische Spielkarten, Bielefeld 1969, S. 14, wo die japanischen Kartenspiele als adding-games behandelt werden.

20 Gelegentlich wird dafür auch das Wort «Bausteinspiele» verwendet.

21 Vgl. Prunner 1969 (Anm. 19) sowie Rainer Schmidt, Das spielt das Volk in China, Frankfurt 1981.

22 Die Sozialpsychologie des Poker behandelt am klarsten: Hank Messick/Burt Goldblatt: The only game in town, New York 1976, u. a. S. 18ff.

23 Dummett 1980 (Anm. 17), S. 166.

24 Zum Schafkopf und seinen Regeln vgl. unten S. 19.

25 Dummett 1980 (Anm. 17), S. 169.

26 Es ist deswegen völlig falsch, wie dies etwa bei Roland Gööck, Freude am Kartenspiel, München (Goldmann) 1978, S. 16 zu lesen ist, nur die einfachen Stichspiele als solche zu bezeichnen. Skat findet sich hier unter «Meldespielen».

27 Eine Ausnahme bildet das Null, das ein reines Stichspiel ist.

28 Dummett 1980 (Anm. 5), S. 169.

29 Ebenda, S. 173.

30 Ebenda, S. 173.

31 Ebenda, S. 174.

32 John McLeod, Schafkopf, in: Journal of the Playing Card Society, London, Bd. VI, 2, 1978, S. 38–47.

33 Paul Hammer, Die deutschen Kartenspiele, Leipzig 1811 (zitiert nach Stein 1887, Anm. 5, S. 11). Wir benutzten die 2. Auflage von 1813 mit dem vollständigen Titel: «Die deutschen Kartenspiele oder Anleitung die üblichsten gesellschaftlichen Spiele mit der deutschen Karte ...». «Das Schaafkopfspiel» wird S. 217–250 behandelt.

34 Alvensleben 1853 (Anm. 3), S. 465–480; ihm folgt – weitgehend wörtlich – im selben Verlag (Wigand in Leipzig) Friedrich Anton: Enzyclopädie der Spiele ... Leipzig 1879[3]; nach Stein 1887 (Anm. 5), S. 13 ist auch G. U. v. Enther 1842 (Anm. 9) eine fast wörtliche Abschrift von Hammer.

35 Vgl. Hoffmann 1972 (Anm. 16), Tafel 75a.

36 Ein Reprint dieser Karten mit einem Kommentar von Dr. Marcus Junkelmann brachte die Firma F.X. Schmid, München, 1980 heraus: «Teutsche Spielkarten für das bayrische Volk».

37 Hammer 1813 (Anm. 33), S. 229–231, bes. S. 230.

38 Alvensleben 1853 (Anm. 3), S. 480 berichtet auch von einem Schafkopf zu dreien, einem «wendischen Schafkopf». Doch Stein 1887 (Anm. 5), S. 14, tut überzeugend dar, daß dieser wahrscheinlich schon unter dem Einfluß des jungen Skatspiels steht.

39 Nach: Gustav Schwetschke, Geschichte des L'Hombre, Halle 1863, S. 15.

40 Ebenda, S. 15.

41 Ebenda, S. 9.

42 Ebenda, S. 11.

43 Eduard Maria Oettinger, Contingent zur Litteratur der Spielkarten und Kartenspiele, in: Serapeum, Zeitschrift f. Bibliothekswissenschaft, Leipzig, XIII, 1852, S. 193–203.

44 Die Kunst die Welt erlaubt mitzunehmen in den verschiedenen Arten der Spiele, so in Gesellschaften höheren Standes, besonders in der Kais. Kön. Residenzstadt Wien üblich sind. 1. Teil, Nürnberg (bei Eberhard Zeh), 1769, S. 243f.

45 Grundlage dieser Beschreibung ist: Die Kunst [...] 1769 (Anm. 44), S. 241–322, sowie das in der Substanz noch identische: «Neuestes allgemeines Spielbuch», Wien (C. Haas'sche Buchhandlung) 1829, S. 9–36; im Laufe des 19. Jahrhunderts kommen – oft unter Einfluß des Skats – neue Spielarten («Chikanen») hinzu, vgl. etwa: C. Meyer, Der unübertreffliche Whist-, Boston- und L'Hombrespieler, Berlin (S. Mode's Verlag), um 1860 (?), 5. Auflage; eine Kurzfassung der «Chikanen» zu Beginn unseres Jahrhunderts; Alfred Schneider, Die Spiele um L'Hombre und ihre Rangordnung, in: Der Alte, 1926, S. 90f. Diese Form des L'Hombre wurde noch nach dem 2. Weltkrieg in einem Wunstorfer Spielclub gepflegt. Davon zeugt eine maschinenschriftliche Regelzusammenstellung von 1958.

46 Nach Schwetschke 1863 (Anm. 39), S. 38.

47 Ebenda, S. 42.

48 Das neue Königliche L'Hombre nebst einer gründlichen Anweisung [...], Lüneburg (Herold und Wallstab 1808).

49 Ebenda, S. 28f.

50 Hammer 1813 (Anm. 23), S. 27.

51 Vgl. Neues, allgemeines Spielbuch 1829 (Anm. 45), S. 116–128, bes. S. 116f.

52 Ebenda, S. 117.

53 Hammer 1813 (Anm. 23), S. 38.

54 Vgl. hierzu Stein 1887 (Anm. 5), S. 15–19.

55 Ebenda, S. 9.

56 Vgl. Dummett 1980 (Anm. 17), S. 329.

57 Ebenda, S. 241; Interessenten ist das gesamte Kapitel Dummetts über «Großtarock», S. 239–257, zu empfehlen.

58 Caesar, Julius (Hg.), Neuer Spielalmanach für 1798, Berlin (bei Oehmigke d.J.), S.134–165, bes. S.138.

59 Vgl. hierzu mit ausführlichem Quellenmaterial: W.L. Schreiber, Die ältesten Spielkarten und die auf das Kartenspiel Bezug habenden Urkunden des 14. und 15. Jahrhunderts, Straßburg 1937.

60 Eine genauere Behandlung des Pharospiels gibt es bisher nicht. In deutscher Sprache mag auf Kristian Kraus, Das Buch der Glücksspiele, München 1966, S.73f., verwiesen sein sowie auf W.Th. Hausdorf, Der glückliche Pharospieler, Leipzig 1825.

61 Nach: Rheinischer Kurier vom 19. Oktober 1871; der Artikel befindet sich in Band 6, Fol.1 der «Sammlung von Urkunden, Acten [...] betr. concessionirte Spielbanken und Hazardspiele», kurz: Sammlung Hoehn, die aus 50 Klebebänden besteht. Sie wird in der Landesbibliothek Wiesbaden (4^{0}GZ 302) verwahrt.

62 Hempel 1839 (Anm.13), S.79.

63 Spielhäuser in Paris, in: Theodor von Haupt, Skizzen, Düsseldorf 1819, S.89–123, bes. S.91.

64 Ebenda, S.102.

65 Ebenda, S.103.

66 Ebenda, S.108.

67 Ebenda, S.108f.

68 Vgl. etwa die Schilderung Bad Homburgs in der Gartenlaube 1862, Nr.14, 15 und 16.

69 Gesetz-Sammlung für die Königlich Preussischen Staaten, Nr.17 – Nr.7018: Gesetz, betreffend die Schließung der öffentlichen Spielbanken zu Wiesbaden, Ems und Homburg vom 5. März 1868.

70 Heinrich Stich, Theoretisch-praktische Anleitung zum edlen Piquet-Spiele, Wien und Prag 1823, S.20f.

71 Detlef Hoffmann, Spielkarten, Inventarkatalog der Spielkartensammlung des Historischen Museums Frankfurt am Main, Frankfurt 1972, S.86f.

72 Zu den Steuerstempeln vgl. Detlef Hoffmann/Margot Dietrich, Die Dondorf'schen Luxus-Spielkarten, Dortmund 1981, S.217–226, mit weiteren Literaturangaben.

73 Aus: Altenburger Skatkalender 1925, S.47 in dem Artikel: «Zur Geschichte der altenburgischen Spielkarten, nach einem Aktenstück B 156 des früheren Rentamtes Altenburg von Finanzamtmann Löbe.»

74 Vgl. Inventarkatalog Frankfurt 1972 (Anm.71), S.120–123 mit den Hinweisen von Erwin Kohlmann zur Schwerdterkarte. Vgl. auch Bachmann, Zur Entwicklung der Spielkarten und der Kartenspiele, 1951, S. 343 mit dortiger Anm. 88. Zur sächsischen Schwerterkarte vgl. Wolfgang Suma, Sachsenkarte, Schwerterkarte in: Journal of the Playing Card Society, London, Vol. VIII, Nr.1, 1979, S.1–16.

75 Stein 1887 (Anm.5), S.8.

76 Hempel 1848 (Anm.3), S.5.

77 Stein 1887 (Anm.5), S.9.

78 Hempel 1848 (Anm.3), S.3, auch die folgenden Zitate nach Hempel.

79 Ebenda, S.5.

80 Ebenda.

81 Stein 1887 (Anm.5), S.9.

82 Vgl. Osterländische Blätter 1818 (Anm.11).

83 Siehe Hammer 1813 (Anm.23), S.219–225 bzw. Alvensleben 1853 (Anm.3), S.466–469.

84 Pierer 1833 (Anm.4); die folgenden Zitate von dort.

85 In diesem Punkt unterscheiden wir uns sehr deutlich von Stein 1887 (Anm.5), S.23f. Stein gibt Neefe die Rolle, dem Augenspiel Schafkopf das Stichspiel L'Hombre «aufgepfropft» zu haben (S.24). Tatsächlich hat das Schafkopfspiel in seinen Varianten, wie sie Hammer 1813 (Anm.23) angibt, schon deutliche Einflüsse des L'Hombre zu verzeichnen, auch das Solo ist ja eine solche Mischform. Steins Irrtum ist, daß er unterstellt, vor Neefe habe es keine Mischformen gegeben, während wir mit Bezug auf Hammer 1813 meinen, die Mischformen unterschiedlichster Art sind schon zu Beginn des 19. Jahrhunderts nachzuweisen. – Auch wir konnten nicht klären, wie es zu der besonderen Einreihung der Zehn kommt.

86 Zitiert nach Helmut Prang, Johann Heinrich Merck, Wiesbaden 1949, S.173; vgl. zu diesem Thema im späten 18. Jahrhundert: Detlef Hoffmann, «Man wird sagen, daß dies recht bürgerlich sei» ..., Bemerkungen zu einigen Bildern von Johann Conrad Seekatz, in: Ausstellungskatalog Darmstadt in der Zeit des Barock und Rokoko, Darmstadt 1980, S.245–265.

87 Vgl. Altenburger Skatkalender, 1925, S.49–55, «An der Wiege des Skatspiels». Auch erschienen in: Der Alte, 1928, S.282–287, vgl. auch S.256.

88 Der Passus in Pierer 1833 (Anm.4) ist fast identisch mit dem Passus bei Hempel 1848 (Anm.3), S.8f.; nur die «ununterbrochene Reihe» wird hier besonders erwähnt.

89 Ebenda, S.8.

90 Ebenda, S.10.

91 Warum Stein 1887 (Anm.5), S.27f., S.33f. und S.37f. das Boston-Spiel meint einführen zu müssen, ist nicht ganz einsichtig, insbesondere wo er darauf hinweist, daß Boston durch Touren, Spielweisen anderer Spiele seit 1800 in Deutschland angereichert wurde.

92 Stein 1887 (Anm.5), S.28, bringt dieses Datum, ohne seine Quelle zu nennen.

93 G.U.v. Enther, 1842 (Anm.9).

94 Hempel 1848 (Anm.3).

95 W. Unwetter, Die schrecklichen Folgen der Leidenschaft des Spiels, Nordhausen 1831, z.B. S.2.

96 Hammer 1813 (Anm.33), S.223–225; Alvensleben 1853 (Anm.3), S.467f.

97 Vgl. Detlef Hoffmann, Spiel als Spiegel, in: Unternehmen Glück, hg. vom Nordwest-Lotto NRW, 1980, S.11–37.

98 Stein 1887 (Anm.5).

99 Ebenda, S.33.

100 Klaus, Das Scat-Spiel, Anleitung zur Erlernung desselben nach Form und Geist, Leipzig 1858^{2}, S.65.

101 Schreiber, Album für die beliebtesten Kartenspiele, Weimar 1854^{2}.

102 Alvensleben 1853 (Anm.3), S.463.

103 Klaus 1858^{2} (Anm.100), S.35; nach der ersten Auflage hat Stein 1887 (Anm.5), S.35, sogar beim Verlag C.W.B. Naumburg in Leipzig gesucht; er hat es jedoch nicht auffinden können.

104 Friedrich Koch, Der feine Skatspieler, Weimar 1860.

105 Ebenda, zitiert nach Stein 1887 (Anm.5), S.36.

106 Stein 1887 (Anm.5), S.37–41.

107 Stein 1887 (Anm.5), S.41f.

108 Bei Max Merz, Das Skat-Spiel, Berlin 1867, S.39.

109 Stein 1887 (Anm.5), S.42.

110 A. Hertefeld, Illustrirtes Skatbuch, Theorie und Praxis des Skat-Spieles, Breslau (1884), S.42f.

111 Stein 1887 (Anm.5), S.45.

112 Eugen Isolani: Beim Kiebitzen, Lustige Skatologische Betrachtungen, Dresden 1888, S.10.

113 Artur Schubert, Die Kunst des Skatspiels, ein Lehr- und Nachschlagebuch, Leipzig 1922, S.83.

114 Hertefeld 1884 (Anm.111), S.31.

115 Stein 1887 (Anm.5), S.46.

116 Hertefeld 1884 (Anm.111), S.31.

117 A. Schubert, Neue allgemeine Skatordnung, einstimmig angenommen vom VI. Deutschen Skatkongreß zu Altenburg, Altenburg 1907^{2}, S.25; Schubert 1922 (Anm.113), S.84f., stellt seine große Beliebtheit fest.

118 Hammer 1813 (Anm.33), S.220–222.

119 Von Posert, Deutsche, Französische und Englische Kartenspiele, Leipzig (um $1880)^{8}$, S.60f.; die erste Auflage des Buches erschien in Quedlinburg und Leipzig 1861, der Text über den Skat scheint nicht verändert.

120 Vgl. Stein 1887 (Anm.5), S.48f.

121 So noch Felix Feldmann, Bremer Skatbüchlein, Bremen o.J. (um 1940), S.23, der hierin Schubert 1922 (Anm.113) folgt.

122 Stein 1887 (Anm.5), S.32.

123 S.v.F.: Die Grundzüge des Scatspieles, Quedlinburg und Leipzig 1856, S.24.

124 Hertefeld 1884 (Anm.111), S.33–38.

125 Didaskalia, Unterhaltungsblatt des Frankfurter Journals, 11. Januar 1886.

126 Ebenda.

127 Didaskalia, 30. Juli 1887.

128 Karl Buhle, Illustriertes Lehrbuch des Skatspiels, Leipzig 1885[1], 1891[2], 1895[3]; ich zitiere immer nach der dritten Auflage; zu Buhles Rolle in der Skatgeschichte vgl. auch Benno Dirf, Wie der Skat entstand VII, in: Der Alte, 12, 1937, S. 78–80.
129 Buhle 1895[3] (Anm. 128), S. 38f.
130 Ebenda, S. 39–41.
131 Ebenda, S. 51.
132 Ebenda, S. 52–57, Zitat von S. 57.
133 Benno Dirf, Geschichte der deutschen Skatkongresse, in: Der Alte, 1928, S. 23–25, bes. S. 23. Benno Dirf folgt hier in seiner Darstellung der ersten deutschen Skatkongresse wörtlich dem Bericht «Zur Geschichte des deutschen Skatkongresses», in: Festzeitung zum II. deutschen Skatkongreß in Leipzig 1887, No. 1, S. 4f.
134 Ebenda.
135 Karl Buhle, Allgemeine Deutsche Skatordnung, angenommen vom Ersten Deutschen Skat-Congreß in Altenburg, Leipzig 1886, S. III und IV.
136 Stein 1887 (Anm. 5), S. 32f.
137 Ebenda, S. 33.
138 Ebenda, S. 44.
139 Ebenda, S. 59.
140 Ebenda, S. 60.
141 Ebenda, S. 61.
142 Ebenda, S. 61.
143 Ebenda, S. 62.
144 Ebenda, S. 62.
145 Ebenda, S. 39.
146 Hertefeld 1884 (Anm. 111), vgl. auch die Würdigung von Hertefelds Buch bei Benno Dirf, Wie der Skat entstand IV, in: Der Alte, 12, 1937, S. 65–67.
147 Das Gespräch ist natürlich frei erfunden, es stammt aus: Kladderadatsch, 39, Nr. 37/38 vom 15. August 1886.
148 Vgl. hierzu Winfried Löschburg, Von Reiselust und Reiseleid, Leipzig 1977 sowie Katalog: Mit dem Auge des Touristen, Zur Geschichte des Reisebildes, Eine Ausstellung des Kunsthistorischen Instituts der Universität Tübingen, 1981.
149 «Erinnerungen an den 1. Deutschen Skatkongreß ...», in: Festschrift zum XI. Skatkongreß 1927, S. 162f.
150 Abgedruckt etwa in: Festzeitung zum 1. deutschen Skatkongreß in Altenburg in den Tagen vom 7. bis 9. August 1886; Verlag von Otto Wermann in Altenburg.
151 Frankfurter Journal No. 402, August 1886.
152 Erinnerungen 1927 (Anm. 149), S. 163, all das fehlt in der Beschreibung des Kongresses in der Festzeitung des 2. Kongresses 1887 (vgl. Anm. 133).
153 Ebenda.
154 Stein 1887 (Anm. 5), S. 63; vgl. die Zusammenstellung der Preise in der Festzeitung Nr. 1 des 2. Kongresses (Anm. 133).
155 Erinnerungen 1927 (Anm. 149), S. 163.
156 Tafellieder für das Bankett bei Gelegenheit des I. deutschen Scatcongresses am Sonntag, den 8. August 1886.
157 Ebenda.
158 Festzeitung 1886 (Anm. 150), S. 3, rechte Spalte oben.
159 Tafellieder 1886 (Anm. 156), fol. 3.
160 Ebenda.
161 Festzeitung 1886 (Anm. 150), S. 3.
162 Tafellieder 1886 (Anm. 156), fol. 4.
163 Vgl. hierzu ausführlich die Festzeitung zum 2. Kongreß 1887 (Anm. 133), Nr. 2, mit der Beschreibung des Ablaufs aus der Sicht des Vorstandes.
164 Das Material zum «Hanauer Lehrerskat» habe ich in der Slg. Hoehn, Landesbibliothek Wiesbaden (vgl. Anm. 61), Bd. 4, fol. 65ff. gefunden. Dies erklärt die Konzentration der Ausschnitte auf Zeitungen des Rhein-Maingebietes.
165 Nach: Wiesbadener Tagblatt vom 31. August 1888.
166 Vgl. Detlef Hoffmann, Spielkarten, Inventarkatalog 1972 (Anm. 71), S. 127ff.
167 Vgl. Hoffmann 1972 (Anm. 16), S. 33f.
168 Dazu ausführlich: Detlef Hoffmann, Die Spielkarten Philipp Otto Runges, München 1977.
169 Vgl. Detlef Hoffmann/Margot Dietrich, Die Dondorfschen Luxus-Spielkarten, Dortmund 1981, S. 144–149.
170 Ebenda, S. 132–137.
171 Festzeitung zum 2. Deutschen Skatkongreß in Leipzig 1887, No. 1, S. 15, linke Spalte.
172 Buhle 1895[3] (Anm. 128), S. V.
173 Festzeitung 1887 No. 1 (Anm. 171), Titelseite.
174 Wolfgang Suma, The «Kongreßkarte» and how it came about, in: The Journal of the Playing-Card Society, London, Mai, Vol. V., 4, 1977.
175 Ebenda, S. 14f. Zur Kongreßkarte 1927 s. a.: Altenburger Skatkalender 1928, S. 74 und 76.
176 Wolfgang Suma (Anm. 174), S. 17: Suma weist auf ein besonders schön erhaltenes Spiel im Spielkartenmuseum zu Altenburg hin.
177 Ebenda, S. 19f.
178 Robert Hülsemann, Das Buch der Spiele für Familie und Gesellschaft, Leipzig 1930[2], S. 168.
179 Wiesbadener Anzeigeblatt Nr. 194 vom 20. August 1896.
180 Otto von Blanquet, Die deutsche Spielkartenindustrie, Diss. phil. Berlin 1926, S. 49.
181 Ebenda, S. 57, hier auch die Statistik, aus der die vorgenannten Zahlen stammen.
182 Deutsche Skatzeitung 56, 1898; dies und das folgende lege ich Benno Dirf, 40 Jahre Deutscher Skat-Verband, in: Der Alte 1939/1940/1941 in mehreren Folgen sowie Benno Dirf, Geschichte der deutschen Skatkongresse, in: Der Alte 1928 zugrunde. Dirfs Darstellungen liegen meist wörtlich die Originalquellen zugrunde, die teilweise nicht mehr erreichbar sind. Leider merkt er das nicht an.
183 Benno Dirf, in: Der Alte 1939, S. 122.
184 Ebenda.
185 Ebenda, S. 123.
186 Schubert 1922 (Anm. 113), S. 92.
187 Ebenda, S. 93.
188 Ebenda, S. 90.
189 R. Burkhardt, Deutscher Einheitsskat. Sein Wesen, Werden, Wert, in: Der Alte, 1934, S. 128–130 bes. S. 129.
190 Ebenda.
191 Ebenda, S. 130.
192 Soweit ich sehe, diagnostiziert Schubert 1922 (Anm. 113), S. 9, als erster die Verwilderung. Ihm folgt Benno Dirf bei zahllosen Anlässen, etwa: Die Skatkarte und ihre Beziehung zu Altenburg, in: Sachsen-Altenburgischer vaterländischer Geschichts- u. Hauskalender auf das Jahr 1927, S. 123–127, bes. S. 126; dies übernimmt auch Bachmann 1951 (Anm. 74), S. 350.
193 Hertefeld 1884 (Anm. 111).
194 Stein 1886 (Anm. 5).
195 Benno Dirf, 40 Jahre D. Sk. V, in: Der Alte 1940, S. 44.
196 Zu Otto Pech (Pseud.: Pix) vgl. Altenburger Skatkalender 1922, S. 33f. u. 1924, S. 1; Der Alte, 1932, S. 65; Festschrift XII. Deutscher Skatkongreß 1928, S. 185. Vgl. auch den Nachruf in: «Otto Pech, der deutsche Skatmaler», in: «Altenburger Nachrichten», 26. August 1950.
197 Der Alte. Deutsche Skatzeitung. Organ des Deutschen Skatverbandes. Altenburg, 1897–1943 (Umschlagtitel der gebundenen Jahresausgabe: Des Alten Jahrbuch).
198 Altenburger Skatkalender, Altenburg 1900 bis 1931.
199 Schubert 1922 (Anm. 113), S. 200.
200 Benno Dirf, 40 Jahre D. Sk. V., in: Der Alte 1940, S. 20.
201 Der Alte, 1932, S. 78.
202 Der Alte, 1937, S. 117 und 129.
203 Der Alte, 1937, S. 102.
204 Festschrift 14. Deutscher Skatkongreß am 26. Sept. 1937, S. 3.
205 Der Alte, 1938, S. 1.
206 Der Alte, 1941, S. 5.
207 Der Alte, 1942, S. 31/32.
208 Süddeutsche Zeitung v. 17. 7. 1978.
209 Der Skatfreund, Jg. 19, 1974, Heft 9, S. 26/27.
210 Altenburger Nachrichten (in Nachlaß Laudan).

211 Der Spiegel v. 9.1.1978, S. 76, «DDR Skat: Auf Weltniveau».
212 Ebenda.
213 Wolfgang Poetsch, Das große Buch vom Skat, München 1981, S. 31.
214 Altenburger Skatkalender 1927, S. 88.
215 Der Alte, 1937, S. 102.
216 Zu US-amerikanische Skater vgl. auch S. 96; siehe auch Der Spiegel v. 8.5.1978, S. 98: «Skat: Wat soll dat?», auch das folgende danach.
217 Der Spiegel vom 13.1.1980, S. 251 f., «Skat-Computer: Pb sticht Cz und H9».
218 Ebenda.
219 Vgl. hierzu Stein 1886 (Anm. 5), S. 57.
220 Vgl. Der Alte, 1935, S. 49–53, 65–69.
221 Ebenda, S. 65.
222 Stern v. 8.1.1981.
223 Spiegel v. 13.1.1981 (Anm. 217), S. 252.
224 H. H. Röll, Hallo, Skatfreunde! Goldmanns Gelbe TB 2892, München 1971, S. 13.

Literaturverzeichnis

Das Literaturverzeichnis ist nicht umfassend, obwohl wesentliche Ergänzungen zur bekannten Literatur der Deutschen Skatzeitung aus dem Jahr 1906 entnommen werden konnten. Fehlende bibliographische Angaben, besonders zum Erscheinungsjahr, konnten nicht ermittelt werden, da bestimmte Regelbücher auch über den Westdeutschen Fernleihverkehr nicht erhältlich waren.
Die mit * versehenen Publikationen lagen zur Einsichtnahme vor.

*Achtzehn – Zwanzig – passe. Ein Skatbuch mit Contra und Re. Einl. Thaddäus Troll. Berlin, Frankfurt 1957.

*Alvensleben, Ludwig v.: Encyclopädie der Spiele, Leipzig 1853, 1855[2].

*Anders, F.: Skat, Bridge, Rommé, Sechsundsechzig u. a. Kartenspiele, für den Rundfunk-Kursus bearbeitet. Berlin 1930.

Andres, Otto siehe: Schmidt-Cabanis, R.

*Anton, Friedrich: Encyclopädie der Spiele, enthaltend die bekanntesten Karten-, Brett-, Kegel-, Billard-, Ball-, Rasen-, Würfel-Spiele und Schach. Leipzig 1879[3], 1884[4].

*Appel, Heinz: Skatsprache, humorvolle bebilderte Redensarten. Minden (o. J., um 1950) = Lehrmeister-Bücherei 965.

Arten der Spiele (Wien 1769), siehe: Die Kunst die Welt erlaubt mitzunehmen in den verschiedenen Arten der Spiele …

*Bachmann, Kurt: Zur Entwicklung der Spielkarten und der Kartenspiele und deren Beziehungen zur Skatstadt Altenburg (Thür.), in: Beiträge zur Sprachwissenschaft und Volkskunde, Festschrift für Ernst Ochs. Lahr 1951.

Beckmann, F. Johs.: Das Märchen von den vier Wenzeln. Hamburg 1891.

Beckmann, Lothar siehe: Kruse, Hans.

Benndorf, Julius siehe: Dirf, Benno (Pseud.).

Benner, Hans-Heinrich siehe: Kirschbach, Günter.

*Blanquet, Otto von: Die deutsche Spielkartenindustrie. Diss. phil. Berlin 1926.

*Braun, Franz: Spielkarten und Kartenspiele. Hannover 1966.

*Bready, Maxine: The Monopoly Book. Strategy and Tactics of the World's most popular game. New York 1974.

Bremen, Skatklub «Grand over» siehe: Festschrift zum 6jährigen Stiftungsfest …

*Buhle, Karl: Allgemeine Deutsche Skatordnung, bearb. v. K. Buhle und angenommen vom Ersten Deutschen Skat-Congreß in Altenburg. Leipzig 1886.

*Buhle, Karl: Allgemeine Deutsche Skat-Ordnung. Stuttgart 1896[3].

Buhle, Karl: Illustriertes Lehrbuch des Skatspiels. Leipzig 1885, 1891[2]*, 1895[3]*. In der 2. u. 3. Aufl. erschienen jeweils getrennte Ausgaben für dt. u. franz. Farbzeichen.

*Burkhardt, Richard: Deutsche Skatwettspiel-Ordnung des Deutschen Skatverbandes. Altenburg 1936.

Burkhardt, Richard: Neue deutsche Skatordnung des Deutschen Skatverbandes. Altenburg 1932, 1939*.

*Burkhardt, Richard: Skat – aber richtig! Gründl. Einführung in das Skatspiel nach den Regeln der «Neuen Deutschen Skatordnung». Leipzig 1940[3].

*Caesar, Julius (Hg.): Spiel-Almanach, enthaltend die neueste Anweisung zu einer gründlichen und leichten Erlernung des Whist, l'Hombre … Berlin 1797, 1798, 1800.

*Cato, Otto (Pseud.: Skato): Hundert Skataufgaben mit Lösungen. Ravensburg 1922.

Cato, Otto (Pseud.: Skato): Das Skatspiel. Leipzig 1901[4] (= Miniatur Bibliothek 24).

*Cato, Otto (Pseud.: Skato): Das Skatspiel. Neubearb. von Richard Burkhardt. Hildesheim 1950.

Cato, Otto (Pseud.: Skato): Der tadellose Skatspieler. Leipzig o.J. (vor 1906) (= Miniatur Bibliothek 630 u. 631).

Claus, Paul: Leitfaden des Scat-Spiels. Berlin 1873, 1885[6].

Deutscher Skatverband, Altenburg bzw. Bielefeld, siehe auch: Festschriften.

*Deutscher Skatverband e.V., Bielefeld. Skatordnungen: 1953, 1960, 1963 u. ff.

*Deutscher Skatverband e. V., Bielefeld, Verbandsgruppe 70/71 Württemberg: 25jähriges Jubiläum 1956–1981, Jubiläumsschrift.

*Dietrich, Margot u. Detlef Hoffmann: Pikante Blätter. Dortmund 1982 (= Bibliophile TB 323).

*Dirf, Benno (Pseud.): Das Lied vom Skate. Mit 23 Zeichnungen von Otto Pech. Altenburg o.J. (vermutlich 1924) (= Die Skatbücherei in der Westentasche 2).

*Dirf, Benno (Pseud.): Das Lied vom Skate, mit farbigen Randillustrationen von Otto Pech. Altenburg o.J. (= Sonderausgabe der Vereinigten Stralsunder Spielkartenfabriken AG., Abt. Altenburg).

Döring, Carl: Skat u.a. Kartenspiele. Berlin o.J. (vor 1906).

*Dummett, Michael: The game of Tarot from Ferrara to Salt Lake City. With the assistance of Sylvia Mann. London 1980.

*Dummett, Michael: Twelve Tarot Games. London 1980.

*Eichhorn, J. Charles: American Skat, or the game of Skat defined. Detroit (USA) 1898.

Enther, G.U.v. (oder Günther): 58 der üblichsten Deutsch-Franz. und Engl. Kartenspiele als Solo, L'Hombre, Boston, Whist etc. nach den allgem. Regeln. Quedlinburg u. Leipzig 1842. Umschlagtitel: Das Ganze der Kartenspiele.

F. v. H.: Der Whist-, Boston- und Skatspieler. Leipzig. 10. Aufl. (vor 1906).

*Feldmann, Felix: Bremer Skatbüchlein. Bremen o.J. (um 1940?).

Felix, John: Skat-Cantate für Männerquartett mit Soli und teilweise Klavierbegleitung. Leipzig (vermutl. 1905).

Festschriften u. Sonderdrucke Deutscher Skatverband Altenburg/Thür.:
*11. Deutscher Skatkongreß am 10., 11. u. 12. Juni 1927 in der Skatstadt Altenburg (= Sonderdr. «Der Alte» 6, 1927);
*12. Deutscher Skatkongreß vom 26.–29. Juli 1928 in Altenburg/Thür. (= Sonderdr. «Der Alte» 7, 1928);
*14. Deutscher Skatkongreß am 26. Sept. 1937 in Altenburg (= Festschrift).
Festschriften u. Sonderdrucke Deutscher Skatverband Bielefeld e.V.:
*15. Deutscher Skatkongreß, 3.–5. Nov. 1950 in Bielefeld;
*16. Deutscher Skatkongreß, 4. Sept. 1954 in Bielefeld;
*17. Deutscher Skatkongreß, 12. Okt. 1958 in Bielefeld;
*21. Deutscher Skatkongreß, 14. Sept. 1974 in Bad Oeynhausen (= 75 Jahre Dt. Skatverband 1899–1974).

*Festschrift zum 6jährigen Stiftungsfest des Skatklubs «Grand over», Bremen am 3. März 1934 in der Union. Bremen 1932.

*Festzeitung zum I. deutschen Skatkongreß in Altenburg in den Tagen vom 7.–9. August 1886. Altenburg.

*Festzeitung zum II. deutschen Skatkongreß in Leipzig, 25.–27. Juni 1887, No. 1 u. 2, Leipzig.

Frank, Emil: Das Skatspiel. Berlin o.J. (vor 1906).

Franke, Otto: Der gewandte Skatspieler. Braunschweig 1904[11].

*Franke, Otto: Skat. Prakt. Leitfaden zur Erlernung […]. Berlin 1936[23].

Friedrich, E. J.: Königsberger Skattarif. Hamburg 1858.

*FUCHS, ERICH: Der tadellose Skatspieler. Hildesheim 1953.

FUCHS, ERICH siehe auch: DEUTSCHER SKATVERBAND e.V., Bielefeld: Skatordnung 1953.

Fünfundsiebzig Jahre Deutscher Skatverband 1899–1974, siehe: Festschriften [...] 21. Dt. Skatkongreß.

Fünfundzwanzigjähriges Jubiläum Verband Württemberg, siehe: Deutscher Skatverband [...] Verbandsgruppe 70/71.

*Fünfzig Doktorfragen des Skatspiels, 30 Skataufgaben und das Skat-Einmaleins. Berlin 1940.

GEORGENS Illustrirtes Familien-Spiel-Buch. Leipzig 1882.

*GÖÖCK, ROLAND: Freude am Kartenspiel. Gütersloh 1967 u. München (Goldmann) 1978.

GÖRZ, HEINZ: Wir spielen. Wiesbaden, Leinfelden 1976.

GOLDBLATT, BURT siehe: MESSICK, HANK

*GRANGER, A. D.: Skat and how to play it. New York 1907.

*Das große Buch der Spiele. Aus dem Franz. übertragen von Brigitte Weitbrecht. Freiburg (Schweiz) 1974.

*Das große Einmaleins im Skat. Bremen um 1950.

GROTH, J. C.: Die Kunst des Skatspiels. Berlin 1876.

*GRUPP, CLAUS D.: 99 Kartenspiele. Leinfelden 1970.

GÜNTHER siehe: ENTHER, G. U. v.

HAHN, ALBAN VON: Buch der Spiele. Leipzig 1900^3.

*HAMMER, PAUL: Die deutschen Kartenspiele oder Anleitung die üblichsten gesellschaftlichen Spiele mit der deutschen Karte als Solo, Kontra, Schafkopf, Einwerfen, Fünfzehnern, Bassadewitz, Piket, Mariage und Elfern bald gründlich zu erlernen. Leipzig 1811, 1813, 1815 (Umschlagtitel: Taschenbuch für Kartenspieler auf das Jahr [...]).

HAUPT, THEODOR: Skizzen. Düsseldorf 1819.

HAUSDORF, W. TH.: Der glückliche Pharospieler. Leipzig 1825.

*HEMPEL, CARL FRIEDRICH: Sitten, Gebräuche, Trachten, Mundarten, häusliche und landwirtschaftliche Einrichtungen der Altenburgischen Bauern. 3. gänzl. umgearb. Aufl. der Kronbiegel'schen Schrift von 1806. Altenburg 1839.

*HEMPEL, FRIEDRICH FERDINAND (Pseud.: Spiritus Asper): Aphorismen über den Kuß. Ein Weihnachtsgeschenk für die küßlustige und kußgerechte Welt. Leipzig 1808.

*HEMPEL, JOHANN FRIEDRICH LUDWIG (Pseud.: J.F.L.H.): Das Scatspiel, nebst 2 Liedern. Altenburg 1848.

HENSCHKE, ALFRED siehe: KLABUND.

*HERTEFELD, A.: Illustrirtes Skat-Buch. Breslau (1884).

HIRSCHFELD, A. VON siehe: HERTEFELD, A.

HÖCKNER: Erinnerungen an das Kriegsjahr 1813, in: Am häuslichen Herd, 1886. = Sonntagsbeilage der Altenburger Zeitung für Stadt und Land.

*HÖFGES, PETER ALEXANDER: Peter Alexander Höfges zum 80. Geburtstag am 24. 3. 1968 von den Mitgliedern des Klubs der Rundschau-Skatfreunde. Köln 1968.

*HÖFGES, PETER ALEXANDER: Das Skatgericht entscheidet. Wiesbaden 1965.

*HOFFMANN, DETLEF: Die Kartenalmanache der J.G. Cotta'schen Buchhandlung, in: Anzeiger des Germanischen Nationalmuseums 1970.

*HOFFMANN, DETLEF: Ein Kartenspiel Alfred Rethels, Bemerkungen zum Verhältnis von Spielkarten und Historienmalerei, in: Schriften des Historischen Museums Frankfurt/M., H. XIII, 1972.

*HOFFMANN, DETLEF: Spielkarten. Inventarkatalog der Spielkartensammlung des Historischen Museums Frankfurt/M. Frankfurt 1972.

*HOFFMANN, DETLEF: Die Spielkarten Philipp Otto Runges. München 1977.

*HOFFMANN, DETLEF: Spiel als Spiegel, in: Unternehmen Glück, hg. vom Nordwest-Lotto NRW, 1980.

*HOFFMANN, DETLEF: Die Welt der Spielkarte. Leipzig, München 1972.

*HOFFMANN, DETLEF u. MARGOT DIETRICH: Die Dondorf'schen Luxus-Spielkarten. Dortmund 1981 (= Bibliophile TB 243).

*HOFFMANN, DETLEF u. ERIKA KROPPENSTEDT: Die Cotta'schen Spielkarten-Almanache 1805–1811. Bielefeld 1968.

*HOFFMANN, DETLEF siehe auch: DIETRICH, MARGOT.

*HOFFMANN, P. F. L.: Der Meister in allen Kartenspielen. Hamburg 1873.

*HOYLE, EDMUND: The American Hoyle or Gentleman's Hand-Book of games containing all the games [...]. New York 1900^{17}.

*Hoyle up-to-date. The official rules of card games. Cincinnati (USA) $1918/19^{23}$ u. a.

*HÜLSEMANN, ROBERT: Das Buch der Spiele für Familie und Gesellschaft. Leipzig 1930^2.

*ISOLANI, EUGEN: Beim Kibitzen. Lustige Skatologische Betrachtungen. Dresden 1888.

*J.F.L.H. (Pesud.) siehe: HEMPEL, JOHANN FRIEDRICH LUDWIG.

*JESSEL, FREDERIC: A Bibliography of works in English on Playing Cards and Gaming. London, New York, Bombay 1905.

*KALTENBACH, ALFRED: Jaß, Skat. Schweizerisches Reglement. Basel 1966^3.

*KAPS, WALTER: Skat nach den neuesten Regeln. Leipzig 1931

*KIRSCHBACH, GÜNTER, ROLF LISKER, HANS-HEINRICH BENNER: Das Skatbuch für Anfänger und Fortgeschrittene. Berlin 1967. Liz.: Alles über Skat, Köln 1972.

*KL., C.: Das deutsche Scat-Spiel. Anleitung zum Scat-Spiel für heitere und gemüthliche Seelen. Berlin o. J. (1873?).

KLABUND (d.i. Alfred Henschke): Auszüge aus: «Sonette des Spielers», erschienen vermutlich in der Harfenjule, Verlag die Schmiede, Berlin 1927.

*KLAUS: Das Scat-Spiel. Anleitung zur Erlernung desselben nach Form u. Geist. Leipzig, 1855, 1858^2.

*KOCH, FRIEDRICH: Der feine Skat-Spieler. Eine gründliche Anleitung [...] Weimar 1860, 1874^2, 1892^5.

*KRUSE, HANS u. LOTHAR BECKMANN: Skat lernen, spielen, gewinnen. Gütersloh 1970.

*Die Kunst die Welt erlaubt mitzunehmen in den verschiedenen Arten der Spiele, so in Gesellschaften höheren Standes, besonders in der Kais. Kön. Residenzstadt Wien üblich sind. 1. Tl. Nürnberg 1769.

KURTZ, ALFRED: Der perfekte Skatspieler. Berlin 1882.

*LANGE, ERNST: Das große Buch der Kartenspiele. Enthaltend die beliebtesten Kartenspiele Skat, Whist, L'Hombre [...] Berlin o. J. 8. Aufl.

*LASKER, EMANUEL: Das verständige Kartenspiel. Berlin 1929.

*LAUDAN, FRANZ: Erläuterungen zu der Skat-Uhr, geschaffen vom Skatmaler und Holzbildhauer Otto Pech – Künstlername PIX, Altenburg. Bremen o. J. (um 1975).

*LAUDAN, FRANZ: Unsterblicher Skat. Klebeband, Bremen 1951.

*LEMBKE, ROBERT: Das große Haus- u. Familienbuch der Spiele. München 1969.

LEMCKE, ERNST (Ed.): An illustrated grammar of Skat. New York 1887.

*LEMMER, ERNST: Skat-Taktik. Erfahrungen und Gedanken eines passionierten Skatspielers. Leinfelden 1969.

*LENHOFF, KARL: Das Skatspiel. Eine Fibel für Anfänger u. Fortgeschrittene. Wiesbaden o. J. (= Falken Bücherei 206).

*LEYDEN, RUDOLF: Karnöffel. Das Kartenspiel der Landsknechte. München, Wien 1978.

*LICHTWITZ, KARL: Neues Buch der Kartenspiele. Wiesbaden 1969 (= Falken Bücherei 95).

*«Lieder für den Festcommers beim I. deutschen Scatcongreß am Montag, den 9. August 1886 im Goldenen Pfluge zu Altenburg.»

LISKER, ROLF siehe: KIRSCHBACH, GÜNTER.

MANN, SYLVIA siehe: DUMMETT, MICHAEL.

*MCLEOD, JOHN: Schafkopf in: Journal of the Playing Card Society, London, Vol. VI, 2, 1978.

*MEISTER, FRIEDRICH: Skatspiel. Minden o. J. (= Lehrmeister-Bücherei 966).

MERKENDORF, GUSTAV V.: Der lustige Skatspieler in der Westentasche. Altenburg 1886.

*MERZ, MAX: Das Skat-Spiel. Anleitung zur gründlichen Erlernung desselben. Berlin 1867, 1882^6, 1899^8.

MESSICK, HANK u. BURT GOLDBLATT: The only game in town. New York 1976.

*MEYER, C.: Der unübertreffliche Whist-, Boston- u. l'Hombrespieler. Berlin, 5. Aufl. um 1860.

*MÜLLER-ALFELD: Kartenspiele. Berlin 1965.

*MÜLLER-ALFELD: Kartenspielen müßte man können. München 1973.

*Das neue Königliche l'Hombre nebst einer gründlichen Anweisung wie Piquet [...]. Lüneburg 1808^{15}, 1845^{18}.

*Neuestes allgemeines Spielbuch. Enthaltend: Der vollkommene Kartenspieler [...], Der allezeit fertige Brettspieler [...], Der willkommene Gesellschafter [...]. Wien 1829.

*NORDAMERIKANISCHER SKATVERBAND (Northamerican Skat League) Chicago. 10. National Skat Congress at the Coliseum and Annex, June 8., 9., 10. 1907.

*OETTINGER, EDUARD MARIA: Contingent zur Litteratur der Spielkarten und Kartenspiele, in: Serapeum. Zeitschrift für Bibliothekswissenschaft, Handschriftenkunde und ältere Litteratur, Leipzig No. 13, 15. 7. 1852.

ORTLEB, A.: Der gewandte Skatspieler. Reutlingen o. J. (vor 1906).

*Osterländische Blätter, herausgegeben von Spiritus Asper, Simplicissimus und Comp. Altenburg No. 30, den 25. Julius 1818, S. 238/239 und 1819, NF.: Julius bis December 1819, S. 166f.

*PECH, OTTO (Pseud.: Pix): Skat. Spiel in zwei Akten und einem Zwischenspiel, in: Festschrift zum 12. Deutschen Skatkongreß 1928.

PECH, OTTO siehe auch: DIRF, BENNO, Das Lied vom Skate.

PECH, OTTO siehe auch: LAUDAN, FRANZ, Erläuterungen.

PETERS, G.: Das Skatspiel. 2. Aufl. Mülheim/Ruhr o. J. (vor 1906).

*PIERER, H. A. (Hg.): Encyclopädisches Wörterbuch der Wissenschaften, Künste und Gewerbe. Altenburg 1833, 1843².

PIX (Pseud.) siehe PECH, OTTO.

*POETSCH, WOLFGANG: Das große Buch vom Skat. München 1981.

*POSERT, V.: Zweiundsiebzig deutsche, französische und englische Kartenspiele, als Skat, l'Hombre, Whist, Préference [...]. Quedlinburg u. Leipzig 1861, 1879⁵; 8. Aufl. (o. J.): Deutsche, Französische und Englische Kartenspiele [...].

*PRUNNER, GERNOT: Ostasiatische Spielkarten. Bielefeld 1969.

*REISIG, OTTO: Skat in Beispielen für Anfänger. Altenburg 1940, 1941².

*REMARQUE, ERICH MARIA: Im Westen nichts Neues. 1. Aufl. Berlin 1928.

*RENZ, PAUL: Skatbuch in Versen. Wismar 1888.

RÖLL, H. H.: Hallo, Skatfreunde. Heitere Geschichten um Prominente und Skat. Leinfelden 1969 u. München (Goldmann) 1971.

S. v. F.: Die Grundzüge des Scatspiels. Quedlinburg u. Leipzig 1856.

SCHMIDT, RAINER: Das spielt das Volk in China. Frankfurt 1981.

*SCHMIDT-CABANIS, RICHARD: Skat-Album. 12 Originalzeichnungen von Otto Andres. Leipzig 1894.

SCHREIBER, ALEXANDER: Die beliebtesten Kartenspiele, Bd. 24. Berlin o. J. (vor 1906).

SCHREIBER, EMANUEL: Album für die beliebtesten Kartenspiele. Weimar 1854.

*SCHREIBER, W. L.: Die ältesten Spielkarten und die auf das Kartenspiel Bezug habenden Urkunden des 14. u. 15. Jahrhunderts. Straßburg 1937.

*SCHUBERT, ARTUR: Die Kunst des Skatspiels. Leipzig 1922.

*SCHUBERT, ARTUR: Liederbuch des fröhlichen Skater. Mit einem Anhange: Entwurf zu einer Allgemeinen Deutschen Verbands-Skat-Ordnung. Altenburg 1902.

*SCHUBERT, ARTUR: Neue allgemeine Deutsche Skatordnung. Im Auftrage des Deutschen Skat-Verbandes. Einstimmig angenommen vom VI. Deutschen Skatkongreß zu Altenburg 1903, sowie den Kongressen zu Dresden 1906 und Halle 1907. Altenburg 1907².

SCHUBERT, ARTUR: Das Skat-Wettspiel. Kurzgefaßte und leichtverständliche Anleitung zur Abhaltung von größeren u. kleineren Preisskaten. Altenburg 1904.

*SCHUBERT, H.: Das Skatspiel im Lichte der Wahrscheinlichkeitsrechnung. Hamburg 1887.

SCHURIG, B. E.: Lehrbuch des Schach- und Skatspiels. Leipzig 1879.

SCHURIG, B. E.: Das Scatspiel. Leipzig 1878³.

*SCHWETSCHKE, GUSTAV: Geschichte des L'Hombre. Halle 1863.

SKATORDNUNGEN:
siehe BUHLE, K.: Allgemeine Dt. Skatordnung 1886;
siehe BURKHARDT, R.: Neue dt. Skatordnung, 1932, 1939;
siehe SCHUBERT, A.: Liederbuch 1902 und Neue allgemeine Dt. Skatordnung 1903, 1906, 1907;
siehe ab 1950: DEUTSCHER SKATVERBAND e.V. Bielefeld.

SKATO, siehe: CATO, OTTO.

Das Skat-Spiel. Anleitung zur Erlernung desselben nach Form und Geist. Leipzig 1855, 2. Aufl. (vermutl. 1860).

*Das Skatspiel. Nach der vom 6. Dt. Skatkongreß zu Altenburg am 28. September 1903 angenommenen Skatordnung. Leipzig 6. Aufl. (o. J., um 1903?).

*Spielend Skat lernen. Leinfelden o. J.

SPIRITUS ASPER (Pseud.) siehe: HEMPEL, FRIEDRICH FERDINAND.

STABENOW, ALBERT: Ausgewählte Kartenspiele. Bd. 1: Skat, Schafkopf, Sechsundsechzig. Leipzig (vermutl. 1905) (= Reclams UB 4216).

*STEIN, OSKAR: Geschichte des Skatspiels. Berlin 1887.

*STICH, HEINRICH: Theoretisch-praktische Anleitung zum edlen Piquet-Spiele, Wien, Prag 1823.

*STRAUSS, RICHARD: Intermezzo, London 1924.

*STUCKMANN, WERNER: Über die Entwicklung und Eigenart der deutschen Spielkartenindustrie. Diss. Greifswald 1925.

*SUMA, WOLFGANG: The «Kongreßkarte and how it came about», in: Journal of the Playing Card Society, London. Vol. V, 4, 1977.

*SUMA, WOLFGANG: Sachsenkarte, Schwerterkarte, in: Journal of the Playing Card Society, London, Vol. VIII, 1. 1979.

*Tafellieder für das Bankett bei Gelegenheit des I. deutschen Scatcongresses am Sonntag, den 8. August 1886 im Preußischen Hofe zu Altenburg.

Taschenbuch für Kartenspieler auf das Jahr [...]. Leipzig, siehe: HAMMER, PAUL: Die deutschen Kartenspiele.

*THALBERG, F. VON: Der perfecte Kartenspieler oder practische Anleitung zur leichten Erlernung von 86 Kartenspielen wie: Boston, Skat, Whist [...]. Berlin o. J.

*TIGER, THEOBALD (d. i. Kurt Tucholsky): Der Skatklub, in: Die Weltbühne, 1929, 1. Halbjahr.

TROLL, THADDÄUS siehe: Achtzehn – Zwanzig – passe.

*TRUMPF, PETER: Alte und neue Kartenspiele. Ravensburg 1961.

*TRUMPF, PETER: Das Buch vom Skat. Ravensburg 1961.

*TRUMPF, PETER: Kartenspiele und Spielkarten. München 1956.

TSCHIENTSCHY, FR.: Kurze Anleitung zum Erlernen des Skats. Milwaukee (USA) 1888.

TUCHOLSKY, KURT siehe: TIGER, THEOBALD.

*UNWETTER, W.: Die schrecklichen Folgen der Leidenschaft des Spiels. Nordhausen 1831.

WEITBRECHT, BRIGITTE siehe: Das große Buch der Spiele.

WERGIN, JOSEPH PETRUS: Wergin on Skat and Sheepshead. McFarland (USA) 1975.

*WERGIN, JOSEPH PETRUS: Wergin's System how to play Skat. Madison 1942.

WERNER, K.: Das moderne Skatspiel. Wien 1891.

Wie spielt man Skat? Leipzig o. J. (vor 1906).

WONZEL, RICHARD: Der vollkommene Skatspieler oder: Wie lerne ich Skat? Dresden o. J. (vor 1906).

*ZAPLETAL, MILOS: Das Buch der tausend Spiele. München 1976.

*ZWEIG, ARNOLD: Der Streit um den Sergeanten Grischa. Berlin 1950.

Zeitschriften und Fortsetzungen

*Der Alte. Deutsche Skatzeitung. Gegründet 1897 von Robert Fuchs. Die Monatsschrift für Freunde des Kartenspiels, Organ des Deutschen Skatverbandes e.V. Altenburg; Jg. 1 1926 bis Jg. 18, 1, 1943 (Erscheinen eingestellt; Umschlagtitel: Des Alten Jahrbuch).

Des Alten Jahrbuch siehe: Der Alte.

*Altenburger Skatkalender. Altenburger Spielkartenfabrik, Altenburg, Thür.; Jg. 1900 bis 1931. (Erscheinen eingestellt)

Deutsche Kegel- und Skatzeitung. Hg. von Hans Licht. Leipzig 1885–1886.

*Deutsche Skatzeitung. Hg. Robert Fuchs. Verlag der Deutschen Skatzeitung. Altenburg. Jg. I, Nr. 1, Nov. 1897 bis Jg. XI, Nr. 254, März 1910 (Erscheinen eingestellt); unter dem Titel «Der Alte» ab 1926 fortgeführt.

*Mitteilungen des Skatgerichts. Skatstadt Altenburg. Zwanglose Folge; ab Dez. 1963ff.

*The National Skat and Sheepshead Quarterly. The National Skat and Sheepshead Quarterly is published four times each year by the North American Skat League and the National Sheepshead Assoc. Wisconsin (USA) 1966 (?) ff.

*Der Skatfreund. Hg.: Deutscher Skatverband e.V. Bielefeld. Monatlich. 1. Jg. 1956ff.

*Skat-Jahrbuch. Ein Almanach mit vielen unterhaltenden Beiträgen und Berichten über das Skatjahr. Leinfelden 1970 u. 1972.

*Skat-Magazin. Offizielles Organ der ISPA (International Skat Players Association), Aachen, jetzt Köln. Zwanglose Folge. H. 1, 1976ff.